新仏教とは何であったか

中西直樹

近代仏教改革のゆくえ

"Neo-Buddhist Movement" in Japan

How the "Modern Buddhist Reformation" has been held?

法藏館

まえがき

近代以降、日本社会が大きく変貌を遂げていくなかで、仏教を取り巻く環境も大きく変化してきた。明治維新期、仏教各宗派は廃仏毀釈《はいぶつきしゃく》により大きな打撃を受け、その後もキリスト教の勢力伸張に対する危機意識が高まった。こうした状況を受けて、明治二〇年代・三〇年代には、「新仏教」を標榜する人物や結社が数多く出現した。これら人物や結社は、従来の宗派仏教を「旧仏教」と位置づけて仏教界の抜本的な改革論を訴え、斬新な諸事業を提唱・展開したのであった。

ところで、近代になって生まれた新仏教は、近世の仏教とどのような点で決定的に相違したのであろうか——。いくつかの要素を挙げることは可能であろうが、一つには宗派をこえた結社が生まれ、仏教界全体の改革を目指す主張や運動が展開された点に求めることができよう。それは、幕藩体制の下で宗派ごとに分断・統制されていた近世の仏教には考えられないことであった。

明治二〇年代・三〇年代に高揚した仏教界の革新的気運は、大正期にもある程度は持続し、宗派単位での教団改革運動が盛んとなり、新たな信者層の獲得を目指した教化事業も活発化の様相を呈した。ところが、仏教界全体のあり方を問題にする論調や、宗派の枠をこえた改革運動は影をひそめ、むしろ、旧来の宗派的枠組みが復権し、これを前提とする諸宗派連合体制が再編・強化されていった。さらに昭和期になると、この諸宗派の連合体制を基礎として、仏教界を挙げての戦時協力体制が構築されていったのである。戦後、宗派仏教は「家の宗教」としての旧慣により、かろうじて命脈を保ってきたが、その社会的影響を低下させつつある。今日、旧来の宗派のあり方が解体しつつあることは、誰の眼にも明らかであろう。にもかかわず、新たな仏教改革運動がおこるような兆しはみえない。

それでは、明治二〇年代・三〇年代に活発化した新仏教運動はどのようにして成立し、何を仏教界にもたらしたのであろうか？――また、それがなぜ大正期以降に急速に衰退していったのであろうか？――この問題を問うことは、仏教再生の道を模索していくためにも、近代の仏教を総体的に理解するうえでも、重要なテーマとなり得るであろう。これまでも、新仏教運動に関しては、個別の仏教者や結社、特定の時代を対象とした研究が蓄積されてきた。しかし、新仏教運動とこれを推進した結社について、近代を通じて総体的に論じた研究はこれまでになかったように思う。また新仏教運動の衰退は、前近代的な諸宗派体制が復権・再編されていく過程で進行したと考えられるが、この点については、ほとんど問題とされてこなかった。

本書は、明治以降に生滅した新仏教論と結社活動に着目し、近代日本仏教の歴史を、仏教をとりまく社会的状況との関連にも考慮しつつ概説したものである。その変遷過程は、大きく三段階に分けることが可能であろう。第一は、仏教結社運動がはじまり、そのなかから旧態依然とした宗派仏教への批判が芽生えていく段階である。続く第二は、新仏教を標榜し宗派をこえた仏教結社が登場し、盛んに仏教改革運動が展開される段階である。そして最後の第三は、新仏教の衰退が諸宗派の復権と連合体制の再編のなかで進行していく段階である。これら各段階の検証を通じて、近代に活発化した新仏教論と仏教改革運動の歴史的意義を改めて問おうというのが本書のねらいである。

新仏教とは何であったか——近代仏教改革のゆくえ＊目次

新仏教とは何であったか

——近代仏教改革のゆくえ

第一章

通仏教的結社の胎動

（一）廃仏状況と仏教結社の興起

◉通仏教的結社とは

明治期には、現在では考えられないほど、さまざまな仏教関係者の宗派をこえた交流と結束があり、数多くの仏教結社が生まれた。廃仏毀釈以後の仏教を取り巻く状況には予断を許さないものがあり、これへの危機意識が広く仏教界に共有されていたためと考えられる。

宗派をこえた仏教者の結束を理解する際に、重要なキーワードの一つとなるのが「通仏教」という用語であろう。近代には、他にも「通俗仏教」「統一仏教」「普通仏教」などの言葉も使用され、必ずしもそれらの概念規定は明確ではない。しかし、一般的に「通仏教」とは、一宗派に偏らず仏教全般に共通する教説を指すようである。宗派ごとに分断されて強い統制下にあった近世の仏教では、ほとんど意識されてこなかった考え方と言ってよいであろう。ただ近代を通じて、「仏教全般に共通する教説とは何か？」という問いに活発な議論が重ねられたとは言いがたい。漠然とそうした教説が成立するに違いないという前提に立って、宗派をこえて仏教者が結社を組織する場合の方が多かったのである。こうした結社を総括して本書では、「通仏教的結社」と呼ぶことにしたい。そして、こうした通仏教的結社のなかから、日本仏教界全体の改革を目指す多様な議論が提起され、仏教改良・改革運動が展開されていった。

まずは、新仏教運動が本格化する以前、明治初年から一〇年代前半にかけての仏教を取り巻く環境の変化を整理し、代表的結社を取り上げつつ、その動向を概観しておこう。

◉廃仏毀釈とその後の状況

慶応四（一八六八）年三月、新政府は、神仏混淆を禁止し神社からの仏教色の排除を命ずる一連の行政措置を布告した。いわゆる神仏分離令（神仏判然令）である。明治二（一八六九）年七月には、神道を国民に宣教する役職として宣教使が設けられ、翌年一月に大教宣布の詔が発布されて神道を国教と定め、祭政一致の国家体制の確立を目指す方針が示された。これを契機として廃仏毀釈の嵐が日本中に吹き荒れることとなった。

しかし、もともと神道に民衆教化の伝統がなかったことに加えて、政府内の意見の対立や仏教側の抵抗、欧米からのキリスト教弾圧に対する圧力などもあって、神道国教化政策は失敗に終わった。そこで、明治五年に明治政府は神祇《じんぎ》官・神祇省―宣教使による敬神観念の普及策にかえて、教部省《きょうぶ》―教導職へと制度的改編を図った。仏教の教化力を利用して、より広く人民教化政策を展開していくこととしたのである。この年三月、神祇省は廃されて教部省が設置され、四月には宣教使にかわって教導職が人民教化の役割をになうこととなり、この教導職には神官だけでなく僧侶も任命された。

ところが、同時に説教の指針として示された「三条ノ教則」により、神道によって政教両面から人民支配の徹底を目指す基本路線に変更がないことが明らかにされるとともに、仏教は神道の従属下に置かれた。明治五年八月二七日には、教導職の養成・研究機関として大教院が開講したが、この日、真宗管長大谷光尊《こうそん》（法号「明如《みょうにょ》」、西本願寺二一世）自ら祭員となり拝手して降神の式を行ったという。さらに一一月、教部省は全国の神社寺院を小教院と心得るよう説諭し、こえて六年三月に大教院事務章程を制定し、各府県に中教院を設置するよう指示した。

こうしたなか、明治六年七月に真宗本願寺派の島地黙雷《しまじもくらい》がフランス留学より帰国すると、真宗各派による大教院離脱運動が本格化し、一二月には大教院からの離脱を請願した。七年に入り、離脱をめぐって真宗と大教院の間で

写真１　島地黙雷（1838-1911）

激しい議論の応酬もあったが、同年九月に大教院も離脱を認めざるを得なくなり、翌月には教部省が離脱許可を上申した。八年に至って、四月に神仏合併布教の差止が指令され、五月に大教院が解散、一一月に信教自由保障の口達が発布された。以後、各地で教会・結社運動が活発化の様相を呈していくこととなった。

◉多様な結社の創設

すでに明治元年一二月に真宗興正寺《こうしょうじ》摂信《かねのぶ》（法号「本寂《ほんじゃく》」、興正寺二七世）らの奔走により、仏教各宗派の代表が京都興正寺に集まり、「諸宗同徳会盟《しょしゅうどうとくかいめい》」という通仏教的な結社が組織されていた。諸宗同徳会盟は、京都の寺院の持ち回りで毎月開催され、多いときは三百人をこえる者が参集した。神道国教政策下で、廃仏毀釈の取締・キリスト教禁教の対策・仏教保護政策の樹立などに向けて政府に建言するなど、盛んな活動を展開した。

その活動は、明治四二年に興教《こうきょう》書院から刊行された『摂信上人勤王護法録』収録の摂信の日記に詳しい。また、この書の巻末には関係者数名の回想文が収められている。そのなかのひとり、真宗本願寺派の赤松連城《あかまつれんじょう》は、「其当時は叡山は叡山、東寺は東寺と、互に城壁を築いて相下らぬと云ふ訳でナカ〳〵一致抔《など》とは思も寄らぬ次第である」と記している。宗派間交流が分断された近世以来の伝統がいまだ残存しているなかで、諸宗同徳会盟が諸宗派の大同団結を実現させた意義は大きい。しかし、明治二年五月に出版条例の公布を契機に、次第に活動が停滞していった。諸宗同徳会盟は、摂信と岩倉具視ら政府要人との密接な関係から成立した特異な例であり、本格的な仏教結社運動が開始するのは、八年一一月に信教自由保障の口達が通達されて以降のことであった。

信教自由保障の口達から明治一〇年代前半までの仏教界は、当面の危機を脱したとはいえ、いまだ多くの課題を抱えていた。本山中枢では、宗政機構の整備、僧侶教育制度の近代化、地方末寺統制システムの再編などを推進していく必要性に迫られており、地方の末寺も廃仏毀釈の混乱から完全に立ち直っていない状況にあった。こうした過渡期的な状況を反映して、当時組織された結社のあり方も多様なものがあった。

当時の結社は、各宗派高僧や有力在家者（居士《こじ》）の協力による結社（和敬《わけい》会・明道《みょうどう》協会など）、前近代的講社の伝統を継ぐ地域的結社（前橋積善《せきぜん》会・広島闡教《せんきょう》部など）、宗派護持を目的に組織された結社（酬恩《しゅうおん》社・弘教《ぐきょう》講など）、自由民権運動に影響を受けた政治的結社（仏教党など）などに分けることができると考えられる。以下にそれぞれについて、代表的な結社を取り上げ、その概要についてみていこう。

（二）明治初期仏教結社の諸相

◉和敬会

明治一二（一八七九）年一月に結成された「和敬会」は、明治・大正期を通じて仏教界の指導的役割をになった大内青巒《せいらん》を代表とし、発起人に秦義応《はたぎおう》（浄土宗）・吉堀慈恭《よしぼりじきょう》（真言宗）・瀧谷琢宗《たきやたくしゅう》（曹洞宗）・村田寂順《じゃくじゅん》（天台宗）・青蔭雪鴻《あおかげせっこう》（曹洞宗）・島地黙雷（真宗本願寺派）・菅覚阿《すがかくあ》（真言宗）ら明治仏教界を代表する各宗派の碩学《せきがく》が名を連ねた。東京に本部を置き、全国各地に支会を設置した。和敬会規約の第二条に「本会の会員なる者は固《もと》より緇《し》素《そ》（僧侶・俗人のこと—筆者）を択《えら》ばず」と規定されたように、各宗派の高僧だけでなく有力居士も集結し、彼らは強い護法意識のもと一致協力して講義・説教などの啓蒙活動に従事した。

写真2　大内青巒（1845-1918）

地方支部の一つである九州連合各宗協同和敬会が明治一六年頃に定めた規約の第二条には、「各宗通汎《つうはん》の仏教講談を事業とし」と記されている。各宗派関係者が協力して布教活動を行うにあたって、通仏教への意識が芽生えはじめていたことを確認できる。一方で、「説教は区別判然各宗宗祖の正意を守り各本山の掟《おきて》に依る」と、宗派独自の教義と統制から逸脱しないよう配慮した文面も付記されていた。九州地方は通仏教的結束の一大拠点であり、第四章（四）で後述するように、明治二〇年代にはさらに通宗派的傾向を強めていった。

明治一五年に前田誠節《じょうせつ》（臨済宗）・久我尾亮孝（曹洞宗）・大木善海（天台宗）らが発起人となって「憂教会」が結成された。この結社にも通宗派的志向性がうかがえる。同会の同盟仮規約の第一条には、「本会は仏教の衰頽を憂ふるものは宗派を問はず緇素を論ぜず丁壮《ていそう》の者を同盟結合して……」と記された。

しかし、和敬会を含めて当時の仏教結社に、宗派仏教のあり方への問題性の認識や、批判的意識をうかがうことはできない。宗派相互の立場を尊重する「和敬」の精神に立脚して、旧来の宗派秩序の回復を目指すことを基本路線としていた。そして、明治二〇年前後に和敬会は急速に衰退し、自然消滅していった。二〇年代に入ると、大内青巒らメンバーは、新たな結社を組織して時代に即した事業の推進を図ることになったのである。

◉明道協会と居士の活動

この時期は、宗派の枠をこえた有力居士の活動も活発であった。そのなかには、鳥尾小弥太《こやた》（得庵）・山岡鉄太郎（鉄舟《てっしゅう》）・三浦梧楼《ごろう》・品川弥二郎・河瀬秀治《ひでじ》・島田蕃根《ばんこん》など、軍人・政治家として活躍した者も少なくない。

そのなかのひとり鳥尾小弥太は、長州出身で陸軍中将・枢密顧問官などを歴任した人物である。鳥尾は、明治八年に島地黙雷と協力して「白蓮社《びゃくれんしゃ》」を東京麹町《こうじまち》六番町に開き、仏教啓蒙活動に関わった。一七年には、四恩報謝・護国など通仏教的な理念を掲げ「明道協会」を設立した。東京本郷の麟祥《りんしょう》院（臨済宗妙心寺派）に本局を置き、全国に計二三の支会を設けて、積極的に地方巡講を行った。会長には明治天皇の側近であった山岡鉄太郎が就任し、鳥尾小弥太は副会長として会の運営を支えた。地方では、岐阜の東濃《とうのう》明道協会のように貧困者救済事業に取り組む支会もあった。しかし、基本的には封建的倫理観の色濃い性格の団体であり、二〇年代に入ると急速に衰退していった。

このほか、佐々木東洋・緒方惟準《これよし》・松本良順・高木兼寛《かねひろ》・桑田衡平《こうへい》ら日本医学界の黎明期を支えた西洋医のなかにも仏教信者が多く存在した。彼ら西洋医は、明治初年以来、漢方医との間で医学界の主導権を激しく争うなかで、儒教に代わる医の倫理性を仏教に求めたようである。例えば、佐々木東洋は、明治一一年に内務省が漢方医術と西洋医術の優劣を決するために脚気《かっけ》の比較治療を行わせた際の西洋方の代表者であった。佐々木は、東京府立病院副院長・東京大学病院長などの要職を歴任し、わが国を代表する私立病院「杏雲堂《きょううんどう》」を創設した。また、東京府医師会の結成にも参画し、その会長に選出されている。佐々木は、脚気の比較治療ののちに、急速に仏教に傾倒していった。一五年頃には、曹洞宗青松寺《せいしょうじ》の北野玄峰《げんぽう》（のちに永平寺六七世貫首、曹洞宗管長）に師事して、自宅において月二回の仏法聴聞会を開いている。この会合には、医学界や政界で活躍した人物が数多く参会した。

緒方惟準は、緒方洪庵の次男で大阪医学校取締役などを経て、陸軍医学校の創設に関わったが、明治二〇年に官職を辞して大阪に帰り、緒方病院を設立して民間医療の普及に尽くした。その一方で、翌年には真宗本願寺派僧侶の協力を得て「大阪慈恵病院」を設立して困窮者の救療養事業を手がけた。また二三年には、大阪控訴院長児島惟《い》謙《けん》らと協力して、荻野独園《おぎのどくおん》（相国寺《しょうこくじ》住持・臨済曹洞黄檗三宗総管長）を会長に迎え、「大阪居士会」を結成し、仏教信仰の弘通《くずう》に努めた。

高木兼寛は、当時死病として恐れられていた脚気の予防・治療法を確立し、わが国で最初の医学博士の学位を得たひとりで、東京慈恵会医科大学の設立者でもある。高木は、明治三六年に自らが設立経営する東京慈恵医院医学専門学校（当時）において「明徳会」という精神修養講座を開講した。同会は、学識だけでなく品位を医師の資質として重要視した高木が、学生の全人的教育を期して開設したもので、毎月第二木曜日の夜に開かれ、大内青巒、前田慧雲《えうん》、村上専精《せんしょう》、加藤咄堂《とつどう》ら仏教者が多数講師に招かれた。

桑田衡平は、英米の医学書を数多く翻訳し、蘭学塾を開いて後進の指導にあたり、また内務省衛生局在職中は全国医術開業試験の問題を立案するなど、日本医学界の発展に大きく貢献した人物である。桑田は、明治二三年に私財をなげうって、仏教弘通を図るため「浄心館」という仏教会館を東京都千代田区三番町に建設した。

明治二三年には、陸軍の初代軍医総監であった松本良順らが「仏教博愛館病院」という慈善病院の設置を発起し、各宗派管長・諸本山の賛同を得て設立準備に着手した。しかし、資金不足などから開院は遅れた。二六年にようやく開院したが、二年余りで閉鎖となった。

このように居士の活動は明治二〇年代前半までは盛んであったが、宗派主義が強まると、その活動は停滞していった。二六年八月発行の真宗本願寺派系雑誌『伝道新誌』には、「居士仏教の弊害を論ず」という論説が掲載されている。そこでは、居士仏教の弊害として、仏教教義を紊乱《びんらん》し各宗に異安心《いあんじん》を生んでいること、哲学に偏り感化力を失い一般信者の信仰心を冷却していることなどが挙げられている。

日清戦争後には、さらに宗派の統制が強まり、その後は、わずかに河瀬秀治、大内青巒、島田蕃根らが明治三〇年に設立した仏教修養団体「上宮教会《じょうぐうきょうかい》」の活動が存続したに過ぎなかった。上宮教会は、大正期に会長となった加藤咄堂のもと、簡易宿泊・無料診療・人事相談・保育事業など幅広く社会事業を行うセツルメントに発展し、現在も社会福祉法人上宮会として福祉事業を継続している。

◉前橋積善会・広島闡教部

地方では、仏教信仰を起点として在地有力者らが結束し、時代の変革期を乗り切ろうとする動きが広がった。明治初年の地租改正による農民の負担増に続いて、一〇年代の松方正義《まさよし》蔵相のデフレーション政策(いわゆる「松方デフレ」)では、米などの農産物価格が下落して農村の窮乏を招いた。窮乏した農民のなかには、農地を売却して自作農から小作農へと転落する者や、都市に流入して労働者となる者も多かった。一方で、農地の売却が相次いだことで、広範な土地が地主や高利貸しへと集積されていった。このように資本主義社会の前提となる原始蓄積が進むなか、困窮者の増大が社会問題として浮上しつつあった。地域の農村社会が分解しつつあるなかでも、いまだ前近代的共同体における相互扶助の精神が強く残存しており、僧侶や医師ら地域の有力者が協力して慈善活動を行う場合もあった。その代表格として、群馬県の「前橋積善会」を取り上げよう。

前橋積善会は、僧俗有志一二名により、貧困者家庭に匿名で金銭を投恵する有志の会として明治一三年に発足した。翌年、増田嘿童《もくどう》(曹洞宗橋林寺住職)の提唱により放生会《ほうじょうえ》を行った。この頃、会員は一千余名に達し、醵出《きょしゅつ》金も八百余円に及んだ。一六年の前橋大火の際に会の資金を罹災者に全額施与したため一時中断した。しかし、二年後に医師生田英碩《えいせき》の提唱で再興され、二三年からは、市内開業医の協力を得て、無料で治療を受けることができる施療券を発行し、貧困者に配布した。中心となったのは曹洞宗の僧侶であったが、他宗派の関係者や地元の有力者も協力した。

前近代以来の互助システムをもととして結社が生まれ、その中核的に仏教が重要な役割を果たすケースは多く、明治二〇年前後には地方経済の活性化にともなって活動はさらに多様化して、各宗派共同で学校経営・慈善事業などに取り組む事例も少なくなかった。しかし、その多くは短期間に姿を消し、または宗派単独事業や公営事業へと移管されていった。そうしたなかで、前橋積善会は、廐橋《うまやばし》病院（精神科）をはじめ、看護学校・特別養護老人ホーム・障害者支援施設・助葬事業など幅広い事業を手がける公益社団法人に発展して現在に至っている。

前橋積善会と同様、明治初年に発足し多岐にわたる事業を展開した結社として、広島市に真宗信者が設立した真宗本願寺派系の闡教部がある。闡教部は、明治四年三月に設立された真宗門徒の法話会に起源を発し、当初「十名講」や「無名講」などと称した。九年には講員子弟に仏教学と普通学とを教える私塾を設立し、一二年に校舎を建築して「光道館」（のちの「光道小学校」）と称し、講社名を「闡教社」とした。一四年に「闡教部」と改称し、この年の疫病流行に際しては県内各地に医師を派遣して慈善治療を行い、一七年には地元民と共同して火葬場「向西館」を建設した。さらに一九年には闡教部経営維持のために牛乳会社（のちの「チチヤス」）の経営に着手した。

明治二〇年代までは、各地では地域の要望に応じて、教育・慈善・産業・経済など多岐にわたる事業を展開する仏教結社が多数存在した。しかし、前橋積善会や広島闡教部のように、前近代的な地域の互助組織から派生してきた結社に、宗派仏教の従来のあり方に変化を求める方向性をみることができない。

◉酬恩社・弘教講

宗派単位では、強い宗派護持の意識を抱いた僧俗により結社が数多く組織された。廃仏毀釈で末寺が大きな打撃を受けるなかで、宗派を支えたのは在家信者の広い賛同を得た仏教結社であった。特に民衆教化に強い伝統を有する真宗本願寺派系のなかには、幕藩体制の崩壊にともない地域分断が解消されたことにより、「酬恩社」や「弘教講」など、数万・数十万の講員を擁する全国的規模の結社に発展したものがあった。

酬恩社は、山口県寺院出身の小野島行薫《ぎょうくん》が、明治九年二月、関東の熊谷県（現在の群馬・埼玉県の一部）で布教活動を行うに際し、同地で信徒勧誘を図るために設立した結社であった。当時の熊谷県令楫取素彦《かとりもとひこ》は、関東は仏教信仰が薄く民情が荒いと感じており、妻寿子《ひさこ》（吉田松陰の妹）が熱心な真宗の信者であった影響もあり、真宗本願寺派法主の大谷光尊に布教使の派遣を懇願し、小野島が同地に派遣されたのであった。

小野島は、自伝『對榻閑話《たいとうかんわ》』のなかで、新たに北関東に進出するにあたって他宗派との軋轢《あつれき》を避けるために、こうした教社を設立する必要があったと回想している。設立後に酬恩社は熊谷・高崎・前橋・浦和などに次々と説教所や出張所を設置して、従来真宗の教えが広まっていなかった群馬・埼玉県に布教の基盤を築いていった。さらに小野島は、明治一一年に京都を経て九州へと至り、各地を巡回して酬恩社の趣旨を鼓吹し、翌年一月には熊本にも布教拠点を置いた。このように最盛期に酬恩社の布教拠点は関東を中心に九州にまで及び、会員は二十八万人に達したとされる。

一方、弘教講は、兵庫県北部の浜坂出身の篤信の在家信者・松田甚左衛門《じんざえもん》の呼びかけにより、北近畿の三丹地方（丹波・丹後・但馬《たじま》）を中心に因幡《いなば》・伯耆《ほうき》（鳥取県）の在家信者を糾合して、明治八年に結成された。この年の春、三丹地方の有志と協力して兵庫県豊岡に説教所を建設したのが結社の機縁となり、さらに西本願寺門前の学林町に

写真3　龍谷大学大宮学舎

総二階建て二百五十畳敷きの詰所を建築し、本山参詣の宿泊所とした。

この詰所を拠点に講員数百名を動員して、大教校校舎（現在の龍谷大学大宮学舎）の建築、大谷本廟再建などで労働奉仕に従事し激動期の宗派を支えた。また松田以下、俗人男女三十数名は東京まで出向いて築地別院の再建や現地での布教活動にも携わった。その他、隠岐布教や施本事業も手がけ、明治一四年には『耶蘇《やそ》教の無道理』と題する小冊子十万部を印刷し各地に配布した。同年に講社内約を定め、五カ国に支部説教所七カ所を設立し、講員は二万数千人を数えたという。

（三）自由民権運動の影響

●仏教党の結党

明治一四（一八八一）年一〇月に出された国会開設の詔により、二三年を期して国会を開設する方針が示されると、自由党や立憲改進党などの政党が組織され、自由民権運動は新たな局面を迎えた。

その影響は仏教界にも及び、明治一五年七月頃に京都で「仏教党」という政治結社が産声をあげた。結党の中心人物であった楠知浄は、真宗本願寺派の布教者養成機関である仮講究所の講究生であった。また、真宗学庠《がくしょう》（龍谷大学の前身校の一つ）の学生のなかで仏教党に加入する者もあった。

真宗本願寺派系新聞『教海新潮』の報道によると、仏教党は結党宣言のなかで、キリスト教への対抗意識を鮮明にし、有志者で協力して国家・宗教のために一致団結してキリスト教の蔓延《まんえん》を防ぎ、仏教の弘通を図りたい旨を記している。そして、明治二三年の国会開設までには、仏教の布教活動を充実させ、国民すべてを仏教信者とすることを目指し、国会議事堂に登る議員は、一人残らず仏教信者としたいとの抱負を述べた。

これに対して、『教海新潮』の社説は、政治と宗教を同一視して混乱を招くものだとの批判的見解を示し、同紙上で仏教党への賛否をめぐって議論がおきている。ときあたかも自由民権運動が活発化しており、弘教講や酬恩社のような巨大結社が反キリスト教目的を標榜して政治的に行動すれば、大きな混乱を引きおこすことは容易に予想できた。

仏教党結党の直前の明治一五年六月、政府の側も自由民権運動の広がりを警戒し、規制策を強化していた。集会条例が改正され、政治目的以外の結社であっても、政治的議論・行動をなすものは政治結社とみなし、規制内容も強化されていた。こうした状況のなかで、結党直後の同年一〇月、楠知浄の在籍する仮講究所が閉場されている。本山当局が仏教党の存在を問題視し、政府の規制策に協調して閉場した可能性も考えられる。

◉巨大結社の解体

仮講究所が閉場された直後の明治一五年七月、真宗本願寺派の宗議会「集会《しゅうえ》」が開催され、そこで真宗本願寺派教会結社条例案が建議され審議された。

この条例案は、結社の範囲を一府県・一国に限定して講社の地域をこえた広がりの分断を目指していた。また、幹事の改選や、結社の中止・解散を命ずることができる本山の権限を明記し、社則の制改訂に本山の認可が義務づけられるなど、本山の介入権の強化が図られていた。さらに条例案は地域的分断だけでなく、末寺僧と在家者との分断も目指しており、教社の種類を僧侶社、僧俗混同社（審議の過程で僧俗共同社に改称）、信徒社の三種に区別する条文が盛り込まれていた。

この条文への反対意見を述べた集会会衆《えしゅ》は、結社の種類を区別する方向性を示せば、結社の結集力は弱体化し、女性対象の結社、青年対象の結社、壮年者対象の結社などに結社の細分化を促すことになるであろうと指摘している。この指摘は、はたして現実のものとなり、明治一〇年代末からは、少年教会・青年会・婦人会などの性別・年齢別を対象とする教化結社が地方単位で多数組織されるようになっていった。

結局、集会では廃案を求める意見が数多く提起されたにもかかわらず、ほぼ原案どおり真宗本願寺派教会結社条例は可決された。そして、明治一五年一二月の発布を経て、翌一六年五月から施行されることになった。こうして、酬恩社や弘教講などの巨大教社は解体に追い込まれたのである。

◉在家信者の宗政参画意識

明治一〇年前半までに全国規模に発展した酬恩社や弘教講のような仏教結社は、前近代以来の宗派への強い帰属意識に支えられ、広く一般仏教信者の協賛を得ることができた。こうした結社でも、強烈な護法・宗派護持の意識にとらわれて、仏教界の旧体質を改めようとする意識は希薄であった。しかし、自由民権運動の高揚により、在家信者のなかに宗政参画に対する意識が芽生えはじめており、大きな仏教大衆運動に発展する可能性も秘めていた。

明治一四年に発足した真宗本願寺派宗議会「集会」は、大谷光尊（明如法主）と防長末寺僧の対立を調整する機関として発足した。一〇年後の国会開設をみすえ、政府はその試作モデルになると考えたのであろう。集会開設にあたって、岩倉具視や三条実美ら政府要人が積極的に介入した。集会は、全国の各教区選出の惣代会衆（三十名）と、法主選任の特選会衆（十一名）で構成され、法主の権限を留保したまま、その諮問機関として発足することとなった。参加が認められたのは末寺住職のみであり、在家信者の選挙権・被選挙権は認められなかった。しかし、在家信者のなかには、開設の過程で宗政参加を要求する者もあらわれていた。

『教海新潮』『明教新誌《めいきょうしんし》』などの報道によれば、明治一五年八月には真宗大谷派でも、本山事務役員の対立を契機に、公選議会の開設要求運動がおこった。本山が混乱するなかで、一〇月八日には「奸僧《かんそう》」の免職を求めて在家信者五、六百余名が本山に押しかけ、翌日にその数は一千人余りに膨れあがったという。混乱の広がりを危惧した政府の側も、真宗大谷派宗政に介入して本山役員の対立の仲裁のため動き、翌年六月、岩倉具視の依頼を受けた井上馨の調停により、枳殻邸《きこく》（渉成園）で対立を続ける渥美契縁《かいえん》派と石川舜台《しゅんたい》派の同盟会が開かれ、ひとまず混乱の解決をみるに至った。しかし、真宗大谷派に宗議会が開設されることはなく、一一月に法主の諮問機関として待問所が設置されたに過ぎなかった。

翌明治一六年一月、真宗大谷派信者の運動が真宗本願寺派にも波及し、全国二三カ国の一千万人信徒の総代を標榜して上洛した有志七十余名が、本山改革の請願書を持参して連日執行に面会を求めるという事件がおこった。その際の請願内容は、法主権限を強化し、執行以下本山役員の「奸僧」の排除を求めるものであった。しかし、末寺僧の宗政参加に限定して発足した集会の審議ですら混迷を深めるなかで、宗務当局側も、政府の側も、高揚する在家信者の運動は脅威と感じられたに違いない。巨大教社の解体も、在家信者の運動の抑制策の一環として企図されたのであった。

◉在家信者離反の兆候

この頃になると、廃仏毀釈などで機能不全に陥った地方末寺の混乱もやや収まり、宗派当局側にとって、混乱期の宗派を支えてきた仏教結社の必要性は薄れていた。むしろ、末寺僧侶が本山官僚として宗政をになうシステムが確立しつつあるなかで、在家信者を従順に宗派の方針に奉仕する存在にとどめておきたいというのが本音であったろう。そして、この点では、政府も、末寺僧もおおむね意見の一致するところであった。

しかし、これに対する在家信者の抗議行動が、早くも明治二〇年におこった。『明教新誌』『奇日新報《きじつしんぽう》』などの仏教系新聞報道によれば、同年四月、三重県北西部の朝明《あさけ》郡・三重郡の在家信者有志六、七十名は、僧侶の無気力な状況に憤慨して、檀家寺院から離脱して宗派改革を目指す「趣意書」を発表した。そこでは、教団の体質がいまだに封建的であり、時流から取り残されている実態が指摘されている。

続けて趣意書は、宗派の改革なくして仏教の復興はあり得ないが、その推進をになうべき僧侶を本山にも末寺にも見出しがたく、かつて尊王の志士が明治維新を断行したように、今ここで在家信者が立ち上がるほかないという。そのために腐敗した檀那寺から離脱する必要があり、別に道場を設立し、ここを拠点に活動すると宣言している。

この離檀運動には、桑名郡・員弁《いなべ》郡の有志も加わり、たちまち百名近い賛同者・加盟者が集まったため、「呈真宗有志者乞賛成書」という檄文を印刷配布し、さらに広く賛同者を募ることとなった。この檄文でも、江戸時代の遺制が存続し檀徒が末寺に隷属していることをよいことに、寺院僧侶が旧態依然たる態勢に安住している状況が指摘される。さらに仏堂の再建、堂班の昇進、法要などの経費負担を檀徒に強要するばかりで、興学布教に努めようとしない僧侶の実態が厳しく非難されている。そのうえで、檄文は、これを改め僧侶の覚醒を促すためには、檀那寺と離絶して僧侶の活路を断つのが第一の策であると主張している。

『明教新誌』には、こうした過激な改革運動は宗派秩序の破壊につながるという批判が掲載されたが、その一方で支持する僧侶もいた。佐々木雪溪という人物は、「真宗信徒の趣意書に賛成し併せて地方の信徒に謀る」という一文を『明教新誌』に寄せ、この運動に賛意を表したうえで、本山管長に建白し認可を経て各方面の賛成を募るべきことを勧め、さらに末寺僧侶の立場を代弁して、まず本山役員の粛清を断行すべきことを主張している。

このように、明治二〇年代の仏教改革運動は、宗政刷新を訴える僧侶と、宗派のあり様に不満を抱く在家信者とが結びつく可能性をはらみつつ、新たな局面を迎えていったのである。

第二章

各種教化結社の再編

（一）仏教・キリスト教の衝突

◉キリスト教伝道の動向

明治一〇年代末から二〇年代初頭にかけては、前章で取り上げた前橋積善会・広島闡教部のような前近代的講社の伝統を継ぐ結社が、地域の要望に対応して教育・慈善・産業・経済などに事業を拡張させていった。

その一方で、各地で仏教青年会・仏教婦人会・少年教会などの新たな教化結社の再編も進んだ。これら結社のなかには、女学校などの教育機関の経営、慈善救済活動、新聞雑誌の発行などの各種事業に取り組むケースも少なくなかった。その際、ほとんどの結社で宗派をこえて結束しようとする「通仏教」的傾向が強く意識されるようになった。こうした仏教界の動向の背景には、宗教・政治・経済に関わる歴史的諸事情があったが、何と言っても大きかったのは、キリスト教（耶蘇《やそ》教）の急速な教勢拡大に対する脅威であった。

日本人によるキリスト教伝道は、明治五（一八七二）年の横浜公会の設立にはじまり、次第に各地に広がった。一三年に入って活動は一段と活発化し、同年春に京橋鍛冶屋町の小崎弘道《こざきひろみち》の住居にキリスト教者が会合し、五月に銀座教会で東京基督教青年会が組織された。さらに一〇月には、東京上野精養軒の庭で、数千人規模の野外大演説会が開催された。同月、真宗本願寺派系新聞『教海新潮』は「耶蘇教会ノ繁殖」と題する評論を掲げ、キリスト教の教会堂が各地に開設されている状況にふれ、新教のみで六十数カ所に達しており、旧教とギリシャ正教と合算すれば百カ所をこえると推測している。ただ「小敵」とみなす余裕も感じられる。

明治一四年に入ると、キリスト教の布教活動は一層活発化の様相を呈しはじめた。とりわけ仏教各宗派の本山が多く存在する京都では、すでに八年に同志社英学校が設立されており、本山役員はキリスト教の動きに神経をとがらせていた。そうしたなか、一四年春に松原通堀川でキリスト教関係書籍を販売する者があらわれ、毎週宣教活動を行い、京都療病院にキリスト教新聞『七一雑報』を寄付するなどした。五月一七日には、四条北の芝居小屋に三千人余りの聴衆を集めて大規模な説教会も開催された。七月に『教海新潮』は、キリスト教の信徒が四万五千人余りに増加し、さらに中国地方では毎月三千人以上の割合で増加し続けていると報じている。

明治一六年七月に鹿鳴館が落成して欧化主義全盛の時代を迎え、同年に横浜の初週祈禱会から「信仰復興（リバイバル）」運動が全国に広がり、キリスト教の教勢は一挙に拡張していった。

●仏教側のキリスト教対策

キリスト教の急速な教勢伸張に対し、仏教側はその防禦《ほうぎょ》策を講ずる必要性に迫られた。当初、仏教側は教導職としての特権を盾に裁判で訴える行動に出たようである。明治一四年七月福島県白河で、キリスト教の葬式を執行した者を檀那寺の住職が告訴し、罰金刑と十字架・墓標を撤去する判決が下された。五年六月二八日の太政官布告第一九二号によって葬儀は神官僧侶しか執行できないことになっており、九年五月に東京神田でも、ロシア宣教師ニコライに妻の埋葬を依頼した者が懲役・罰金刑を受けていた。

明治一四年六月には、大阪で大規模なキリスト教演説会が道頓堀隅の芝居小屋で公然と行われた。これに対し浄土宗の教導職取締が、キリスト教会の差し止めを大阪府知事に求めた。さらにその要求が認められなかったため、教導職以外の説教を禁ずる教部省達書乙第九号（明治七年四月二八日）を理由に告訴したが、一二月に大阪上等裁判所は訴状を却下した。諸外国の手前、キリスト教布教は黙許されており、神官僧侶の教導職の布教特権は有名無

写真4　『耶蘇教の無道理』

実化していたのである。

こうした訴訟事件のほか、両教の抗争に警察が介入するケースもあったようである。愛媛県今治には早くからキリスト教が進出していたが、明治一五年七月頃に開催した仏教演説会でキリスト教側に書簡を送って討論会への参加を呼びかけた。しかし、返答がないためキリスト教会に出向こうとしたところを警察署より制止された。

キリスト教布教の活発化に対して、宗派の本山役員も対抗策を講ずる必要性を痛感していた。明治一四年秋、原口針水《しんすい》・赤松連城・利井《かがい》明朗《みょうろう》らが会した真宗本願寺派役員の月例会合で、原口は「此頃耶蘇の新聞を見たるに昨今彼の輩が信徒の日本に二十万人程出来たるとか」と発言し、キリスト教対策の実施を促した。真宗大谷派教育課では、同年六月にかつて行われたキリスト教排撃の講演を『破斥釈教正謬《はせきしゃくきょうしょうびょう》』として出版し本山関係者などに配布した。また七月には渥美契縁・小栗憲一らが出席してキリスト教を批判する仏教講談会を開き、キリスト教の布教状況の調査をかねて五十名の布教僧を各地に派出した。

各地で仏教勢力は仏教演説会の開催と小冊子の施本により応戦したようである。この頃までには、京都・大阪・神戸などでキリスト教排撃を訴える演説会が盛んに開催されるようになっていた。演説会では、各宗派僧侶が参加する場合も多かった。

キリスト教を排撃する小冊子は、明治一四年から盛んに刊行されるようになり、前述の弘教講発行の『耶蘇教のされている。

無道理』ほか、真宗大谷派有志が『騙欺《へんぎ》の用心』という冊子を配布し、『耶蘇教国害論』と題する冊子も数種発行

◉キリスト教排斥の結社

地域で結束してキリスト教を排除する動きも活発化し、そのための結社も組織されるようになった。例えば、大分県の真宗本願寺派専想寺では、明治一四年に門信徒を集めて次のような盟約を結んだ。

一　異教を演説する席に臨む者は村内の男女交際を絶つべき事
一　異教を仰信《ごうしん》するものは村内に住居致すまじき事
一　戸主たるもの異教を信受するものは宅地並びに家財田畑山林まで村内のものへ投与し地方へ立出《たちいで》申すべき事

明治一四年八月、熊本宇土では三カ寺の住職の発起によって「則親《そくしん》教社」が組織され、「一、正法を紹隆《しょうりゅう》して匪教《ひきょう》防禦の策略深く注意すべき事」を含む教会要旨三章を取り決めた。

また明治一五年には、長崎地方で二千名以上の同志を糾合して「西部杞憂《きゆう》会」という結社が組織された。九州からキリスト教を「駆除」することを目指して仏教演説会を開催し、熊本天草へ赴いて約一千人の入会者を集めたという。杞憂会の主唱者のひとりが後述（第三章（三））する平井金三《きんざ》であり、平井は、一四年に『杞憂私言』という雑誌を創刊し、一六年には『耶蘇偽経新約全書弾駁《だんばく》』というキリスト教排撃の書も出版している。

明治一五年に和歌山県の真宗本願寺派鷺森別院に組織された「同治《どうち》教社」は、『耶蘇教国害論』に意見書を付し

て県令に上申した。さらに檄文を作成して県内の小学校教員全員に配布した。その檄文では、キリスト教の国民に与える悪影響を強調し、小学校での授業の際にキリスト教の脅威を伝えて排除すべきことを児童に説諭するよう求めていた。

以上のように、明治一四年頃から仏教側のキリスト教への排撃姿勢は顕著になったが、一七年頃からは、キリスト教の教化活動法を参考として、少年教会、婦人会、青年会などの新たな教化結社を再編しようとする動きが加速していった。

●教導職廃止後の状況

明治一七年八月に教導職廃止が公表された。教導職自体はすでに有名無実化していたとはいえ、その廃止によって仏教各宗派側は名目上の特権を失い、直接にキリスト教と対峙《たいじ》せざるを得ない状況に追い込まれていった。同年一〇月の内務卿口達によって自葬が解禁され、僧侶に付与されていた葬儀執行の特権も喪失した。その一方、教導職の廃止に際して、住職の任免、教師の等級・進退などが、各派に一人ずつ置かれた管長に委任されることになった。このように各宗派の運営に一定の自由裁量が認められるようになった反面、各宗派内部の勢力争いも表面化した。

明治二〇年前後、真宗本願寺派では、宗議会「集会」を舞台に、法主派の特選会衆と末寺派の公選会衆が宗政の指導権をめぐって激しく対立しており、真宗大谷派でも、渥美契縁派と石川舜台派との権力抗争が続いていた。また浄土宗では、一九年の宗制制定に端を発し、京都四本山（知恩院・金戒光明寺《こんかいこうみょうじ》・清浄華院《しょうじょうけいん》・知恩寺）の本山中心党と、東京芝増上寺の日野霊瑞《れいずい》を中心とする改革党の対立が表面化した。日蓮宗では、二一年に宗務院が宗規改良案を提示したことをめぐって、身延山《みのぶさん》総本山への権限一局集中を主張する改革党に対抗して、京都八本山（本圀寺《ほんこくじ》など）を中心とする本山同盟党が旧来の本山の権益保全を訴え、両者の抗争が激化した。曹洞宗でも、越山（永平寺）・能山（総持寺）両本山の深刻な対立が続いていた。こうした各宗派の宗政混乱は、宗派の統制を離れた地域独自の活動を助長し、かえって地方での仏教勢力の動きを活発化させることになった。

また明治二〇年代初頭になると、二三年の第一回衆議院議員選挙をひかえ、日本各地では政治的緊張が高まりをみせていた。各地の仏教勢力は、キリスト教に対抗するため宗派をこえた地域的結束の強化を模索していた。経済的には、松方デフレ後の物価安定と低金利政策による金融緩和によって地域経済が活性化し、鉄道・紡績・鉱山などで第一次企業勃興ブームがおこった。企業勃興ブームに沸く在地の保守勢力が通仏教的結社の組織化を後押ししたのである。このようにして、一〇年代末から二〇年代初頭にかけては、宗教的・政治的・経済的諸条件が相互作用し、通仏教的結社を生む環境が整備されたのである。

（二）仏教少年教会の創設とその広がり

●少年教会のはじまり

近代における少年教化の先駆的事例は、明治一四（一八八一）年に七里恒順《しちりごうじゅん》が博多万行寺《まんぎょうじ》（真宗本願寺派）ではじめた「教童講」と、福田行誡《ぎょうかい》が東京芝増上寺（浄土宗）に開いた「少年講」であったとされる。少年講の詳細は不明であるが、教童講は六歳から一四歳を対象とし、男児と女児に日を分けて毎月三回ずつ開かれ、父母孝養の教えを中心に、世間人道の大旨、真宗教義などが講話された。

桜井庄太郎の『日本児童生活史』によれば、前近代以来の庶民階級の子どもは一定の年齢（九歳程度）に達すると「子供仲間」に入り、さらに一五歳程度以上からは「若者組」に入り一種の団体生活を送る風習があったとされる。教童講は、前近代以来の年齢別集団を仏教信者集団として再編しようとしたものであった。

一方、キリスト教の日曜学校は、明治六年の解禁直後より東京築地・神戸元町・青森・横浜などではじめられ、一一年五月一五日に最初の日曜学校合同大会が築地の新栄教会で開催された。その後も順調に日曜学校の数は増加し、一五年には一六八校を数えた。さらに翌年以降の欧化全盛の時代を迎えるとさらにその数は増加し、二一年に二七二校に達した。

こうしたキリスト教の動きに刺激され、明治一七年に入ると、仏教主義教育の実施を意図した少年教会が、和歌山、東京・三重・広島などで設置されるようになった。なかでも、全国の少年教会の牽引役を果たしたのが、東京の少年教会であった。東京の少年教会は、同年九月から、真宗大谷派と真宗本願寺派の僧侶が関係寺院を巡回し、不定期に開会してはじめられた。

◉令知会員の活躍

明治一八年には、真宗本願寺派築地別院で定期開会の築地少年教会が開設されるようになり、少年教会の全国的普及の牽引的役割を果たした。築地少年教会を開設したのは、島地黙雷を中心とする令知《りょうち》会の会員であり、彼らは青年会・婦人会設立運動でも大きな役割をになった。

令知会は、明治一七年二月に、島地黙雷を仮会長として発足し、四月に機関誌『令知会雑誌』を創刊した。会員は島地黙雷ほか、吉谷覚寿《かくじゅ》・平松理英《りえい》・寺田福寿《ふくじゅ》・井上円了《えんりょう》・南條文雄《ぶんゆう》ら真宗本願寺派・大谷派僧侶を中心に、東京在住の各宗派の有力仏教者も数多く参加した。地方でも多くの各宗派関係者が入会したが、当時は国政選挙の実施をひかえ、青星雲の志を抱いた青年仏教者が数多く上京しており、彼らが会運営の実務を支えたようである。彼らは、明治二〇年代初頭に進学のために上京した古河勇《いさむ》（老川《ろうせん》）や土屋詮教《せんきょう》らよりも少し上の世代であった。いわば、島地の手足となって東京での啓蒙活動・教化活動の実務を担当した人たちであったが、その存在はあまり知られていない。以下にその主要な人物を紹介しよう。

山本貫通《かんつう》（号「万非道人」）は、安政三（一八五六）年に香川県に生まれ、得度し同地大念寺の衆徒《しゅと》となった。明治一二年に京都の真宗本願寺派教授校を卒業し、小学校教員を経たのち上京した。上京後は、『朝日新聞』の記者・通信員などをつとめるかたわら、水溪《みずたに》智応とともに『教学論集』の編集に従事するなど、多くの出版事業に関わった。二一年一〇月に築地別院に積徳女学校を設立し、翌年には築地少年教会の機関誌『少年』を発行するなど、少年教化・教育活動でも大きな役割をになった。のちに東京築地の妙延寺住職を継職し、真宗本願寺派集会の会衆（現宗議会議員）や上首《じょうしゅ》（現宗議会議長）などの要職を歴任した。

干河岸《ひがし》貫一（号「桜所居士」）は、嘉永元（一八四八）年に福島県大乗寺に生まれ、明治六年、上京して翌年に東京師範学校に入学した。しかし、間もなく師範教育に嫌気がさして退学し、築地別院職員となり、真宗本願寺派訳文係として数冊の翻訳書の出版を手がけた。東洋宗教調査のため日本を訪れたフランスの実業家エミール・ギメと島地黙雷・渥美契縁・赤松連城との対談を記録した『門対略記』（一〇年）も、干河岸の筆録によるものである。その後、『朝日新聞』『明教新誌』など数種の新聞記者をつとめたほか、真宗本願寺派の機関新聞『奇日新報』（一六年～二二年）の刊行にも従事した。『奇日新報』（奇数日発行）は、通仏教系『明教新誌』（偶数日発行）とともに、仏教に関わる各種情報を地方にも発信して、二〇年前後の仏教界に大きな影響を与えた。干河岸は膨大な著書を残

写真5　『因果のかゞみ』

因果応報を説くもので、全国の監獄（刑務所）に配布された。

しており、そのなかには、『少年教誨《きょうかい》』（一九年）、『監獄囚人教誨のかゞみ』（二〇年）など新たな教化事業の指南書もある。また、三七年には真宗本願寺派集会の総代会衆にも当選し、斬新な教団改革論も発表した。

水溪智応（号「柴堂穿石」）は、安政五（一八五八）年に愛知県真宗本願寺派正覚寺に生まれ、明治一五年に遊学のため上京した。上京後、『教学論集』『婦人教会雑誌』『大同新報』など数多くの雑誌編集に関わった。のちに東京築地の正覚寺に入寺して佐竹智応と改姓した。少年教化の普及にも尽力し、一九年に『少年教会講談法話集』初編を編集刊行している。水溪の最も大きな功績は、編集責任者として『婦人教会雑誌』を創刊したことであろう。『婦人教会雑誌』は、その後『婦人雑誌』と改題されて大正四（一九一五）年まで刊行され、仏教婦人会のみならず各種仏教教化に大きな影響を与えた。

◉築地少年教会とその影響

築地少年教会の初会は、明治一八年五月三日に開会され、まず山口県出身の有力居士で令知会会長でもあった石村貞一《ていいち》が少年教会の趣旨を朗読し、真宗大谷派の平松理賢《りけん》、真宗本願寺派の島地黙雷らが法話した。

築地少年教会には、真宗本願寺派僧侶だけでなく、真宗大谷派僧侶や在家信者も関わっており、当時東京近辺で開会された他の少年教会でも真宗本願寺派と真宗大谷派とで協力体制が組まれていたようである。当初は法話のみであったが、同年一〇月からは関係者の寄付による額・掛軸・絵画などの抽選会が行われるようになり、翌年七月からは山本貫通が和讃の句読を教授した。

ところで、明治二〇年前後には、東京を中心として多数の仏教新聞雑誌が創刊されるようになった。上坂倉次《こうさかくらじ》の調査によれば、二二年に四八種、二三年に四五種もの雑誌が創刊されており、この二年が明治年間を通じてのピークとされる。こうした仏教雑誌の隆盛に大きな影響を与えたのが、隔日新聞『明教新誌』と『奇日新報』、令知会の機関誌『令知会雑誌』であった。

仏教新聞雑誌の創刊数の推移

明治元年～10年	37種		
明治11年～20年	64種		
明治21年～30年	237種	明治20年	10種
		明治21年	15種
		明治22年	48種
		明治23年	45種
		明治24年	21種
		明治25～30年	98種
明治31年～40年	166種		
明治41年～45年	73種		

上坂倉次の調査による（明治仏教史編纂所編『明治年間仏教関係新聞雑誌目録』〔昭和９年〕、「明治文化史上の宗教新聞雑誌」〔『歴史公論』４巻11号、昭和10年11月〕）

このうち『奇日新報』と『令知会雑誌』は、島地黙雷、石村貞一、山本貫通、干河岸貫一、水溪智応ら令知会員によって編集発行されており、彼ら自身が築地少年会の主宰者でもあった。両誌は少年教会がキリスト教防禦策に有効であること、保護者を寺院参詣や先祖年回への精勤を促す波及効果を生んでいることなどを盛んに報道し、少年教会の設置は全国に広まっていった。

明治一八年に少年教会の設立は、山口・福岡・長崎・佐賀・大阪などの西日本に広まった。設立に際して、地元有力者の賛同と協力を得る場合が多く、例えば、一二月に長崎県高来郡古賀村（現長崎市）福瑞寺で開かれた少年教会では、同村戸長・小学校教員らも賛成し、参集する者は七百余名にも及んだという。同年八月に大阪の津村別院に開設された大阪少年教会でも、当初から会員が一千名をこえていた。

明治一九年以降に少年教会の設置運動は、山口・九州地方で一層活況を呈し、近畿圏、北陸・東北地方にまで及ぶようになり、なかには地域で連合組織を結成する事例もあった。例えば岐阜県では、二〇年三月に少年教会設立の必要を感じた真宗本願寺派岐阜別院の知堂土井普応の発起により、約八百名の入会者を得て別院対面所で開会式を挙げた。七月には大野郡五之里《ごのり》村(現大野町)妙円寺で、一〇月には本巣郡馬場村(現瑞穂市)超誓寺でも少年教会が開会された。その後、大野郡・方県《かたがた》郡・本巣郡に二十六校の少年教会が発足し、連合組織として美濃国少年教会が組織された。下南方《しもみなみがた》村(現大野町)大蔵寺が少年教会幹事世話係となり、一一月に寺院会議が開催されて僧侶二十三名、係員五十三名が集まり教会規則等を議決した。

明治二〇年以降は、前年に小学校令が改正されたのを受けて、各地で寺院僧侶により貧困家庭子弟を対象とする簡易小学校が多数設立された。行政の側も、小学校就学率の向上のために寺院僧侶に協力を要請したことで、数年の間に全国に八十校以上の仏教系の簡易小学校が設立されている。こうした小学校教育事業への参画と連動して、少年教会の設置は一層の広がりをみせたのである。

◉少年教会の理念

この時期に仏教側は、どのような理念から少年教会の組織的に着手したのであろうか。まず指摘できるのは、露骨なキリスト教への対抗意識である。多くの少年教会がキリスト教対策を直接の設立動機としていた。また、大阪津村別院の大阪少年教会のように、小学校教諭からのキリスト教勧誘を拒絶した児童に対し、褒賞を与えて対抗意識を露骨に示すケースもあった。

次に仏教少年教会では、護法意識のみが先行し、教化すべき児童の置かれた社会的状況に対する認識が欠落していた点に特徴があった。例えば、『奇日新報』に連載された論説「宗教上児童教育ノ必要ヲ論ス」では、教育の対象たる子どもの社会的状況に全く関心が払われていない。そればかりか、子どもに接すること自体について、「理屈ノ世界ヨリ観ルトキハ平易取ルニ足ラザル様」と消極的な理解さえ示している。にもかかわらず、子どもを寺院に集めようとするのは、何より子どもが将来の寺院存立の基盤をになう仏教信者となり得るからにほかならない。要するに、あくまで教線拡大の手段としての児童教育の必要性が認識されているのである。

それでは、こうして寺院に集められた子どもに対し、僧侶の側はいかなる内容の教化を行い、またどのような人間像を希求したのであろうか。当時のキリスト教徒には、君父に対する一方的義務を説く忠孝倫理を批判し、子どもの権利への自覚の萌芽がみられた。これに対し、子どものおかれた社会的状況の問題性に対する認識を欠く仏教側は、当然ながら封建的家父長制度の下で「家」や「戸長」に従属する児童観を乗り越えることはできなかった。

当時、多くの少年教会での講話集や手引書が刊行されていたが、これらでは、封建的児童観に立って、「孝」を最重要規範とする教説が繰り返し説かれた。例えば、『少年教会講談法話集』初編には、築地少年教会での講話筆記が収められている。そのなかの石村貞一の「孝に大中小の三あり」という講演では、「孝」を徳目の根本とし、これを媒介として、「忠」その他の徳目が成立すると述べている。

こうした封建的儒教倫理にもとづく教説は、当時の教育界における儒教倫理復活の風潮を背景にしていると考えられる。元田永孚《ながざね》、西村茂樹らの儒教倫理にもとづく教育の提唱は、自由民権運動やキリスト教の市民的人間観の否定を媒介としており、同じくキリスト教に敵対意識を有する仏教は、容易にこれに同調し得たのであろう。

明治末年以降に仏教少年教会は、分級、カードといったキリスト教日曜学校の方式を採用し、仏教日曜学校へと発展していった。さらに大正期には宗派当局の奨励策が推進され、昭和初年に仏教日曜学校の数は、全国で五千校近くにも及んだとされる。しかし、体制的人間像の内面化を脱却して、独自に仏教的教育理念を樹立するまでには至らず、戦時下では農繁期保育と一体となって国策に随順して戦争を遂行する次世代育成の路線を突き進んでいったのである。

（三）仏教婦人会と付帯事業

◉女性教化論とキリスト教の動向

婦人教化の必要性についても早くから仏教者に意識されていた。石村貞一は、明治一四（一八八一）年七月に真宗大谷派系新聞『開導新聞』に投書し、「（キリスト教の）信徒ヲ視ルニ十ニシテ七八ハ婦女ニアラザレバ必ズ貧人ノミ」と述べ、キリスト教が女性教化と慈善事業で着実に成果を上げていることに言及し、これへの対抗策の必要性を主張している。

水渓智応も、明治一七年八月『奇日新報』に寄せた「女子ノ信徒」という評論で、やはり女性にキリスト教信者が多いことに言及している。そのうえで、キリスト教の事業展開を参考とし、女子教育機関を各地に設置すべきことを提言している。女子教育は、やがてその子弟の家庭教育へと波及し、「戸主ヨリ僕婢《ぼくひ》ニ及ブハ恰《あたか》モ水ノ低キニ就クガ如シ。是《これ》実ニ伝道ノ一大要訣ナリ」というのである。しかし、同時に「女子ハ傾国傾城《けいこくけいじょう》トイヒテ其罪障《そのざいしょう》モ軽カラズ」とも述べ、女性蔑視的意識ものぞかせている。

ともあれ、築地少年教会の開設に関わった石村や水溪らにより、女性教化の必要性が提起されていることが注目される。女性教化に関しても、前近代から「女人講《にょにんこう》」「最勝講」などの信者組織があったが、直ちに婦人会への改組は実現しなかった。少年教会のように、菓子や文具、福引で女性を集めて寺院で講話するというわけにもいかなかったようである。

当時のキリスト教は、女学校経営を通じて教勢を大きく伸長しつつあった。官公立の女学校としては、明治五年に東京と京都に官公立の女学校が開設され、数年後には栃木・岐阜などにも設置されたが、一五年に至っても、その数はわずか五校に過ぎず、生徒数も三百名たらずであった。

行政の対応の遅れを尻目に、キリスト教は、明治三年設立のフェリス女学校（横浜）をはじめ、八年設立の神戸英和女学校（神戸）・照暗女学校（平安女学院、大阪のち京都）、一〇年設立の立教女学校（東京）など、一五年の時点ですでに二十校近い女学校を設置していた。さらに一六年からの「鹿鳴館時代」には、男尊女卑の打破・女権の拡張が開化・欧化の必須条件のごとく論じられ、欧米婦人の教養を授ける女学校は大いに活況を呈した。

女性に対する啓蒙活動や解放運動も活発化した。明治一八年に『女学雑誌』が創刊され、キリスト教的な立場から女性一般の地位と教養の向上を訴えた。さらに一九年には東京婦人矯風《きょうふう》会が結成され、一夫一妻制や男女の人格的平等を主張して廃娼《はいしょう》運動を展開した。こうして翌年には、高知の婦人交際会（のち女子興風会）・函館婦人矯風会・宮城婦人矯風会・横浜婦人交際会・熊本婦人矯風会・前橋婦人教会など、キリスト教信徒を中心とした婦人団体が各地に結成されるようになった。仏教側にとって、寺院に女性を集めて法話会を開くだけではキリスト教の活動に比べて見劣りすることは明らかであった。

写真6　雑誌『婦人教会雑誌』

◉仏教婦人雑誌の創刊

明治二一年二月、仏教系の婦人月刊誌の先駆的存在であった『婦人教会雑誌』が創刊された。発行人兼編集人は前述の水渓智応であった。発行元の婦人教会（東京日本橋区橘町）は雑誌発行のための組織であり、従来からあった橘町女人講を母体としたようである。橘町は明暦の大火で焼失した真宗本願寺派浅草御堂のあった場所に隣接し、築地別院が落成したのちも境外所有地があったようである。

雑誌の創立助成員をつとめた十六名は、橘町説教所世話方を兼ねており、日本橋に店舗を構える豪商たちであった。明治二〇年前後の好景気を受けて経済活動が活発化しており、その資金力に支えられて雑誌が発行されたと考えられる。また彼らの大半は近江商人で、主に婦人和装品を扱う業者であった。欧化全盛の風潮やキリスト教への警戒心も強く、ここに婦人会活動を積極的に支援する理由があったと推察される。

『婦人教会雑誌』の創刊号には、雑誌発行の趣旨が次のように記されている。

> 特に婦人に大切なる令徳を養成するに、仏教の主意たる因果の理法を以てして、其心源よりして極めて清潔に至らしめ婦人の位地を高め、婦人の要務を教へて坐作進退《ざさしんたい》の礼儀なり、小児の保育、雇人の召使方心得など迄、天晴《あっぱれ》文明の婦人たり、文明の母たらしめんと欲す

文明開化の時流に対応した女性の地位向上と啓蒙の必要性を訴え、それを仏教の立場から推し進めることを標榜している点で、前述の「女子ノ信徒」に比べると、女性教化の方針についての認識が一歩深化しているように見受けられる。

『婦人教会雑誌』では、女性の地位向上が訴えられた反面、国粋主義的な思潮の影響も強くみられた。同誌三号掲載の「婦人の自立を勧め、併《あわ》せて女子教育の旺盛を望む」では、日本婦人の従来のあり方を改良するために、第一に「婦人の自立」を図ることが急務であると言いつつも、次のように記している。

是れ単に婦人自身の為にのみ婦人の自立を勧むるにあらず、我々は実に我が一国の為に婦人の自立を勧むるものなり、婦人にして自立の気象なきときは、我が日本帝国自立の気象なし、我が帝国自立の気象を保たんと欲せば、婦人をして先づ自立の気象を保たしめずんばあるべからず

女性の地位向上・婦人の自立は、あくまで国家の自立と相まって意義を有すると主張されている。民権に国権を対峙させ、国権をより重要視する発想は、民権論者のキリスト教との対立構造を想起させるものがある。

『婦人教会雑誌』の創刊後、明治二〇年代前半には十種をこえる仏教系婦人雑誌が各地で刊行されるようになった。しかし、国粋主義的思潮が台頭するなかで、その論調はキリスト教の西洋中心主義・民権主義に対抗して、国粋主義・国権主義への傾斜を急速に強めていった。

◉仏教婦人会と女学校

『婦人教会雑誌』創刊号は、その緒言で、仏教婦人会の設置を全国に促していく意図を次のように記している。

本会雑誌は日本全国、本宗婦人教会（女人講、坊守《ぼうもり》講、最勝講、等）の気脈を通し、相互に其志を述べ、国家の為め法の為め、同心協力して、全国本会の拡張を謀るを務む

実際、そののちに雑誌発行の永続資金を寄付して提携する婦人会が各地に設立されるようになったことが雑誌に報告されている。こうした状況は諸宗派に波及し、各地で仏教婦人会の設立をみることになった。千野《ちの》陽一著『近代日本婦人教育史』によれば、明治二一年から二三年までの三年間に設立された仏教婦人会は、六十団体をこえる。仏教婦人会の事業として講習会や女学校が付設される場合も多かった。欧化全盛の風潮の下でキリスト教主義女学校が明治二二年末までに五十校以上に達したのに対し、仏教系の女学校も、一九年からの四年間で二十校ほどが設置されている。そのなかには、親和女学校（現親和学園）・相愛女学校（現相愛学園）・女子文芸学舎（現千代田女学園）・六和女学校（現函館大谷学園）など、今日まで存続している学校もある。

婦人教会が前近代以来の坊守講や女人講と決定的に相違するのは、こうした教育事業や雑誌発行を通じた啓蒙活動に従事する点にあったと言えよう。しかし、当時の仏教婦人会における女性の主体的参加はかなり限定的であり、その解放要求に対応する側面も希薄であった。

多くの仏教婦人会は、巨大結社の解体という状況を受けて、強い護法意識を抱いた僧侶の主導で創設され、地域の保守勢力の経済力に支えられていた。また、その教化・教育方針もキリスト教への対抗から、伝統的女性像を内

面化し、これを克服するには至らなかった。

結局、仏教婦人会と仏教女学校の興隆は、明治一〇年代末から二〇年代初頭の時代状況に支えられた一過性のものに終わり、女性信者の組織化の理念構築の課題は次代に持ち越されることになったのである。

明治20年前後設立の仏教女学校一覧

名　　称	設立年	関係宗派	所　　在
徳山婦人講習会	明治19年	真宗本願寺派	山口県徳山市
三州学校女子部	明治19年	真宗本願寺派	島根県松江市
順承女学会	明治20年	真宗本願寺派	京都市
オリエンタルホール女子部	明治20年	通仏教	京都市
清揚女学校	明治20年	真宗本願寺派	群馬県前橋市
仙厳学園	明治20年	曹洞宗	新潟県長岡市
親和女学校	明治20年	真宗本願寺派	神戸市
広島高等女学校	明治21年	真宗本願寺派	広島市
綜藝種智院	明治21年	真言宗	大阪市
高陽女学会	明治21年	各宗協同	新潟県上越市
相愛女学校	明治21年	真宗本願寺派	大阪市
女子文芸学舎	明治21年	真宗本願寺派	東京都
積徳女学校	明治21年	真宗本願寺派	東京都
六和女学校	明治21年	各宗協同	北海道函館市
愛和女学校	明治21年	真宗本願寺派	福岡県行橋市
赤間関洗心女学校	明治22年	真宗本願寺派	山口県下関市
博愛女学校	明治22年	真宗本願寺派	島根県浜田市
高梁女学校	明治22年	各宗協同	岡山県高梁市

（四）青年仏教者の組織化

この時期に再編が進んだ仏教教化団体には、宗派当局からの直接的介入がほとんどなく、キリスト教の教化活動に脅威を感じた僧俗有志や地域有力者により自主的に組織された点に特色があった。また、それゆえ組織のあり方も多様であり、とりわけ仏教青年会の場合は、第一回国政選挙にも際会して宗派の枠組みをこえた協力関係が顕著にみられた。

◉三田尻青年会・普通教校反省会

青年教化の場合も、前近代的講社組織を再編することからはじめられた。明治一四（一八八一）年、七里恒順は博多万行寺で「教童講」とともに、一五歳から三〇歳までを対象とする「若講」という講社を組織していた。

こうした前近代的講社に「青年会」の名を冠した早い事例として、明治一五年に山口県佐波郡三田尻町（現防府市）で設立された「三田尻青年会」がある。三田尻青年会は、真宗本願寺派明覚寺の住職香川嘿識《もくしき》が会頭として指導者的役割をにない、基本的に伝統的真宗信仰にもとづいた法話会・親睦会の開催を主たる活動としていたようである。博多万行寺の若講と同じく、前近代以来の講組織の延長線上にあった団体とみられる。しかし一方で、在家信者の発起により宗祖降誕会の祝筵《しゅくえん》を開き、討論会を開催するなど、在家信者の主体的参加があったようである。

しかも明治二〇年に入ると、その活動にさらに変化がみられるようになった。一月に三田尻法中がノルマントン号事件の死亡者の追悼法要を行った際に、香川嘿識の提言を受けて羅馬字《ローマ》研究会が設置された。研究会では英語も学び、内地雑居もにらんで外国人との積極的交流を期していた点が注目される。

少年教会や婦人会に比して、青年会の場合は会員の主体的意識が強くみられた。キリスト教の教勢伸張が青年仏教者に自己内省を促す契機を与え、自己修養と社会矯風を目指すことが企図される場合もあった。そして、その先導的役割を果たしたのが、真宗本願寺派普通教校に設立された「反省会」であった。

当時京都では、同志社と本願寺側とが互いに相手を排撃する演説会を盛んに開催していた。明治一八年に開校した普通教校が同志社を意識して設立されたことはよく知られているが、在学生の不品行は目に余るものがあったようである。

そうしたなか、翌一九年四月に反省会は、「反省有志会」として発足した。同月六日、反省有志会会幹の澤井洵《じゅん》（のちの高楠順次郎）と常光得然《つねみつとくねん》とが普通教校の同窓有志に向けて、禁酒と仏教者の綱紀粛正を求める「反省有志会趣意書　一名禁酒会」を発し、翌年八月に機関誌『反省会雑誌』を創刊した。その後、会員数は急増して全国的組織へと発展していった。『反省会雑誌』は、『反省雑誌』への改題を経て東京へ進出し、のちに戦前日本を代表する

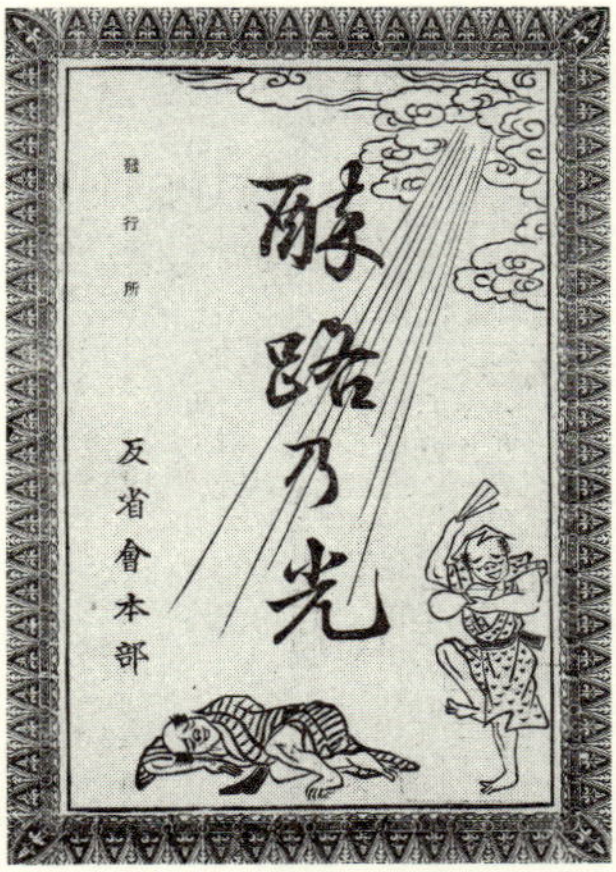

写真7　上：雑誌『反省会雑誌』
下：『酔路乃光』
（『反省会雑誌』号外）

総合雑誌『中央公論』となった。

仏教青年会の教化活動の中心はやがて東京に移っていった。当時、進学のため上京する青年仏教者が増加しつつあった。その組織化が課題となるなかで、数々の仏教青年会が誕生したが、これにはいくつかの人脈が関わっていた。

◉島地黙雷と勝友会・仏教青年協会

第一に挙げるべきは、島地黙雷を中心とする真宗本願寺派系の人脈である。東京では、明治一七年に令知会が組織されたが、その後も、勝友《しょうゆう》会・令女教会・東京婦人教会・築地少年教会・仏教青年協会など多種多様な真宗本願寺派関係の結社が次々に生まれた。これらでは真宗大谷派僧侶も協力して活動する場合も多く、関係する新聞雑誌も、『奇日新報』『教学論集』『令知会雑誌』『婦人教会雑誌』など多数にのぼる。そして、こうした諸活動の指導的立場にあったのが島地黙雷であり、特に青年を対象とした組織としては、勝友会と仏教青年協会があった。

明治二〇年三月、第一二世宗主准如の二百五十回忌法会のため上京した大谷光尊（明如法主）は、東京で在学中の寺院子弟ら二十七名を築地別院に集めて智徳並進に励むよう訓示した。その後、島地黙雷の復演に続いて、教学科長武田篤初《とくしょ》より在京本派関係者の親睦・知識交換のための会を設置する提案があった。一同の賛同を得て、会の名は島地黙雷により「勝友会」と命名された。このとき集まったのは、山内晋《やまのうちすすむ》（晋卿《しんきょう》）・七里円長・東陽円《えん》成《じょう》・佐々木清麿《きよまろ》・藤井宣正《せんしょう》・浅井（薗田）宗恵《しゅうえ》・今里游玄《ゆうげん》・和田秀麿らであり、彼らは帝国大学や慶應義塾などで学ぶために上京した青年たちであった。

その後、普通教校の出身者が次々に上京して勝友会の会員数も増加し、新たな仏教青年会も誕生した。その中心的役割を果たしたのが、明治二二年二月に上京した古河勇（老川）である。古河は、明治四年に和歌山真宗本願寺派専念寺で生まれた。普通教校を経て帝国大学に学んだ後、雑誌『仏教』の主筆となり、二七年に「経緯会」を組織して新仏教運動を推進したが、三二年に病のため死去した。

古河ら普通教校出身の東京留学生たちは、同年三月に会員五十余名を集めて「真宗青年会」を結成し、第一・第三日曜に会合して島地黙雷の天台四教儀を開講することとした。しかし、真宗寺院の関係者の会に止まる限り、仏教信仰の広がりは望むべくもなく、また組織の性格上、勝友会とも競合する。そこで古河らは、新たに「仏教青年協会」を立ち上げた。島地黙雷に講師、菊池熊太郎に会長の就任を要請して承認を得て、古河勇・今立敦・守屋信を幹事に選出した。さらに委員選挙を行い、菊池謙譲《けんじょう》・杉村廣太郎《こうたろう》（楚人冠《そじんかん》・縦横《じゅうおう》）ら十五名を委員に選出した。規則によれば、目的を「本会は主義を仏教に取り青年社友相互に道義行を磨礪《まれい》するを以て目的とす」と規定し、そのための事業として、仏教講義および談話・教学上の演説および討論・雑誌発行を行うとしていた。

写真8　古河勇（1871-99）

古河は、明治二二年五月『令知会雑誌』六二号に「仏教青年の新団体」を寄稿し、こうした宗派の枠をこえた仏教青年の活動が仏教復興に資するであろうことを強調している。さらに二四年一月に至って『協会報知』という機関誌を創刊した。

◉大内青巒と東京仏教青年会

島地黙雷を中心とする真宗本願寺派系の人脈と並んで、当時の仏教界に大きな影響を与えたのが、大内青巒を中心とする通仏教的ネットワークであった。大内は明治・大正期を通じて多彩な事業をおこし、仏教界の先導的役割を果たしたが、この時期の事業で特に青年教化と関わりの深いのが、私立高等学校と尊皇奉仏《そんのうほうぶつ》大同団であろう。

私立高等学校は、明治二〇年九月に東京麻布の曹洞宗長谷寺の所有地に開校した。仏教に基調を置き、高等中学校に準じた普通教育を施すことを目的としていた。仏教各宗派の共同経営によるとしていたが、実質的な経営者は大内青巒であった。この学校は宗派の分担金が集まらず、わずか三年で廃校となったが、入学者を寺院子弟や僧侶に限定しておらず、広く青年への仏教信仰の浸透を目指した学校であった。

一方、尊皇奉仏大同団は、明治二二年一月に結成され、その目的は、翌年七月の第一回衆議院議員選挙をひかえ、還俗《げんぞく》僧侶・門徒を議員に当選させ、僧侶被選挙権の獲得請願運動を展開することにあった。その運動には仏教界からの幅広い協賛があり、主なメンバーには、原坦山《たんざん》・前田慧雲・島地黙雷・内藤耻叟《ちそう》・辰巳小次郎・佐治実然《さじじつねん》らがいた。島地以外にも、尊皇奉仏大同団の機関誌『大同新報』の発行・編集に水溪智応や山本貫通ら真宗本願寺派系のネットワークが積極的に関わっていた。

この尊皇奉仏大同団のいわば別動隊として結成されたのが、「東京仏教青年会」であった。明治二二年五月に辰巳小次郎が会長に就任することが決まり、幹事に第一高等中学校生中村清二、東京師範学校生行方丁三郎、学習院生由利真男の三名を、事務員に進藤端堂《たんどう》、高田道見の二名を選出した。講師には北野元峰が当分担当することとなり、大内青巒と佐治実然が特別評議員に就任した。役員は尊皇奉仏大同団の有力メンバーが兼務しており、大内青巒・北野元峰・高田道見ら曹洞宗関係者が会運営の中核をになったが、進藤端堂（黄檗宗）・佐治実然（真宗大谷派）らも参加し、仏教青年協会よりもさらに通仏教的傾向の強い団体であった。

同年六月二日、愛宕《あたご》下青松寺で発会式が挙行された。式では、会長辰巳小次郎ほか、緒方惟準・大内青巒・古谷日新・島地黙雷が演説し、内藤耻叟・佐々木狂介《きょうかい》が祝詞を述べた。内藤は「邪教を破らんとするものは必ず我正道を開かずんばあらず」といい、佐々木も「耶蘇教の欧米社会に衰色を現し来たり」と述べ、ともにキリスト教を意識した発言をしている。島地黙雷らが東京仏教青年会に参列し、反対に辰巳小次郎らが仏教青年協会の賛成員に就任するなど、両会は協調関係にあった。おそらく相互に重複して所属する会員も多かったと考えられる。

当時の仏教青年会は相互に対立関係にはなく、新仏教の旗の下に団結してキリスト教に対抗する必要性が強く意識されていた。そのため通仏教的傾向は、当時の仏教界に広く支持されており、『令知会雑誌』六三号（明治二二年六月）掲載の「会説・仏教青年会」では、次のように述べて通仏教的結束への期待を表明している。

> 余輩近時東京府下一二仏教青年会に就き、其規則を読み、其会員の目的を聞くに、彼等は決して一宗の教義に偏信し、僧侶に依頼する者に非ず、広く各宗の主義に通じ、釈尊真意の在る所を審《つまびら》かにし、是れ明かに仏教改良家を以て自ら居るものなり

◉青年会の広がり

仏教青年協会は島地黙雷を中心とする真宗本願寺派系のネットワークに、東京仏教青年会は大内青巒を中心とする通仏教的ネットワークにつながっていた。しかも両ネットワークは協力関係にあり、多様な関係諸団体・事業とも関わっていた。

関係する新聞・雑誌も多数に及んだが、特に仏教界に大きな影響力を有したのが、真宗本願寺派系の『奇日新

報』と大内青巒が主宰する通仏教系の『明教新誌』であった。そして両新聞に、明治二二年以降、青年会の関連記事が掲載されると、全国各地で仏教青年会の設立が相次いだ。二五年前半まで、八十団体ほどの仏教青年会の設立を確認することができる。

これら仏教青年会がどのような理念にもとづいて設立され、いかなる活動をしたのであろうか。まず設立の動機として考えられるのが、キリスト教への対抗意識である。これは反省会・仏教青年協会・東京仏教青年会にも共通してみられる傾向である。地方の仏教青年会も、キリスト教排撃を明確に主張しない場合でも、「邪教」を排除すべきことを理念に掲げる場合が多かった。

次に単独宗派によって結成される場合は少なく、在家信者の参加が多いのもこの時期の特徴である。月輪正遵《つきのわしょうじゅん》編『日本仏教現勢史』（明治二五年刊）には、数多くの仏教青年会の情報が掲載されているが、運動の理念として単独宗派を掲げる場合はほとんどなく、「普通仏教」とするものが圧倒的に多い。具体的な活動内容としては禁酒の勧奨を通じての社会改良を訴えるもののほかは、演説会の開催を中心とし、機関誌が創刊される場合も少なくなかった。しかし、その雑誌の多くは散逸して現在みることはできない。

（五）東京諸学校連合の仏教青年会

◉早稲田・帝大・慶應の仏教青年会

仏教青年協会・東京仏教青年会とともに、当時活発な動きをみせたのが、東京専門学校（現早稲田大学）・第一高等中学校・慶應義塾などの仏教系ではない一般諸学校に設立された仏教青年会であった。以下にこの三校に設立された仏教青年会の設立状況を概観しよう。

東京専門学校の仏教青年会「教友会」の設置時期は明確ではない。大隈重信を助け、東京専門学校創立の中心的役割をになった小野梓《あずさ》は、島地黙雷・大内青巒らと密接に交わり仏教にも造詣が深かった。小野は明治一九（一八八六）年一月に没したが、小野在世中からその影響を受けて仏教に関心を示す学生が集う会があったのかもしれない。二五年刊行の『日本仏教現勢史』によれば、教友会の会員数は二百余名にも及び、会の創立を二〇年としている。発起人の名前に山下乗円・大内青巒・島地黙雷の三名を記している。山下乗円は旧姓を平賀といい、広島県真宗本願寺派寺院の出身であり、勝友会の初期メンバーのひとりであったが、すでに二二年一〇月に没している。

教友会の創立当時の記事等を確認できないが、明治二二年一一月発行の『明教新誌』の報道によれば、大内青巒を招いた大演説会が開催され、生徒三、四百名が参集し盛会であった。同記事に掲載された「教友会規則」によれば、「本会は仏教の真理を講究し且つ之が拡張を計画するに在り」とし、毎月一回名士を聘《へい》した演説会を学内で開き、適宜の場所で談話会を開催するとしていた。

第一高等中学校の仏教青年会「徳風会」の創設に関しては、明治二二年五月発行の『令知会雑誌』が当初の状況を報じている。それによれば、同年一月二二日に同校内大教場で初会が開かれて島地黙雷が講演し、第二回は赤松連城が、第三回は大内青巒が講演した。

『日本仏教現勢史』は、徳風会の会員を百五十余名とし、主動者の名前に、薗田宗恵・龍口了信《たつぐちりょうしん》・佐々木清磨・藤岡観海・野々村隣太郎・七里辰五郎・伊藤賢道・近角常観《ちかずみじょうかん》・佐々木徹照・高橋慶幢・秦敏之の十二名を掲出している。彼らは、いずれも第一高等中学校の在学生で、この内、薗田・龍口・佐々木・藤岡の四名は真宗本願寺派勝友会の初期のメンバーであった。また伊藤・近角・高橋・秦の四名は真宗大谷派関係者であり、真宗寺院関係者が中心的役割を果たしていた。第一高等中学校の学生のほとんどは帝国大学へと進学し、徳風会は帝国大学（現東京大学）の学生を中心とする仏教青年会になっていった。

慶應義塾の仏教青年会「三田仏教会」の設置時期も明確ではない。『日本仏教現勢史』には「土曜会」の記述があり、会員を五十余名とし主動者を梅原融《とおる》としている。梅原融（賢融《けんゆう》）は福井県真宗本願寺派の順教寺に生まれ、明治一九年に普通教校に入学して反省会の設立に関わり、二二年に上京して慶應義塾に入学している。

しかし、『慶應義塾佛教青年会八十年史』の「三田仏教会創立始末」によれば、明治二三年一〇月一一日に芝区三田北寺町一番地西蓮寺において内会議を開き仮に幹事三名を推選して、二五日午後一時より芝区高輪町高輪亭楼上において発会式を挙行したとされ、土曜会に関する記述はない。このとき仮幹事に推選された三名は、藤田順《じゅん》道《どう》・椎尾朝麿・白山謙致《しらやまけんち》であり、藤田は勝友会の初期メンバーであった。また白山は真宗大谷派寺院の出身であり、椎尾は真宗高田派寺院の出身であった。

いずれの会も、設立に真宗寺院関係者が中心的役割を果たしており、特に真宗本願寺派勝友会のメンバーの活躍が目立つ。そして活動は島地黙雷や大内青巒らを招聘して講演会を開くことが中心であり、両ネットワークとの関係も密接であった。

◉東京諸学校仏教連合会

明治二五年一月、帝国大学・第一高等中学校の徳風会、東京専門学校の早稲田教友会、慶應義塾の三田仏教会に、哲学館（現東洋大学）、法学院（現中央大学）の学生らも加わって連合で会合を開いた。共同での事業展開について協議し、同年四月に盛大な釈尊降誕会《ごうたんえ》を執り行った。

さらに同年七月二〇日から約二週間、第一回夏期講習会を須磨の現光寺で開催した。有志八十余名が参加し、釈雲照《うんしょう》・村田寂順・澤柳政太郎《さわやなぎまさたろう》・堀内静宇《せいう》・加藤咄堂らが講師をつとめた。翌年の第二回夏期講習会は移動の都合上、東部と西部と別々に実施することになり、東部は鎌倉円覚寺で、西部は二見正覚寺で開催された。降誕会と講習会とは、その後も毎年の恒例行事となった。

明治二七年一月には、各学校の仏教青年会に所属する学生六、七十名が集まって東京諸学校仏教連合会を開き、四月八日の釈尊降誕会を期して「日本仏教青年会」を結成した。その趣意書には「仏教固《もと》より無我を以て宗とす、豈《あに》宗派の異同を問はんや」と超宗派的組織であることが宣言され、次のような規則を定めた。

第一条　本会は日本仏教青年会と称し本部を東京に定めて支部を便宜の地に置く
第二条　本会は青年学生にして仏教を信奉し且つ其弘通を謀るを以て目的とす
第三条　前条の目的を達する為め左の事項を行ふ
一、毎年釈尊降誕会を執行すること
二、毎年便宜の地に於て夏期講習会を開くこと
三、定期若くは臨時説教講義及演説会を開くこと
四、定時或は臨時有益なる出版物を発行することあるべし
第四条　本会々員は賛助員及正会員の二種より成る
一、賛助員とは高僧名士及篤信者にして本会より特に入会を依頼したる者を云ふ
二、正会員とは成規の手続を経て入会したる者を云ふ

第五条　本会は委員若干名を置き委員中より互選を以て幹事三名を置く、但し当分委員は二十名と定め帝国大学第一高等中学専門学校慶應義塾法学院哲学館を以て五団とし各団四名宛を選出し任期を一ヶ年とし再撰することを得（以下略）

◉大日本仏教青年会

発足当初の日本仏教青年会の動静には不明なことが多いが、当時の『明教新誌』の断片的記事から、哲学館選出の委員が、安藤正純《まさずみ》（鉄腸）・伊香間《いこま》誓運・鼎《かなえ》義暁・佐竹法律であったことが判明する。また明治二七年二月の春季総会で規則を改正し、二〇名の委員を六名の評議員に改め、廣田一乗・安藤正純・中川文任・柏原文太郎（幹事）・岡本真一（会計）らを選出した。同時に会名も「大日本仏教青年会」と改めたようである。

写真９　安藤正純（前列右）
（1876-1955）

安藤は、東京浅草の真宗大谷派真龍寺に生まれ、哲学館・東京専門学校に学び、『明教新誌』主筆・『朝日新聞』編集局長などをつとめた。大正９年衆議院議員に当選し、戦後は自由党の結成に参画、自由党筆頭顧問・文部大臣などを歴任した。

戦時中に大東亜仏教青年会大会で大会委員長を務めた安藤正純が、日本仏教青年会初期の有力メンバーに名を連ねていたことは注目される。安藤と同様、のちに衆議院議員となり日中友好にも大きな足跡を残した柏原文太郎（東京専門学校）が当初幹事をつとめたが、五月に辞任し、のちに清沢満之《きよざわまんし》らと真宗大谷派改革運動を推進した月見覚了《つきみかくりょう》（帝国大学）が選出された。

会主催の講演会などの諸行事には、大内

青巒・島地黙雷・南條文雄・奥田貫昭らが招かれ、彼らが賛助会員として会の活動を支援していたようである。明治二八年一一月の秋季総会では年三回の機関誌の発行を決議し、杉村廣太郎・西依一六《にしよりいちろく》（金次郎）・秦敏之・近角常観・伊藤賢道・安藤正純の六名を編集委員に選出した。雑誌名は『大千世界』が有力と『明教新誌』が報じたが、刊行はできなかったようである。

日清・日露戦争を経て宗派主導・統制が強化されると、宗派に直属する仏教青年会の組織化が進み、大日本仏教青年会に対する宗派側からの風当たりは強くなっていった。明治二八年当時、会員も早稲田教友会で三十名前後、三田仏教会で四十名余りと減少している。三〇年代初頭、大日本仏教青年会は公認教運動に積極的に協力したが、そのことで仏教清徒同志会と立場を異にした。さらに大正期には非仏教系学校の仏教青年会と宗派系青年会の溝が深まった。その後、汎太平洋仏教青年会大会の開催を機に、昭和六（一九三一）年に全日本仏教青年会連盟が組織され、通仏教的な仏教青年会運動は再び仏教界の脚光を浴びることになるのだが、この間の事情については後述する（第八章）。

第三章

海外新宗教潮流の流入

（一）神智学協会とオルコットの衝撃

◉神智学協会と水谷涼然

明治二〇年代は、「通仏教」という考え方が意識されはじめ、通仏教的結束の必要性が急速に仏教者の間に浸透していった時代である。その背景には、キリスト教の教勢拡大などの国内の諸事情があったが、神智学《しんちがく》協会、ユニテリアンなどの海外の新宗教思潮の流入も大きく影響した。

神智学協会は、一八七五年にヘレナ・ペトロヴナ・ブラヴァツキー、ヘンリー・スティール・オルコットらにより、ニューヨークで結成された。当時、欧米では既存のキリスト教会を批判する心霊主義が流行しており、神智学協会は、諸宗教間の対立をこえて根源的な神的叡智のもとへの回帰を提唱した。その活動は、仏教やヒンドゥー教などの東洋宗教を欧米に紹介・普及することに貢献し、近現代の神秘主義者たちに大きな影響を与えた。

日本人で最初に神智学協会と接触したのは、真宗大谷派の僧侶笠原研寿《かさはらけんじゅ》であろう。笠原は、嘉永五（一八五二）年、富山県恵林寺（真宗大谷派）に生まれ、明治九（一八七六）年に本山留学生として、英国オックスフォード大学でサンスクリット語を学んだ。明治一五年一〇月、英国留学からの帰路にセイロン（現スリランカ）に立ち寄り、同地の神智学協会の支部を訪れている。当時、オルコットはインド・マドラス（現チェンナイ）南郊のアディヤールに神智学協会本部を置いてセイロン・コロンボ支部との間を往復していた。ところが笠原は、セイロンでのオルコットへの熱烈な支持と神智学協会の隆盛を見聞しながらも、全く関心を示さず、オルコットに会うこともなく帰国した。

これに対し、日本から書簡を送り神智学協会とのコンタクトを試みたのが水谷涼然であった。水谷は、明治一五年一一月一日にオルコットに書簡を送り、翌年一月一四日にオルコットも返信を認《したた》めている。その後も神智学協会関係者から、数度にわたり水谷宛てに書簡が送られてきた。

最初のオルコットの書簡には、その著書『A BUDDHIST CATECHISM（仏教問答）』が同封され、その翻訳・出版を水谷に求めてきた。また、セイロン島でキリスト教布教に対抗して教育・出版事業を推進して仏教興隆に努めていること、そのための資金を必要としている状況などが説明されていた。そして、セイロン仏教を中心としてアジア諸国の仏教勢力の結集を図り、日本仏教とも提携したいとの希望も述べられていた。

この書簡を受けた水谷は、明治一六年三月に赤松連城を出張先の熊本に訪ね、書簡と『A BUDDHIST CATECHISM』を示した。赤松はこの書の日本語訳を京都中学校校長であった今立吐酔《いまだてとすい》に託し、一九年四月に至って日本語訳『仏教問答』が仏教出版から刊行された。本書の冒頭には赤松連城の序文と、オルコットから水谷に宛てた書簡が収録されている。

◉宗派性克服の提言

明治一七年一〇月には、神智学協会の書記マーバランカからも水谷に書簡が送られてきた。この書簡でマーバランカは、神智学協会のスリランカでの活動がキリスト教の進出の抑止に一定の成果を上げていることを強調している。しかし、資金不足に直面しているとして資金援助を申し出ている。さらにビルマ仏教との提携が進行中であることも語られ、日本・セイロン・ビルマ（現ミャンマー）の三国の仏教徒同盟が提言されている。

注目されるのは、その提携に宗派性が障壁となることを主張している点である。書簡では「仏教中宗派ノ相異ハ僅ニ教中ノ小異同ニ過ギズ」、「所謂《いわゆる》宗派ノ相違ト申スコトハ多クハ想像ノ上ニトドマリ候」などと記されている。宗派の相違は「想像」上の取るに足らないことであり、これら「行違ハ思想ノ交換ニ依テ氷釈」するという。さらにマーバランカは、交流と対話を実現するために神智学協会のメンバーを日本に招請することの必要性を訴えており、繰り返し「真宗法主」への具申を求めている。

しかし、水谷がこの要求の実現のために動いた形跡は認められない。たしかに宗派性の克服は、キリスト教に対抗して国内外の仏教勢力を結集するうえで、重要な条件の一つといえようが、宗派の相違を単に「想像」や「行違」で片づけてしまうことに、宗派関係者は強い違和感を抱いたに違いない。水谷の経歴は詳らかでないが、真宗本願寺派の僧侶であったと考えられる。マーバランカが「真宗法主」への具申を求めており、赤松連城に『仏教問答』の日本語訳を薦めたことから、宗派中枢にも人脈を有していた可能性がある。

水谷のもとには、明治二〇年七月にオルコットから、一二月にも神智学協会書記エッチ・ドン・デヴット（のちのアナガーリカ・ダルマパーラ）から書簡が届いた。この頃には、平井金三と佐野正道によるオルコットの日本招聘事業が進められており、この招聘事業への協力を促す意図があったと考えられるが、水谷がこれに応じた様子は見出せない。

◉オルコット招聘事務所の開設

オルコットの日本招請は、明治二〇年四月一九日、平井金三がオルコットに書簡を送ったことで実現に向かった。同年五月三〇日、平井の書簡を読んだデヴットは、仏教改良を企図する平井の意図に賛意を表している。さらに日本が「独立国にして自治の精神」を保持している点を称讃しつつ、「海外より侵入する悪弊を排除し其人民をして基督《キリスト》教に改宗せしめざらんことに注意せられよ」と記している。

同年七月には、オルコット自身も平井に書状を送った。そこでは、セイロンで仏教雑誌を発行し、現地仏教勢力と提携してキリスト教の排除に取り組んでいる自身の活動にふれ、同様の活動を日本でも行う意向のあることが記されていた。また「拙者日本に渡行するも某一宗の為に働かず、只だ通仏法の功徳を説き反対者の疑妄を弁ずるの本意」とも記している。オルコットも、日本仏教の宗派に固執する姿勢を問題視していたのである。またここで、「通仏法」という言葉が用いられていることが注目される。

翌月には平井金三と佐野正道《まさみち》とが「米人ヘンリー、ヱスオルコット氏招聘義捐《ぎえん》金募集広告」を発表し、オルコット招聘事務所が開設された。さらに一〇月には、平井金三により神智学協会京都支部が設置された。

平井と佐野は、明治二二年一月『明教新誌』の広告で、募集に応じた寄付者の氏名を掲げた。このなかに水谷涼然の名はなく、真宗本願寺派関係者の氏名もほとんどみることはできない。目立つのは、阿部慧行《えぎょう》・渥美契縁・江村秀山などの真宗大谷派有力者、菊池秀言《しゅうごん》・奥村円心《えんしん》・太田祐慶《ゆうけい》・豊島了寛など同派の中国・朝鮮布教を推進してきた人物であった。

◉オルコットの来日

明治二二年二月九日、オルコット、ダルマパーラら一行が神戸港に来着すると、京都・大阪・神戸等の主な僧俗が同港波止場まで出迎え、天台宗能福寺に一泊し、翌日京都七条停車場に到着した際には、京都の仏教関係学校の生徒千余名が整列して出迎え、各宗派僧侶と歓迎の握手を交わしたという。その後、オルコットら一行は、五月下旬に帰国するまで各地で講演をして日本仏教者から熱烈な歓迎を受けた。オルコットの日記によれば、三十三の町を訪れ、七十六回の公開・半公開の講演会を開き、十八万七千五百人もの聴衆を集めたとされる。

しかし、この講演会の資金調達と主催者をめぐって、平井らの招聘委員側と宗派側との間で紛糾が生じたようであり、平井はオルコットの来日直前に招聘委員を辞任していた。オルコットは、二月一二日から三日間、知恩院で三日にわたり演説した。その際に通訳をしたのが、平井金三・徳永（清沢）満之・佐久間信恭《のぶやす》であった。この演説で、オルコットは次のように説いている。

今、日本の仏教は、十二宗に別れ、銀蘭《セイロン》では二派、暹羅《シャム》には一宗と、なりて居ります、然らば都合仏教は二十余派に分れて居るに相違は御座りませんが、仮令《たとい》二十に別れるとも、三十に分るゝとも、其源を尋ねたならば、孰《いず》れも一釈尊より出たに相違ありません

（オルコット君演説・大久保一枝筆記『仏教演説筆記』）

そして、キリスト教に対抗するため、大同団結と完全な教義の樹立の必要性を訴えた。さらに二月一九日には、知恩院で各宗派代表を集めて演説を行い、各宗派連合総会の設置と共同委員会による講演旅行の実施を強硬に主張した。このオルコットの強硬策が功を奏し、その後の講演も各宗連合の歓迎委員会により順調に行うことができた。明治二二年という年は、キリスト教への危機意識が最も高まった年であった。加えて、当時の仏教界は、僧侶の徴兵免除、衆議院議員・府県会議員の被選挙権問題、寺院家屋税賦課など、宗派協力して取り組むべき課題を数多く抱えていた。しかし、教導職廃止後に一定の自治を認められた各宗派は、内部対立と機構整備の対応に追われ、宗派相互が結束する契機を見出せずにいた。

この後、翌二三年には、東京に仏教各宗協会が結成され、各宗派が協力して諸課題に取り組む体制が成立するこ

とになるのだが、こうした各宗派の協調路線にオルコットによる各宗連合構築要求が影響を与えた可能性が考えられる。

（二）海外宣教会の反応

◉神智学協会の提携要求

神智学協会から日本仏教への提携内容は、総じて言えば、①キリスト教勢力への対抗、②アジア仏教勢力の結集、③超宗派的協力関係の構築に集約できるであろう。

おそらくこれらの提言のうち、①キリスト教勢力への対抗については日本仏教各宗派で一致した協力と結束が可能であったろう。しかし、②アジア仏教勢力の結集となると、宗派により意見の分かれるところであった。早くからアジア布教に着手していた真宗大谷派は比較的積極的姿勢を示したが、真宗本願寺派の姿勢は慎重なものがあった。また、神智学協会が提携を求めたセイロン・ビルマの南方仏教は、従来日本仏教が「小乗」と蔑称してきた上座仏教であった。南方仏教とどのように向き合うのかは、大きな課題であった。

さらに③に関しても、多くの宗派に細分化された日本仏教にとって困難な課題であった。日本仏教全体の利害に関することで一致団結して行動できたとしても、依拠する経典や教義、行法などが大きく異なっており、そのすり合わせは容易なことではなかった。まして「小乗」的仏教理解に立って日本仏教宗派の存立自体を否定するかのような神智学協会の主張には、戸惑いと反発を覚えたに違いない。

このため、キリスト教の脅威に直面していた明治二二（一八八九）年に、オルコットを熱狂的歓迎した日本仏教であったが、二四年の再来日のときの対応はきわめて冷淡だった。二三年を境として、欧化全盛の風潮が後退し、国粋主義が台頭したことで、キリスト教の教勢が後退しはじめたことが背景にあったと考えられる。

◉欧米仏教通信会

オルコットの来日に消極的であった真宗本願寺派のなかにも、神智学協会との連携に意欲を示す人々がいた。普通教校（龍谷大学の前身校の一つ）の教員であった松山松太郎らである。明治二〇年三月七日、松山松太郎はニューヨークの神智学協会のウィリアム・クアン・ジャッジに書簡を送った。平井金三がオルコットに書簡を送る約一月前のことである。ロシアの新聞でアメリカに仏教信者がいることを知った松山は、そのことを確認するための書簡を認めたのであった。

五月二二日にジャッジも返信を書き松山のもとに送った。ジャッジの書簡には、自分がオルコットに誘導されて仏教信者となり、特定の宗派を信奉していないことが書かれていた。松山・ジャッジの両書簡は、普通教校の生徒であった小林洵（のちの高楠順次郎）が翻訳して『奇日新報』に掲載された。

ジャッジからの書簡を得た松山らは、これを契機に普通教校内に「欧米仏教通信会」を結成した。欧米仏教通信会という名称が示すように、彼らの関心事はあくまで欧米の仏教者との交流であり、オルコットらの主張するアジア仏教との連携への関心は薄く、まして南方仏教となるとなおさらであったと考えられる。明治二一年二月、欧米仏教通信会と密接な関係にあった『反省会雑誌』三号も、オルコットの招聘事業よりも欧米布教を優先すべきだという論説を掲載している。

◉海外宣教会

明治二一年八月頃、欧米仏教通信会は「海外宣教会」に改組された。会長に赤松連城、幹事長に里見了念（普通教校幹事）、幹事に普通教校の教員である神代洞通《こうじろどうつう》・服部範嶺《はんれい》・日野義淵《ぎえん》・松山松太郎・手嶋春治が就任した。

同時に発表された創立趣意書では、欧米での仏教への関心の高まりに対応して海外布教を準備していく意向が表明されている。また「印度の仏教徒を見よ」といい、インド仏教徒が英語の新聞雑誌を発行して仏教弘通に尽くしている現状にふれているが、これはオルコットの活動を指していると考えられる。そして、大乗仏教である日本仏教が、小乗仏教に後れをとっている状況を非常に遺憾であるとしている。さらに、日本仏教各宗の高僧・居士に奮起を促し、結束して欧米布教に着手することを呼びかけている。同時にそれが「宗門改良の一助」になるとも記されている。

海外仏教宣教会は、神智学協会に強い影響を受けつつも、これへの対抗を意識して結成されたとみるべきであろう。海外宣教会は、『海外仏教事情』を発行して国内に欧米の仏教事情を広く伝え、英文機関誌『THE BIJOU OF ASIA（亜細亜《アジア》之《ノ》宝珠《ホウジュ》）』を創刊して海外との仏教勢力との交流に努めた。しかし、各宗派からの支援を得ることができず、何ら海外布教での成果を収めることができないまま、数年で解散に追い込まれていった。

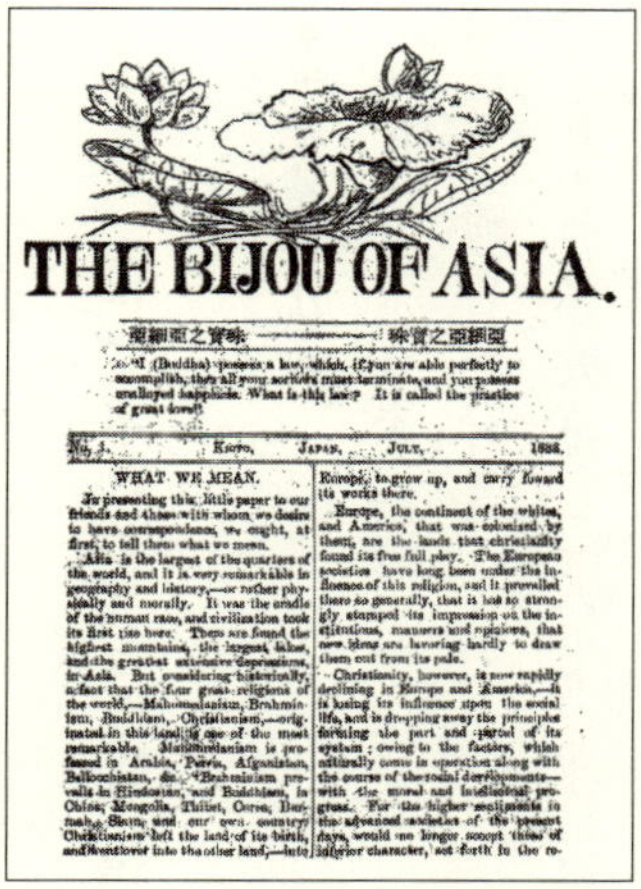
THE BIJOU OF ASIA.

WHAT WE MEAN.

写真10　海外宣教会の英文機関誌『THE BIJOU OF ASIA』（亜細亜之宝珠）創刊号表紙

（三）平井金三と佐野正道

オルコットの日本招請の中心人物であった平井金三はどのような人物で、その後、神智学教会の影響を受けていかなる活動をしたのであろうか。

◉平井金三と仏教

平井金三は、安政六（一八五九）年に京都で生まれた。父は儒者で書家の平井義直（号春江）、母の岩尾は京都山科西宗寺（真宗本願寺派）の出身であった。明治四（一八七一）年に京都の公立の洋学校（欧学舎）に入学し、ドイツ語・英語などを学び、さらに長崎に遊学して外国人と交わり語学を研究した。長崎では、「杞憂会」というキリスト教を排撃する団体を設立したことはすでに述べたとおりである（第二章（一））。

明治一七年に語学力を買われて、太政官文書局に入り翻訳に従事したが、半年後に外務卿井上馨に欧化主義政策を批判する建白書を提出して退官している。退官後、京都に帰り、一八年一月に同志社に対抗して英語塾「オリエンタルホール」を開いた。塾生には、加藤咄堂（本名「熊一郎」、仏教学者・『明教新誌』主筆）、姉崎正治（宗教学者・東京帝国大学教授）、大道和一（京都日出新聞主筆）、松山忠次郎（読売新聞社社長）、甲斐和里子《わりこ》（京都女子大学の前身・顕道女学校の創始者）らがおり、僧侶の入学者も多かった。

平井金三の活動は多岐にわたる。言語学研究者として著名であり、東京高等師範・外国語学校・第一高等学校・東京専門学校・慶應義塾など、多くの学校で教鞭をとるかたわら、日印協会・ローマ字ひろめ会・動物愛護会などの創立にも関わった。また、臨済宗妙心寺派管長今川貞山《ていざん》のもとで得度し、「龍華」という法名を得ている。しかし、真に仏教・禅宗に帰依していたかは疑問である。

平井は、欧米列強がキリスト教を信奉しない日本人を野蛮人のようにみなし、日本に不平等な条約を押しつけたことに強い義憤を感じていた。明治二五年三月に渡米した平井は、翌年シカゴで開かれた万国宗教大会に出席し、「日本の基督教に対する位地」と題して講演した。ここでも、キリスト教者の日本に対する偏見と、キリスト教国の不当な姿勢を痛烈に批判している。さらに日本では神仏儒の三教が反目せず平和共存しているとも述べている。

平井は、キリスト教の不当性を糾弾する演説をすることはあっても、自らの信仰を吐露し仏教布教に従事することはなかった。仏教を含めた日本宗教の結束を訴えることはあっても、積極的に宗派に関わり行動することもなかった。そうしたなかで、平井が唯一積極的に仏教各宗派と関わったものに、各宗派連合の「帝国仏教大学」の設立運動がある。

◉帝国仏教大学構想

仏教各派共同の学校設置は、すでに明治二年一〇月に諸宗同徳会盟の会合で検討されていたが、経費面から実現が見送られていた。一七年には、真宗本願寺派の大谷光尊が「日本宗教大学校」の設立を企図し準備を進めていた。この設立計画も設置場所をめぐる意見の対立や経費上の都合などから頓挫したが、二二年に入ると各宗派の共同事業として急きょ再浮上した。

『東雲《しののめ》新聞』によれば、オルコットの各宗派連合総会の設置勧奨が契機となり、知恩院で各宗管長が集まって設立委員を選定した。同年二月には京都川端三条法林寺に「仏教大学創立事務所」が設置されたが、単独宗派の教育機関充実の優先を主張して異論を唱える宗派もあり、設立計画はなかなか進捗しなかった。

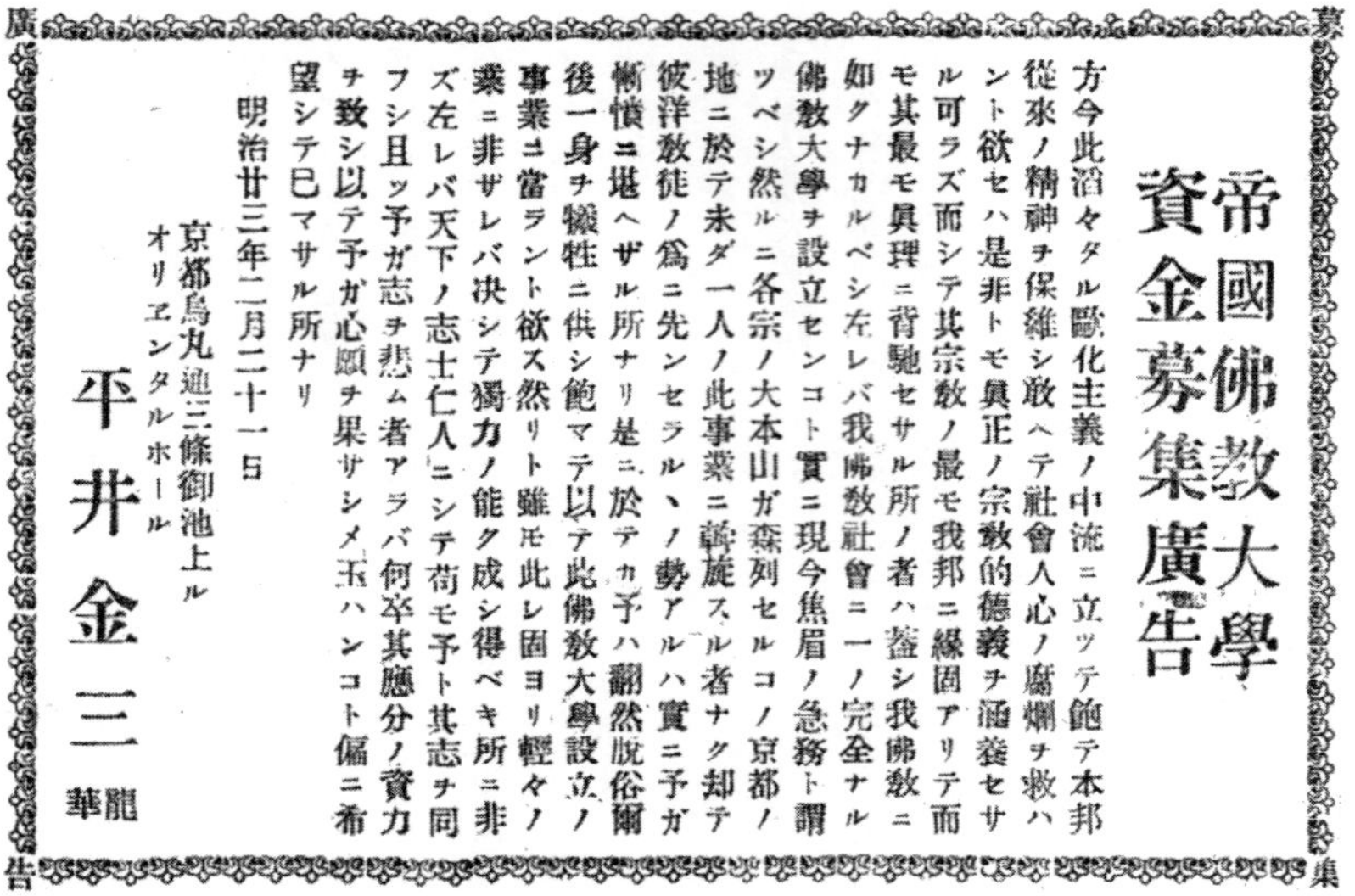

帝國佛教大學資金募集廣告

方今此滔々タル歐化主義ノ中流ニ立ツテ飽テ本邦從來ノ精神ヲ保維シ敢ヘテ社會人心ノ腐爛ヲ救ハント欲セハ是非トモ眞正ノ宗教的德義ヲ涵養セサル可ラズ而シテ其宗教ノ最モ我邦ニ緣因アリテ而モ其最モ眞理ニ背馳セサル所ノ者ハ蓋シ我佛教ニ如クナカルベシ左レバ我佛教社會ニ一ノ完全ナル佛教大學ヲ設立センコト實ニ現今焦眉ノ急務ト謂ツベシ然ルニ各宗ノ大本山ガ森列セルコノ京都ノ地ニ於テ未ダ一人ノ此事業ニ斡旋スル者ナク却テ彼洋教徒ノ爲ニ先ンセラル、ノ勢アルハ實ニ予ガ慚愧ニ堪ヘザル所ナリ是ニ於テカ予ハ翻然脫俗爾後一身ヲ犧牲ニ供シ飽マテ以テ此佛教大學設立ノ事業ニ當ラント欲ス然リト雖モ此レ固ヨリ輕々ノ業ニ非ザレバ決シテ獨力ノ能ク成シ得ベキ所ニ非ズ左レバ天下ノ志士仁人ニシテ苟モ予ト其志ヲ同フシ且ツ予ガ志ヲ悲ム者アラバ何卒其應分ノ資力ヲ致シ以テ予ガ心願ヲ果サシメ玉ハンコト偏ニ希望シテ已マサル所ナリ

明治廿三年二月二十一日

京都烏丸通三條御池上ル
オリエンタルホール

平井金三 龍華

写真11　帝国仏教大学資金募集広告

そうしたなか、明治二三年一月に平井金三が知恩院で仏教大学設立の必要を演説し、二月には「帝国仏教大学」の設立計画を発表して資金の募集に着手した。資金募集広告では、欧化主義全盛の時流のなかで日本固有の精神を保持するために仏教大学が必要であると記されている。

八月には、京都寺町の大雲院に各宗管長らを招いて設立に向けた協議を行った。この設置計画には、北垣国道《きたがきくにみち》京都府知事も賛同の意向を示し、九月には滋賀県彦根で設立に向けた懇話会が開催された。しかし、各宗派の足並みを揃えることは容易でなく、学校設置には至らなかったようである。

これに先立つ明治二一年四月一二日、新島襄《じょう》が知恩院に京都府下の官民数百名を招いて大学設立協力を要請し、一一月には主要新聞・雑誌に「同志社大学設立旨意」を発表した。ところが、二三年一月に新島が死去し、国粋主義が台頭するなかで、設立運動は停滞を余儀なくされていった。

仏教大学設立構想が急きょ再浮上し、すぐに立ち消えた背景には同志社大学の設立運動も大きく影響したと考えられる。いずれにせよ、平井はオルコット招聘事業に続いて、仏教大学設立運動でも諸宗派連合の構築に失敗したのであった。この後、平井は渡米を経て、明治二七年に帰国し、その後は急速にユニテリアンに傾倒していった。仏教諸宗派の連合に失望した平井は、ユニテリアンによって諸宗教連合を目指したものと考えられる。

◉佐野正道の経歴

平井金三とともにオルコットの日本招請に関わった佐野正道の経歴とその後の活動も略述しよう。

佐野正道は、大坂府摂津国西成郡勝間村（現大阪市西成区）の真宗大谷派長源寺に同寺住職藤枝正雲の次男として生まれ、佐野家に養子となった。修学の状況などは不明であるが、数冊の翻訳書を手がけており、英語に堪能であったようである。明治一八年頃には大阪で「僧徒英学校」という学校を開いていた。また大内青巒や南條文雄らと交わり、出版事業を通じて護法活動に従事していた。

明治一七年一二月、佐野は南條文雄を訪ね『仏教十二宗綱要』の英訳を依頼した。『仏教十二宗綱要』は、小《お》栗《ぐる》栖《す》香頂（真宗大谷派）が中心となり、江村秀山（真宗大谷派）、上田照遍（真言宗）、高志大了（真言宗）、上邨教観（天台宗）、福田行誡（浄土宗）、辻顕高《けんこう》（曹洞宗）、赤松連城（真宗本願寺派）、小林是純《ぜじゅん》（日蓮宗）が共同執筆して、日本仏教十二宗の教義概要を解説したものである。英語版の奥付によれば、一九年一二月に仏教書英訳出版舎より刊行され、出版人は佐野正道であった。

佐野正道は、島地黙雷・南條文雄らの主宰する令知会の会員でもあり、明治一七年七月『令知会雑誌』に「僧侶宜《よろ》シク人心ノ向フトコロヲ詳《つまびらか》ニセヨ」という論説を寄稿している。そこでは、競争によって文明は進歩するというフランスの歴史家ギゾーの説を紹介し、仏教もキリスト教との競争により、ますますその真価を発揮するに違いないと述べている。

佐野は南條文雄や令知会会員を通じて神智学協会の情報も得ていたことであろう。『仏教十二宗綱要』の英訳を急ぎ刊行したのも、宗派の意義を認めない神智学協会に対して英語により日本仏教各宗の教義を説明する必要性を痛感したためと考えられる。佐野は『仏教十二宗綱要』英語版を刊行した約半年後に、平井金三とともにオルコット招聘事業に着手した。佐野にとって、『仏教十二宗綱要』英語版の刊行はオルコット来日前になすべき喫緊の事業であったのかもしれない。

◉南方仏教交流の提唱

その後、佐野は京都に朝陽館を設立し、明治二二年一〇月に同館から『欧米之仏教』を創刊し、その編集に従事した。創刊号巻頭の「欧米之仏教発行ノ趣意」では、神智学協会の活動の隆盛にふれたうえで、「欧米宗教改革ノ時機已《すで》ニ熟セリ」と記している。

さらに神智学が「小乗教」を信じ「我邦大乗ノ真味ヲ知ラザル者」であるとの批判に対して、「小乗決シテ空理ニ非ルナリ」といい、南方仏教徒は忠実に釈尊教説と戒律との遵守を志す者であり、「実ニ仏弟子ニ恥ヂザルナリ」と反論している。そして、雑誌刊行を通じ、欧米仏教と南方仏教徒の教説を討究し、広く日本仏教を欧米および南方に知らしめ、仏教徒の交流と連合を目指す意図が表明されている。普通教校の「欧米仏教通信会」とは異なり、南方仏教とも先入観なしに交流することを意図している点は注目される。

その一方で佐野は、真宗大谷派教団改革派の「得明会」の有力メンバーとしても活躍し、次第に『欧米之仏教』

は真宗大谷派改革関係の記事が増え、得明会の機関誌と化していった。現時点で『欧米之仏教』は、明治二四年八月発行の第六編までの存在を確認できる。二二年一〇月発行の第一編から二四年四月発行の第三編までは、雑誌名が示すように、神智学協会関係を中心とする欧米人の論説の翻訳が中心に掲載されている。ところが、二四年六月発行の第四編以降は、真宗大谷派改革派の得明会の関係記事が誌面のかなりの比重を占めるようになっていった。佐野自身が改革運動の中心的役割を果たすようになったためと考えられる。得明会は愛知県を拠点とし、京都に改革派の出張所を開設し、滋賀県・三重県のほか、北陸地方・九州地方の有志とも連携し、二四年九月に全国改革有志者が大会議を開催した。清沢満之の運動以前、すでに真宗大谷派の教団改革運動はかなりの広がりをみせていたのであった。

これに対して、真宗大谷派は得明会の有力メンバーの処分をくだし、その際に佐野は真宗大谷派から離脱したようである。

◉仏陀伽耶復興問題

佐野正道が仏教界を離れるのと前後して、南方仏教との提携に関する新たな課題が浮上した。英国の植民地統治下にあったインドで、釈迦成道の地である仏陀伽耶《ブッダガヤ》大菩提寺を仏教徒に手に取りもどす運動である。

明治二四年三月、日本の諸宗有力僧侶のもとに、セイロンに留学中であった真言宗僧・釈興然《こうねん》から手紙が届いた。釈興然は、前年末にアナガーリカ・ダルマパーラとともに南インド・アディヤールで開かれた神智学協会の年次総会に出席したのち、インド北部の仏蹟参拝に赴き、二四年一月にブッダガヤに到着した。ところが、この地に仏教徒の姿はなく、イスラム教徒による破壊を経て、ヒンドゥー教のシヴァ神信仰の聖地となり、大菩提寺もヒンドゥー教のバラモン階級の領主マハントの所有となっていた。ダルマパーラと釈興然とは、仏教徒が大菩提寺を買い取り、管理することの必要性を痛感し、そのための資金を募る運動に着手した。釈興然からの手紙は、この資金協力を呼びかけるものであった。

五月三一日、ダルマパーラは、コロンボに大菩提会（The Mahābodhi Society）を設立した。大菩提会は、インドでの仏教復興を目的とし、仏教大学校の設立、各国語による機関誌刊行を事業に掲げた。スリランカのシャム派管長のヒッカドゥウェ・スマンガラを会長に、オルコットを幹事とし、ダルマパーラが総書記に就任した。のちに本部は、コルカタ、ブッダガヤへと移転した。

一方、日本では、明治二四年六月、松山松太郎（元普通教校教員、『開明新報』記者）の発起により、知恩院源光院で仏陀伽耶購求に関する有志の相談会が二度にわたり開催された。約四十名が参集し、「釈尊成道地購求取調所」の設置を決定した。当分のところ取調所は、海外宣教会に置くこととし、委員として神代洞通・中西牛郎《うしろう》らを選出

写真12　上：ダルマパーラ（1864-1933）
下：釈興然（1849-1924）

した。

東京でも、七月五日に島地黙雷・桑田衡平ら三十名程が相談会を開き、同様の調査会を設けることとし、調査委員十名を選出し、島地を委員長に選任した。一〇日にも築地別院に集まり、現地での情報が錯綜しているため、情報収集に努めることを決議し、翌八月には委員のひとり阿刀宥乗（真言宗僧侶）が釈雲照より託された資金をもって現地に向けて旅立った。

八月二五日、京都側の松山・中西らと、東京側の島地・堀内静宇らが会合し、九月二日に「印度仏蹟興復会会議」が開催された。各宗派本山もこれに賛同し、毎年一千円の補助を決定した。一〇月三一日、ブッダガヤにダルマパーラの主宰による仏教徒委員会が開催され、セイロン・中国・日本・チッタゴンの代表が出席した。日本の代表として釈興然、阿刀宥乗らが出席し、日本の仏教徒に大菩提寺の購入資金を提供する準備のあることを表明した。明治二五年七月には、仏教各宗協会も印度仏蹟興復会に協賛し、各宗派管長を通じて末派に協力要請を通達することを表明した。同月改正された印度仏蹟興復会規則によれば、東京に東部事務所を、京都に西部事務所を置き、僧俗の同盟員の加入を募って印度仏遺復興の資金を集めることを目的に掲げた。しかし、大菩提寺の購入は英国政府側の同意を得られず、マハントとの交渉も暗礁に乗り上げ、容易に進展しなかった。

ダルマパーラの仏陀伽耶復興運動に関連して、南方仏教との連携が一時的に日本仏教界の注目を集めたが、仏陀伽耶の復興が実現困難に陥ると、その関心は急速に冷えていった。このほか、明治二〇年代から三〇年代初頭にかけては、生田（織田）得能（真宗大谷派）、概《おおむね》旭乗（浄土宗）、遠藤龍眠（曹洞宗）らが南方の上座仏教に関心をもち、暹羅《シャム》（現タイ）などに赴いた。しかし、佐野の手がけようとした南方仏教との対等な交流・提携事業は大きな広がりをもつものとはならなかった。もっとも、三〇年初頭には、仏骨奉迎との関係で日本大菩提会が設立されて、再び南方仏教との関係が一時的に仏教界の注目を浴びることになるのだが、これについては、第七章でふれることとする。

(四) ユニテリアンの日本的展開

◉日本ユニテリアン協会

神智学協会の日本仏教への影響が一過性のものに終わったのに対し、ユニテリアンは明治期を通じて日本仏教に強い影響力をもち続けた。

神智学協会が示した仏教各宗派の連合という提言は、すぐに仏教界に受け容れられて陳腐化した。また南方仏教との提携は、「小乗仏教」への反発から定着せず、忘却されていった。これに対し、ユニテリアンの示したキリスト教と仏教の提携という課題は、容易に仏教界に受容されなかったものの、明治期を通じて新仏教運動の底流となっていったのである。

ユニテリアンは、キリスト教プロテスタントの一派である。イエス・キリストを宗教指導者として認めつつも、伝統的教義である三位一体・原罪・聖書無謬《むびゅう》性などを否定する。彼らは、現世における人類の知性・理性に飛躍的な発展をもたらした西洋近代化の精神にキリスト教の本質を見出すがゆえに、これにそぐわない非合理的要素を明快に排除する。

一般的にいって、来世的な価値への信仰から現実的なものへと関心を移していく傾向は、近代の宗教に共通してみられる現象であるが、とりわけユニテリアンのスタンスは尖鋭的であり、伝統宗教の教条性・教権性からの解放を模索し、異教とも共存する志向性を示した。

明治二〇（一八八七）年の暮れ、アメリカ・ユニテリアン協会の宣教師アーサー・メイ・ナップが来日した。ナップは、来日の四カ月後、福沢諭吉の提唱により結成された実業家の社交クラブ交詢社《こうじゅんしゃ》の大会で演説し、その速記録は『時事新報』など当時発行の新聞雑誌に掲載されたほか、日本ユニテリアン弘道会が二八年にパンフレット『ユニテリアン之教義』として発行している。そこでナップは、ユニテリアンがあらゆる宗教の信者を敬愛し、異教徒を蔑視するものでないことを強調して次のように述べている。

> ユニテリアンは世界に存在する有りと有ゆる宗教を以て皆是れ人類の宗教に於ける情性より自から発生したる結果なり現象なりと信じ、如何なる法にても其宗教を奉ずる人民の情性に適《かな》ふものなれば決して之を蔑視することなく、身は仮令《たと》へ耶蘇教熱心の信者なりと雖も他宗異教の人を目して諸君の知る通り知無の意を示すヒーゼン（heathen）と云ふが如き侮慢《ぶまん》の語を用ふることなきなり

さらに決してキリスト教の強要を意図しておらず、相手の立場を尊重し、相互の教義を学び合いたいという希望を次のように語っている。

> 所謂伝道宣教の事業に当りてユニテリアンは自から尊大に構へて他宗の人を強《しい》て我門に入るゝに非らず、只互に敬愛して精神の上に彼此《かれこれ》相換ふること物品の有無を通ずるが如く或は教え或は学ぶの主意を以てユニテリアンの名代たるものなれば、諸君は即ち同情同感の兄弟にして決して異教を以て親疎《しんそ》ある可《べか》らず、諸君の信ぜる

宗教の中に善なる処《ところ》は充分尊重して教を請ふべし、諸君も亦余の教義に就て採るべきものあらば之を研究せられんことは余の懇望《こんぼう》に堪へざる所なり

◉ユニテリアンと仏教

明治二二年にクレイ・マッコーレイが来日した。ナップとマッコーレイらは、翌年二月に日本での宣教の拠点を麻布の惟一館《ゆいいつかん》に定め、三月には機関誌『ゆにてりあん』を創刊した。こうして異教国への布教活動を実動に移すにともなって、日本ユニテリアン協会の活動は独自の展開をみせていくこととなった。

というのも、元来ユニテリアン運動は、キリスト教正統派の非合理的教説の批判を通して、合理的かつ自由な信仰の樹立を目指すが、批判すべき福音主義的信仰の伝統は日本に定着しておらず、キリスト教正統派の教条・教権性を訴えても理解されないことが予想された。しかも、アメリカ人宣教師の眼に、日本の伝統的思想や宗教は、現実的で教条主義から比較的自由であると映ったようである。このため、彼らは日本の思想宗教界の現状にキリスト教正統派の信仰と同様の問題性が、なお存することを指摘しつつも、ユニテリアン精神との共通性をことさら強調することによって、運動の広がりを図ろうとする布教方針をとったと考えられる。

例えば、ナップは、明治二三年七月『ゆにてりあん』五号に発表した「ユニテリアンと仏教との類似及差別」で、ユニテリアン教とキリスト教正統派と仏教とを比較検討し、正統派の解釈には知的観点からいって承服できない非合理的な要素が多々含まれているのに対し、仏教の説は高尚であり、ユニテリアン教の思想との共通点を見出すことができると述べている。そして、仏教とユニテリアンとは、宗教を異にしようとも、協力し互いに学び合うことが可能だという。そのうえで仏教がユニテリアン教から学ぶべき点として、近代合理主義的発想、厭世《えんせい》・受動的体

質の脱却、進歩発展の精神などを挙げている。

のちにこの論文の反響の大きさに驚いたヘンリー・ダブリュー・ホークスが「仏教に表裡両面あり」（『ゆにてりあん』一〇号、明治二三年一二月）、マッコーレイが「日本将来の宗教」（同誌一六号、二六年二月）などで、ユニテリアン教と仏教との相違は、本質かつ決定的であることを強調した。しかし、ユニテリアン教が同じキリスト教の正統派よりも思想的には仏教に近いという認識は広く日本に浸透していった。

◉ユニテリアンと国体思想

ユニテリアンは、国体思想に対しても、理解ある姿勢を示した。例えば『ゆにてあん』七号（明治二三年九月）掲載の「惟一教会と基督教会との日本国体に対する関係」では、キリスト教正統派が、キリストのみを礼拝対象とし、国家元首や政府要人を単に歴史上尊敬すべき対象とみる立場ゆえに、日本の国体と衝突をきたすと指摘する。これに対し、ユニテリアン教の対応は異なるとして、次のようにいう。

基督を以て神とせず、唯だ宗教的発達に於て人類を導きたる教導者中其の最も卓越なる者なりと為すのみ、其の人として後世の尊敬礼拝を受くべきは、日本に在ては日本人民の社会上の発達の為に大功ありし他の人を尊敬礼拝することを妨げず

ユニテリアンはキリストに神性を認めず、歴史上人類を教化するうえで最も卓越した功績のあった人物とみるに過ぎない。同様に、日本人民の社会上の発達に大きな功績がある人物を尊敬し、礼拝することを拒むものではない。

このため、天皇をその祖宗を礼拝することも当然と考えるというのである。

仏教であれ、キリスト教であれ、国体思想であれ、その宗教的立場の本質的相違を棚上げにしたまま、現実における人知の進歩に対する有用性を軸として諸思潮との協調関係を築こうとする路線は、日本の思想的風土になじみやすいものであった。また実際にこうした協調路線が、既成宗派の旧態依然たるあり方に失望した仏教者を取り込むなど人材確保にも成功し、運動の定着化に一定の成果を上げていった。

（五）中西牛郎の新仏教論

◉中西牛郎の経歴

それでは、仏教側は、日本ユニテリアン協会にどのように対応したのであろうか。ユニテリアン協会は、布教開始後きわめて早い時期から、いく人かの仏教者を有力なメンバーとして受け入れたが、そのひとりが中西牛郎であった。

中西は、安政六年（一八五九）年に熊本城下の漢学者の家に生まれ、維新後に東京の勧学義塾などで英語を学んだのち、同郷の徳富蘇峰《とくとみそほう》らの仲介で同志社に転学したが、在学中から赤松連城・南條文雄ら真宗僧侶と交わり仏教へと傾倒していった。その後帰郷した中西は、明治一四（一八八一）年に郷土熊本で神水義塾を開いた。神水義塾では、中西が英語・仏語を教授し、中西の盟友である真宗本願寺派僧侶の八淵蟠龍《やつぶちはんりゅう》が仏教学を、中西の父惟格が漢学を担当した。

明治二二年二月に、中西は『宗教革命論』という書を出版した。この書では、近い将来に仏教が新たな変革を遂げることで退勢を挽回し、キリスト教にかわって宗教界を席巻するにちがいないという展望が論じられていた。

この書が真宗本願寺派法主の大谷光尊の眼にとまり、中西は京都在学中に親交があった赤松連城の呼び出しを受け、光尊との面会を果たした。その結果、真宗本願寺派の資金援助を受けて、海外視察に赴くこととなり、明治二二年六月から約半年間、アメリカに滞在して当地の宗教事情を視察した。帰国後は、教頭兼教授として招かれた真宗本願寺派文学寮（普通教校の後身校、龍谷大学の前身校の一つ）で比較宗教学等を講ずるかたわら、『組織仏教論』『宗教大勢論』『新仏教論』などを次々と上梓《じょうし》し、活発な執筆活動を展開した。

◉仏教による世界宗教の統合

アメリカでの視察を通じて中西が痛感したのは、仏教が世界に雄飛するに際して、他教を感情的に攻撃する「破《は》邪顕正《じゃけんしょう》」的対応がかえってマイナスであり、一定の寛容さをもって他教に接する姿勢が必要になるということであった。こうして中西は、自由討究を重んじ、比較宗教学など最新の学術研究の成果も援用して、仏教があらゆる宗教の真理を包蔵するものであることをアピールする手法を学んだようである。

帰国直後に著した『組織仏教論』には、この中西の思惑がよくあらわれており、当時アメリカの宗教潮流の最先端であったユニテリアンからの強い影響を認めることができる。この書で中西は、仏教は完全なる真理を具備しているが、他の世界宗教にも仏教真理の一部分が包含されていると主張する。そして、それゆえ仏教には、世界宗教を取り込むことが可能であり、「一大統宗」を組織して仏教の公明正大なる所以を天下に示すべきであるという。

明治二四年刊行の『宗教大勢論』では、キリスト教衰滅の徴候がすでに顕著にあらわれはじめているという。ユニテリアンは、キリスト教の根本教義を否定し去ってその自滅を促し、汎神《はんしん》教への歩みを進めつつあるとみる。つまり、中西はユニテリアンをキリスト教の仏教化を推進する先鋒者に位置づけようとするのである。

中西は、近代合理的思惟様式に合致する宗教とは汎神教であり、一神教であるキリスト教の教理は、近代における理学・哲学の進歩にともなって明かされる真理との矛盾をさらけ出し、衰滅していくにちがいないという。一応、比較宗教学の知識を援用して理論武装をしているものの、仏教の勝利に明確な展望があるわけではなく、確信を支えていたのは、自己の展望を実現できる勢力への強い期待感であった。そして、その一つに取り上げられたのが、他ならぬユニテリアンであった。

◉新仏教論提唱と挫折

ユニテリアンが中西の将来展望を現実的に推進するキリスト教側の先鋒者であるとするならば、仏教側にあってこの展望を実現する役割をになうのが新仏教であった。

中西のいう新仏教とは、既存の宗派以外に、新たに一派を別立しようというものではない。従来各宗の弊習を鋭く批判し、その革新のために、思想自由の討究法の採用など、数々の開明的提言をなしつつも、決して既存宗派との全面的な対決姿勢をとらない。しかし、実際に宗派内で新仏教運動をおこしていこうとすれば、理念面や、運動推進主体の形成の問題など困難な課題が山積していたはずである。にもかかわらず、新仏教の樹立に絶対の自信と楽観的展望を保ち得たのは、真宗本願寺派文学寮教頭として将来の宗派中枢を担う人材を育成していく過程で、これらの課題をクリアしていけるという抱負があったからに他ならない。

このように中西の思い描いた見取図は、新仏教とユニテリアンとにより、実現に向けての歩みをはじめるはずであった。ところが、文学寮に在職して教鞭をとることわずか二年足らずにして、早くも中西の目算を狂わせる事態がおこった。

宗派内の保守派勢力の策動により、明治二五年七月に文学寮改正事件がおこり、文学寮の全教職員の解職処分が断行されたのである。これにより中西もまた文学寮を追われることとなった。その後は、大阪毎朝新聞主筆や東京日日新聞記者などをつとめる一方で、なおも宗教に関する著述活動を継続した。しかし、文学寮解職により、仏教の将来に対する楽観的展望は大きく変更することを余儀なくされていった。

解職となった年の一一月刊行『仏教大難論』では、新仏教樹立の見込みが絶望的となった事態を受けて、旧仏教解体の趨勢を放置しておくべきではないと主張している。なぜならば、管長・本山を頂点とする教団の旧秩序の崩壊は、教団統率力の弱体化を意味し、教団からの分離独立運動・異安心問題などの頻発によって仏教の社会的影響力を低下させ、国内的に大きな混乱を引きおこすおそれがあると考えるからである。

そして、旧仏教解体の趨勢を押し止どめ、仏教教団の威信を保つためには、伝統的管長制度の維持に努め、仏教の国教化を実現しなければならないと提言する。ここに至って、旧仏教の弊風を批判し、自由討究にもとづいた新仏教の樹立を目指した開明的路線は、みる影もなく破棄しさられたのである。

◉中西のユニテリアン加入

文学寮解職後の中西には、他宗教に対する姿勢にも微妙な変化があらわれはじめる。かつて中西は、キリスト教はいずれ自滅するのであるから、政府は早期に公許しても構わないと言ったが、明治二六年七月刊行の『教育宗教衝突断案』では、キリスト教への強い警戒心を示した。

この書は「教育と宗教」第一次論争に触発されて書かれたものであり、井上哲次郎と同様、キリスト教の非国体的性格を厳しく弾劾している。ただ、中西の場合は、キリスト教が日本化していくことによって、大いに国体と調和する可能性があることを強調する。中西がこの時期にキリスト教日本化の可能性が大きいと考えたのは、ユニテリアンへの期待があったからであろう。

新仏教樹立の夢が潰《つい》えた中西の関心が、一層ユニテリアンに向けられていくのは当然の成り行きであった。明治二七年四月に発刊された『内地雑居ト佛教之関係』においては、内地雑居によるキリスト教の浸透への危機感を募らせつつ、ユニテリアンを日本の国是に最も合致したキリスト教の教派であると持ち上げる。

しかし、その広がりを決して手放しで歓迎しているのではなく、キリスト教の日本化・仏教化の尖兵《せんぺい》として懐柔する必要性を訴えるのである。こうして、この年の五月、中西はその目的を実行に移すべく、ユニテリアン協会のメンバーとして本格的な活動を開始した。

一方、ユニテリアン協会の側も、運営する学校「先進学院」(明治二四年「東京自由神学校」として開設され、二六年に改称)の教師として迎えるとともに、『ゆにてりあん』から『宗教』へと改題された協会機関誌の主筆に中西を抜擢した。

中西がユニテリアンから吸収したのは、表面上寛容さをもって異教に接していく姿勢であったが、その背後には自国と仏教の繁栄のため、異教の原理的立場を換骨脱胎して利用するという意図があった。しかも、確固たる信仰の基盤をもたないユニテリアンは格好の標的であり、中西はこの点を明確に表明して協会に加入していったのである。それにもかかわらず、中西を有力なメンバーとして受け入れたことは、ユニテリアンの濶大《かつだい》かつ包容力に富む性格にもとづくものであったともいえようが、協会が中西のユニテリアン理解と参加の意図を追認したと受け止められてもやむを得ない対応でもあった。

◉古河勇のユニテリアン批判

中西の加入により、確乎たる信仰の基盤を欠くというユニテリアンの問題点が表面化しつつあるなか、この点を突いてユニテリアン批評を展開した人物に古河勇（老川）がいる。

古河のユニテリアンへの論及は、明治二七年一月、帝国大学在学中に編集に関与していた『仏教』誌上に「懐疑時代に入れり」を発表したことにはじまる。この論文で古河は、哲学思想の発達過程を独断―懐疑―批評―新独断という段階においてとらえている。そのうえで、仏教は一切の仏説に誤謬はあり得ないとする独断時代から懐疑時代へ、キリスト教は教義に疑念が生じはじめる懐疑時代から、その真否を取捨選択する批評時代へと入ったとの見解を示す。つまり両教はともに新たなドグマ確立に向けての過渡期を迎えているとみる。ところが、ユニテリアンには、新独断への移行を拒む傾向があると指摘する。

ついで明治二七年四月四月発行『仏教』掲載の「ユニテリアンを論ず」では、ユニテリアンの主張はキリスト教の旧弊の批判としては有意義であるものの、翻って自らがいかなる信仰を確立するのかという点が等閑に付されているため、真の宗教としての体裁をなしていないと断定している。さらに翌年一月に同誌「我邦に於けるユニテリアン教の過去現在及未来」でも、詳細なユニテリアン批判を展開した。

これに対して、ユニテリアン側も、明治二七年五月、機関誌『宗教』（二四年に『ゆにてりあん』を改題）に「『仏教』に答ふ」を掲載して直ちに反論した。そこでは、まず信仰を「無限絶対の存在」に対する意識とし、この信仰そのものと、信仰内容を逐一教条的に確定することとは峻別すべきであると主張する。

自由と寛容さを重んずるユニテリアンにとって、教義的内容は逐一規定すべきではなく、個人の判断に委ねられるべきものであったのかもしれない。しかし、絶対的存在への意識という点によってユニテリアン運動を総括することは、あまりに漠然としすぎており、反論はかえって会員相互の信仰の内実に共通の理解がないことを露呈するものであった。

古河も明治二七年六月発行『仏教』で「『宗教』の答弁を読む」を発表して反論した。そこでは、教義的内容が不完全ならば、これに応ずる信仰も価値がないと指摘している。古河とて、ユニテリアンが自由討究や他教に対する寛容な姿勢の必要性を訴え、日本宗教界に新風を吹き込んだことを評価しないわけではない。しかし、自らの信仰の確立という大命題を外してしまえば、自由や寛容といったものの意義も失われてしまう。それゆえ、ユニテリアン協会が信仰確立への努力を度外視してまで自由・寛容の価値を追求していこうとするのであれば、宗教を称することをやめて、宗教的中立の立場からあらゆる宗教の旧弊を打破する役割に徹するか、または中西の主張を受け容れ、仏教化の道に邁進せよと勧告するのである。

ところが、ユニテリアン協会は古河の示したいずれの道も選択せず、キリスト教に対しては、その根本教義を否定する主張を繰り返しながらも、キリスト教の一派としての位置づけを完全に脱却する方向を取らなかった。

◉中西牛郎の脱会

ユニテリアン協会の曖昧な姿勢に痺れを切らしたのが中西牛郎であった。明治二八年二月、中西は「マッコーレイ君に与へてユ教に関する疑義を質する書」を提出して脱会を宣言した。その質疑書では、ユニテリアンは単なるキリスト教の一派にとどまらず、仏教主義をはじめとして東洋の倫理・国粋主義なども受容して「将来世界の一統宗教」樹立を目指すはずのものではなかったのかと詰問している。

これに対するマッコーレイの答書「答中西牛郎君書」は、前述の中西の質疑書とともに明治二八年三月発行の

『宗教』に掲載された。これをみるに、マッコーレイの答書の内容は、まことに歯切れの悪いものであった。マッコーレイは、一方でユニテリアンがキリスト教の一派として出発し、現在も会員の多くがキリスト教徒であるといい、キリスト教との密接な関係を認める。しかし、キリスト教の教義には固執しておらず、どの宗教にも所属していないので、仏教者といえども、その運動に共鳴するものは、「真個のユニテリアン教徒の教友として」ともに活動することが可能であるという。

この答書では、キリスト教との関係についての明言を避けるが、同時期に発行されたパンフレット『ユニテリアンは如何なる意味に於て基督教なりや』において、マッコーレイは、キリスト教の一派としての立場をより鮮明に表明している。異教徒に対する寛容さは、もちろんユニテリアンの偽らざる真情にもとづくものであったろう。しかし、このパンフレットをみれば、アメリカ宣教師が示したキリスト教に対する曖昧な態度が、同教への拒絶反応が強い日本人を最終的にキリスト教へと誘引するための布教上の戦略であったことが明らかであった。

(六) 佐治実然の非宗教化路線

◉佐治実然の会長就任

キリスト教との関係を曖昧にしたまま、日本人を誘引しようとするアメリカ宣教師側の思惑とはうらはらに、日本人協会員らによって、日本ユニテリアン協会の宗教的中立化の路線は着実に進展していった。そして、その中心となったのが、佐治実然である。

真宗大谷派に所属する兵庫県の寺院に生まれた佐治は、井上円了・村上専精らとともに当時宗派の最高学府であ

写真13　佐治実然（1856-1920）

った教師教校に学んだ。しかし、卒業後、宗派の門閥抗争に失望して、通仏教的立場からさまざまな護法活動を行っていた大内青巒の下に走り、明治二一（一八八八）年、仏教各宗協立により設立された高等普通学校の運営に参画した。

この学校はわずか三年足らずに廃校に追い込まれたが、佐治は本校の英語教師ホークスを通じてナップを知り、明治二三年の日本ユニテリアン協会の創立会合にも臨席し、創立委員に選出されている。この時は仏教者であることを理由に辞退しているが、二五年八月には協会員として正式に活動を開始した。協会が経営する自由神学校で東洋哲学の講義を担当し、毎日曜日に演説するようになり、二七年に会員より選ばれて会長に就任した。

その後、明治三十一年にユニテリアンの機関誌『宗教』が『六合《りくごう》雑誌』を吸収合併して誌名をかえると、翌年頃から同誌に頻繁に論説を発表しはじめ、三三年三月にマッコーレイがアメリカに帰国するに及んで、名実ともに協会の代表としての地位を確立していった。

◉佐治実然のユニテリアン理解

佐治実然のユニテリアンに関する見解を『六合雑誌』に掲載された論説から確認しよう。

佐治は、明治三二年八月発行『六号雑誌』二二四号掲載の「日本のゆにてりあん主義」で、日本のユニテリアン運動がアメリカのユニテリアン協会に共鳴して発足したことを認めつつも、それを「一から十まで文字通り遵奉《じゅんぽう》せねばならない義務はない」と、日本ユニテリアン協会の独自性を主張する。キリスト教の根本教義である三位一体説の非合理性への批判についても、欧米では意義のあることだが、日本にその必要はなく、むしろ仏教・キリスト教の無益な抗争に間に立って、双方を真正な宗教家としての地位に向かわしめることに力を注ぐべきだと述べる。

そして、同年一〇月発行（二二六号）の「日本の宗教」では、「予は決して耶蘇教に党するものではない、又仏教に偏するものでもない」といい、ユニテリアンの宗教・宗派的中立性を強調している。翌年七月（三〇七号）の「将来に発達すべき宗教」でも、「ユニテリアンは飽くまで信仰の自由を尊ぶもの、宗教的信仰の人類に必要なることを主張するものなるが、決して宗派を拡むるに非ざることを茲《ここ》に明言する」と述べ、ユニテリアンはあくまで信仰の自由を尊び、決して宗派を広めることを意図しないと明言した。

さらに明治四一年五・六月（三二九・三三〇号）の「ユニテリアン主義の疑義に対する答案」になると、ユニテリアン主義を各々の宗教信仰の埒《らち》外にあって、これの発動の根源的規範となる信念と位置づけ、ユニテリアン主義は宗教でないと断言している。つまり、佐治の路線は、かつての古河が提言した非宗教化の道を忠実に体現していくものであった。また、個人信仰の自由を尊重する立場から、異教徒を非難罵倒する既成宗教への徹底した批判精神を形成していった。

◉佐治実然の思想展開と挫折

個人信仰の自由を脅かすものに対する佐治の批判の眼は、広く現実社会へと向けられていった。日本における社会主義運動の黎明期を支えたのが、安部磯雄《いそお》・村井知至《ともよし》らをはじめとするユニテリアンであったことは周知の事実であるが、佐治もまた、明治三一年一〇月に惟一館ではじまった社会主義研究会に参画した。

写真14　惟一館の透視図

惟一館は、ユニテリアンの神学校・布教活動の本部として、東京芝区三田四国町（現港区芝２丁目）に建設され、明治27年３月に開館式を挙行した。のちに会館を舞台として、日本社会主義運動・労働運動がはじまった。昭和５年に大日本労働総同盟友愛会が土地建物を買い取り、「日本労働会館」となったが、戦時中に焼失した。

佐治は、社会民主党の組織が計画されつつあった明治三四年四月、『六合雑誌』二四四号に寄稿した「宗教思想の新傾向」のなかで、人類が等しく幸福を享受できる社会を築くことは神仏の本意であるという。そして、社会主義を擁護して「社会主義者を目して、社会の秩序を破壊する謀叛人のやうにもいいなすは一大謬見《びゅうけん》である」と述べている。翌年、安部磯雄ら社会主義のメンバーはユニテリアン協会を一時離れた。しかし、佐治は自著『日本ゆにてりあん主義興亡史』（四一年）のなかで、佐治自身は社会主義に大賛成であったが、協会幹事であった神田佐一郎が反対したことで、安部磯雄が身を引く結果になったと回想している。

こうした佐治の社会主義への共鳴の基底にあるものは、弱者・少数者の自由と権利を圧殺するものに対する徹底した批判精神であった。佐治は、明治三五年五月、二五七号掲載の「国と人」でも、「予は思ふ、多数者の意向で政治をやってゆくは勿論なれども、如何に少数者にても意思に自由あるは言はずもがな、其自由意思を発表することも自由である」と記している。

また佐治は、宗教統合に関しても柔軟な姿勢を示した。明治三四年九月二四九号寄稿の「将来の宗教」では、ユニテリアンが宗教統合を望んでいないわけではないが、「各国民の性情を無視して、自然の理法に背反《はいはん》して、単調なる信仰箇条の下に、各国民を束縛せんことを目的として居るのではない」と述べている。ユニテリアンは、国民の意向を無視して高圧的に無理な宗教統合を考えるものでないと主張するのである。これは、当時の国家的見地から統一宗教樹立論を主張していた井上哲次郎ら体制イデオローグとも一定の距離をもった姿勢であった。

このように佐治は個人の自由を阻害するものに対し鋭い批判を投げかけつづけるのであるが、その思想には、決定的問題点を抱えていた。佐治は、同じような考えにもとづいて団体を結成することについて、構成員の内面の自由を束縛し党派性を帯びる危険性を免れ得ないという。しかし、こうした組織に対する考え方からすれば、自由確立を求める人々を社会化していく運動すら、自由尊重の立場を他者に強要することになり、その自由を侵しかねないというジレンマに陥るであろう。

それゆえ佐治は、自己の主張の実現に向けて積極的に運動しようとする姿勢をとり得ない。宗教に対しても、仏教を信ずるわけでなく、キリスト教を信ずるわけでもなく、さりとて、これらを否定して新たな宗教の創成に向けて積極的に動くこともない。宗教合同を否定はせず、「自然の理法」によりある程度の宗教合同が成し遂げられ、理想的宗教が出現することを期待はするが、合同のための運動に没入することもない。結局のところ、現実変革への行動力を欠く佐治の批判は、いかに鋭くとも、傍観者的な姿勢を脱し得ないものであった。

明治三七年五月、佐治は各教宗派の代表がこぞって日露戦争への協力体制を表明した大日本宗教家大会の主要なメンバーに名を連ねた。ところが、同年一〇月の二八六号の「神の道と人の法」では一転して、戦争を罪悪であるから「避けねばならぬと思ふ」と戦争批判を主張した。そして社会平和の実現のためには、何より個人の内面を改良する必要があるとして、「如何なる権力を以て圧迫しても断乎として従はぬといふ確信がありたい」という。この発言には、開戦時戦争協力に傾いた自己に対する悔悟の念と、時流に超然たる主体確立への強い願いとが語られているといえよう。さらに戦後には、政府の軍備拡張を批判する論説も発表している。

しかし、戦争という現実的問題の解決すら、個々人の内面の問題にのみ局限して対処しようとする発想からは、真に現実に対決し得る原理的立場と、その実現に向けた具体的道筋が示されることは不可能であった。

◉佐治会長辞任とその後

明治四二年一〇月、佐治は突如として、ユニテリアン協会の会長職を辞任するとともに協会も脱退した。背景には、協会幹事であった神田佐一郎との前年以来の感情的対立があり、その経緯を佐治は自著『日本ゆにてりあん主義興亡史』なかで詳しく述べている。結局のところ、佐治の事実上の解任を裁定したのは、同年八月に再来日したマッコーレイであった。マッコーレイ来日の目的は、佐治によって推進された宗教的中立・無宗教化の路線を方向転換して、キリスト教の一派としての立場を明確にすることにあったと考えられる。

日本人会員のなかには佐治の路線を支持する者もあったようだが、党派性を極端に嫌う佐治は、あっさりと辞任を受諾し、以後表面だった活動をすることはなかった。佐治の去った後、明治四三年三月に日本ユニテリアン協会は、「東京ユニテリアン教会」と名称を変え、新たに定めた綱領においてキリスト教の一派であることを明文化した。翌年一一月には、「統一基督教会」と再度名称を変更し、機関誌『六合雑誌』の誌面も、編集責任者となった三並《みなみ》良《はじめ》らにより、キリスト教色が次第に濃厚となっていった。

しかし、その後のユニテリアン運動はキリスト教を選び取ったのと引き換えに、日本の伝統的宗教風土と妥協の傾向を強めていったのは皮肉なことであった。明治四五年二月、ユニテリアンは紀元節祝賀礼拝説教を挙行し、国体思想と協調性を誇示した。これについては、佐治会長時代からユニテリアンと親交を深めてきた仏教清徒同志会の『新仏教』一三巻三号（四五年三月）が「ゆにてりあん教会ほろぶ」で、「これは一体如何云《どうい》ふ訳か。ゆにてりあん主義に東洋思想を取込んで悪いが、基督教会が、日本の皇室、国家を謳歌するのは構んのか」と激しく批判している。

さらに同年に内務省主導により行われた三教会同では、統一基督教会の牧師であった内ヶ崎作三郎《うちがさきさくさぶろう》を中心として全面的賛同の姿勢を示した。宗教的立場を明確にせず個人の内面に立てこもった佐治よりも、統一基督教会が現実への批判的認識を後退させていったのは皮肉なことであったが、それは諸宗教が天皇制下の国家神道体制に完全に組み込まれ、普遍宗教としての立場を示し得ない時代が到来したことを告げるものでもあった。諸宗教による近代天皇制支配への翼賛体制が確立されていくなかで、ユニテリアンの説く宗教的寛容の精神も、本来の個人内面の尊重という意義を見失って、国家体制のなかに埋没していったのである。

第四章

通仏教的結束の高揚

（一）通仏教論の勃興

◉オルコット原著『通俗仏教問答』

オルコットの来日を機縁として、急速に「通仏教」という考え方が日本仏教界に広まった。通仏教について解説する書籍も、明治二三（一八九〇）年以降に数冊が刊行されている。そのいくつかを紹介しよう。

オルコットの『仏教問答』に関しては、明治一九年に今立吐酔の翻訳本が出版された後も、数種の訳本が刊行された。そのなかの一つ、大久保一枝《いっし》の翻訳本は、『通俗仏教問答』と題して明治二三年一一月に京都法藏館より刊行された。

大久保一枝は、福岡県早良《さわら》郡樋井川《ひいがわ》村（現福岡市城南区）の浄泉寺（真宗本願寺派）の住職であった。大久保は、明治二二年二月に知恩院で開催されたオルコットの演説会を傍聴し、その記録を『仏教演説筆記』と題して、翌月に京都書林から刊行している。また反省会福岡県支部の設立発起人もつとめ、二五年に『飲酒乃利害』という小冊子を刊行している。

大久保は、『通俗仏教問答』の凡例において、一般の人々に釈迦の生涯と教えの大意を知らしめたいというオルコットの希望に添うため、平易に表現することに努めたと記している。「通俗」の文言を冠したのもそのためであった。

この頃から「通俗仏教」の名称を冠した書籍が数多く出版されるようになった。オルコットの提唱する通仏教は、すでに民衆のなかにある仏教への共通理解「通俗仏教」として広まっていった。

◉『通俗仏教対話』『通俗仏教百科全書』

『通俗仏教問答』の刊行の一月後、安國清《やすくにきよし》著『通俗仏教対話』が顕道書院より刊行された。

安國清（淡雲《たんうん》）は、天保元（一八三一）年に福岡市明蓮寺（真宗本願寺派）に生まれ、明治初年より本山に出仕して教団の近代化に尽くした。一九年には執行《しゅうぎょう》（現総務）に任じ、のちに顧問となった。三〇年には大学林（現龍谷大学）綜理にも就任している。安國の出身寺院は、大久保一枝の自坊の近くにあり、互いに知己の関係であったと考えられる。出版元の顕道書院は西本願寺の門前にあり、弘教講取締であった松田甚左衛門が創業した出版社であり、仏教弘通のために活発な施本事業を展開していた。

本書「緒言」で安國は、仏教の教理は高尚深遠で難解であるため、簡単平易な言葉を用いて、仏教が道理にかなった真実教であることを知らしめることを目的に、本書を著したと記している。内容は、世間一般の人々が従前からなじんできた三世因果の法を問答形式でわかりやすく解説したものであった。

当時、キリスト教への対抗から各地で教化結社が組織されたが、それらは諸宗派の関係者が関わることが多かった。また仏教演説会などでも諸宗派僧侶・居士が弁士をつとめた。安國は、本山の命により各地を布教する一等巡教使でもあり、仏教演説会の際のテキストとして活用されることを意図したのかもしれない。

『通俗仏教対話』と前後して、『通俗仏教百科全書』（全三巻）が東京開導書院から刊行された。和讃引の事、一向専修の事、女人成仏の事、幽霊の事など、仏教に関わるテーマごとに解説を付したものである。編者の長岡乗《じょう》薫《くん》は大分県の出身であり、明治二一年創刊の『婦人教会雑誌』の印刷人を長くつとめ、著書も数点刊行している。のちに藤里に改姓して大阪府北河内郡山田村（現枚方《ひらかた》市）妙教寺（真宗本願寺派）に入り、関西での婦人会の普及に尽くした。『通俗仏教百科全書』は再版が重ねられ、女性教化など民衆教化向けの読本に活用されたと考えられる。

◉高田道見の通仏教論

明治二三年に『通俗仏教問答』『通俗仏教対話』『通俗仏教百科全書』が相次いで刊行され、その後も「通俗仏教」の名称を冠した書物が多数刊行された。なかでも注目すべきは、『通俗仏教新聞』など数種の刊行物を出版して通仏教の鼓吹に努めた高田道見である。

高田道見は、安政五（一八五八）年に広島県比婆郡敷島村（現庄原市）に生まれた。一二歳で近在の仲蔵寺黙音智道（曹洞宗）について得度し、明治一七年に上京した。二年後に芝の青松寺へと移り北野玄峰の薫陶を受けつつ、東京仏教青年会の設立に関わった。

明治二七年二月には、『通俗仏教新聞』を創刊し、主筆として健筆をふるった。『通俗仏教新聞』は毎月四回水曜日発行で、大正五年までの発行を確認できる。その特色として、「この新聞の主義は通仏教であるから何宗にでも通じ、又何宗にも片寄らぬ」、「この新聞は文章が通俗であるから誰れにでもよくその意味がわかる」を掲げている。同年に著した『通仏教安心』では、「通仏教とは何ぞや、曰く釈迦牟尼仏一大時教の真髄にして八万法蔵の秘鍵《ひけん》なり」と通仏教を定義づけている。また、「宗派仏教と通仏教と其旨一なりと雖も伝来の久しき或は世人をして異なるかの感あらしむ其をして会通《えつう》せしむるものは即ち通仏教なり」といい、通仏教と既存の宗派仏教とは対立関係にないと述べている。

さらに明治三五年に著した『通仏教一席話』になると、次のように述べている。

> 通仏教では仏に成れない、安心が出来ないであらうと思ふ人もあらうが、それは僻見《びゃっけん》である、釈尊は慥《たしか》に通仏教の人である、諸宗諸派の宗義は、皆通仏教に含まれてある、故に自力他力、顕密二教の宗義は、皆通仏教

の分派であると云はねばならぬ

通仏教に諸宗派の教説を包括する概念を付与し、さらに通仏教だけ度脱が可能であるというのである。のちに高田は、この通仏教主義を一歩進め、法王大聖釈迦牟尼仏の本旨にもとづく「王法一仏主義」を提唱して、民衆啓蒙活動を推進していった。

◉村上専精著『仏教一貫論』

オルコットの提唱した諸宗派連合の提唱は、当初「通俗仏教」として日本仏教に受容された。それは宗派間の教義の相違をひとまず棚上げにしたうえで、すでに広く民衆のなかに一般化している仏教理解を起点として仏教者の結束と統合を計ろうというものであった。

これに対して、諸宗派の教義を通暁したうえで、仏教に一貫する教説の抽出を提言する人物もあらわれた。真宗大谷派の僧侶で、帝国大学文科大学講師でもあった村上専精である。村上は、明治二三年一月に哲学書院から『仏教一貫論』を上梓した。この書で村上は、仏教は長い伝播の歴史のなかで分派を繰り返してきたが、日本仏教の各宗派のみならず、世界の仏教に一貫一定する要件は、次の十項目に集約できるという。

(一) 万有は横（空間的）と竪（時間的）とに無際無限なるもの也
(二) 万象は因果と無常と無我の三大則を包含せるもの也
(三) 万有の本体は不生不滅不増不減平等無別なるもの也

写真15　村上専精（1851-1929）

（四）仏教哲理には縁起論と実相論の二大部門あるもの也
（五）仏教中の縁起論は空間的にして時間的にあらざる也
（六）仏教中の縁起論は主観的にして客観的にあらざる也
（七）仏教は戒定恵の三科を以て実行の方規と為すもの也
（八）仏教は凡ての妄執を去り煩悩を断つを要するもの也
（九）仏教は迷界より悟界に到達するを目的と為すもの也
（十）悟界も到るに就きて難行易行の二大部門あるもの也

村上は、本書「緒言」で、特定の経論によることなく、いずれの宗派に偏ることなく、仏教全体に一貫する教説の大要を概説するため、本書に「仏教一貫論」との題名を付したと述べている。こののちに村上は、明治二七年に鷲尾順敬《じゅんきょう》・境野《さかいの》黄洋《こうよう》（哲・哲海）らと『仏教史林』を創刊して近代的仏教史研究の道を開き、三四年刊行の『仏教統一論』ではさらに大胆な各宗派の統一論を提言することになった。

（二）東京各宗集議所から仏教各宗協会へ

◉仏教界の諸課題

通仏教的結束の必要論が仏教界で高まるなか、宗派の統轄責任者である各宗派管長も各宗派連携に向けて動き出した。当時の仏教界はキリスト教の脅威に加えて、明治一七（一八八四）年に政府任命による教導職が廃止されて以降、寺院僧侶の権益が制限されるような法的措置が相次いで講じられていた。

まず徴兵令問題からみていこう。明治七年六月二五日の徴兵令一部改正において、徴兵免除の対象に「教導職試補」がつけ加えられて以来、一般僧侶の徴兵は免除されていた。しかし、一六年一二月二八日太政官布告第四六号の徴兵令改正によって免除の対象が最上位の「教正」に限定された。さらに翌年には教導職が廃止され、神官僧侶に対する徴兵免除の特典は完全に廃止された。その後、仏教側は政府に徴兵免除を求めたが実現しなかった。

また、衆議院議員と府県会議員の被選挙権も僧侶には付与されなかった。明治二二年二月一一日法律第三号「衆議院議員選挙法」の第一二条には、神官と諸宗僧侶は被選人になることはできないと規定された。二三年五月一七日法律第三五号「府県制」の第四条でも、神官と諸宗僧侶は府県会議員になることはできないとされた。こうした僧侶権利の制限に対して仏教側が反対運動をつづけたが容易に改善されず、ようやく大正一四（一九二五）年の普通選挙法に際して撤廃された。

キリスト教宣教師が議員になることに何らの制限はなかったが、僧侶はいったん還俗しなければ議員に立候補できなかった。このため仏教側の不満は大きく、還俗僧侶の政界進出と僧侶被選挙権の獲得を目指す「尊皇奉仏大同団」のような通仏教的結社も組織されたのである。

●東京各宗集議所

各宗派寺院の通仏教的結束は東京からはじまった。明治一九年一二月、東京府会が寺院堂宇への課税を可決した。すると、東京府内の各宗寺院は、この問題を対処するため、各宗派本山の賛成を得て、「各宗集議所」を浅草栄久町浄念寺に設置した。

集議所では、寺院課税問題の折衝にあたる委員として、尾上慈純（天台宗）、岡村龍善（真言宗）、吉水玄洪・多田圓随・興世《おきよ》隆真（浄土宗）、大溪素童（曹洞宗）、守永宗教（臨済宗）、石上北天・北條祐賢・喜代田敬順（真宗本願寺派）、白尾巌雄・土岐善静・平松理英・春日廓悟・梅溪学淳（真宗大谷派）、英宜観（高田派）、葦名日晴（日蓮宗妙満寺派）、薗田淳暁（時宗）を選出した。

選出委員により東京府への請願の準備を進めていたところ、明治二〇年一月に東京府庁より委員惣代の呼び出しがあり、従前のとおり免税とする旨の説諭があった。しかし、選出委員は、府会での審議のなかで、過半数の議員が寺院を下宿屋と同類視し、寺院課税議案が多数をもって可決されたことを重く受け取り、各宗派の末寺に不始末のないよう厳達すべきことを各宗管長に上申した。

さらに同年二月、選出委員は各宗集議所創立相談会を開き、各宗派が共通して直面する諸課題に対処することを申し合わせ、「各宗集議所仮規約」の制定を決めた。その規約には、「各宗集議所は各宗派の協立とし其宗派の委員を以て組織す」（第一条）、「各宗集議所は仏教全面に関する得失を商議する所とす」（第二条）などと規定されていた。

◉仏教者設立の簡易小学校

明治二〇年三月二七日、東京府の庵地《いえじ》保《たもつ》学務課長は、東京教育談会において、「東京府下貧困児童の教育法」という題で演説を行った。庵地は、貧困者の子弟の不就学が犯罪の温床となり、国家の体面にも関わるという観点から、貧児教育の必要性を強調した。その対策の一つとして、貧児教育を僧侶に依頼する方法を提案した。東京府が府会の決議を得ながら寺院課税を断念したのも、不就学児童の教育で仏教側の協力を得ようとする意図があったと

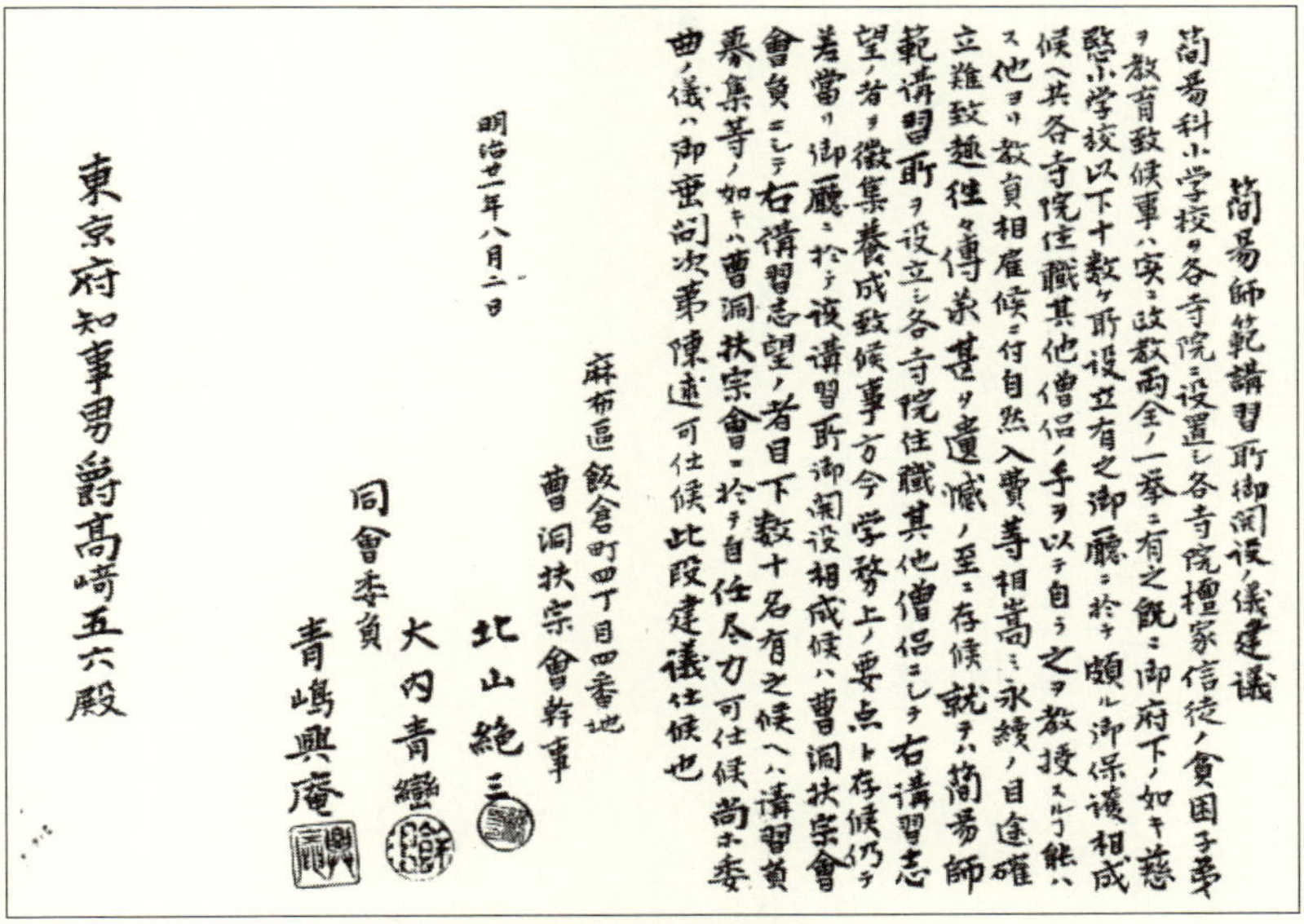

簡易師範講習所御開設ノ儀建議

簡易科小学校ヲ各寺院ニ設置シ各寺院檀家信徒ノ貧困子弟ヲ教育致候事ハ実ニ政教両全ノ一挙ニ有之既ニ御府下ノ如キ慈愍小学校以下十数ケ所設立有之御廳ニ於テ頗ル御保護相成候ヘ共各寺院住職其他僧侶ノ手ヲ以テ自ラ之ヲ教授スルコト能ハス他ヨリ教員相雇候ニ付自然入費等相嵩ミ永續ノ目途確立難致趣往々傳承甚タ遺憾ノ至ニ存候就テハ簡易師範講習所ヲ設立シ各寺院住職其他僧侶ニシテ右講習志望ノ者ヲ徴集養成致候事方今学務上ノ要点ト存候仍テ差當リ御廳ニ於テ該講習所御開設相成候ハ曹洞扶宗會會員ニシテ右講習志望ノ者目下數十名有之候ヘハ講習員募集等ノ如キハ曹洞扶宗會ニ於テ自任尽力可仕候尚ホ委曲ノ儀ハ御垂問次第陳述可仕候此段建議仕候也

明治廿一年八月二日

麻布區飯倉町四丁目四番地
曹洞扶宗會幹事
北山絶三
同會委員
大内青巒
青嶋興庵

東京府知事男爵高崎五六殿

写真16　簡易師範講習所御開設ノ儀建議

考えられる。

庵地の演説の一〇日後の四月六日、駒込吉祥寺において寺院小学校創立のための会議がもたれた。会議には本郷・小石川・下谷区の僧侶六、七十名と俗人四、五名が参集したほか、庵地学務課長、北澤本郷区長等も加わり、寺院方の学校永続規則などを議決した。そして、就学困難な児童を無月謝で教育する「慈愍《じみん》小学校」という学校を、本郷・小石川の各宗寺院八十八カ寺が資金を拠出して、本郷区駒込蓬莱《ほうらい》町高林寺に設置することとなった。

仏教者設立の簡易小学校は、その後も東京府内に続々と開校され、明治二一年四月には慈愍、同和、慈育、慈善、開善、教友の各小学校の設置者により「東京府下各宗寺院同盟設置私立小学校組合」が創立された。

さらに明治二一年八月、慈愍小学校設置者・松本順乗ほか二名と、曹洞扶宗会《ふしゅうかい》幹事・北山絶三《ぜっさん》ほか二名とが、別々に「簡易師範講習所御開設ノ議」を東京府に建議した。建議書では、寺院経営による学校の増設による教員の不足を補い、教員人件費の節減を図るため、主に僧侶を対象とする速成の教員養成所の設置を求めている。前者は各宗派共同して本郷区湯島麟祥院内の哲学館（本郷伝習所）に、後者は曹洞宗の信者団体である曹洞扶宗会が中心となって、麻布区麻布笄《こうがい》町高等普通学校（麻布伝習所）に設置されることになった。

寺院課題問題に端を発した東京での各宗協調路線は、東京府の要請を受けて、不就学児童の教育のための共同事業へと発展していった。そして、こうした東京での動向は全国に波及し、明治二三年までに設立された簡易小学校は全国で八十校以上に及んだが、同年一〇月の新小学校令で簡易小学校が廃止されると、以後、急速に衰退していった。

◉仏教各宗協会

明治二二年にオルコットが来日し、二月に各宗派代表者を集めて各宗派連合総会の設立を求めた。また同月には、衆議院議員の被選挙権が僧侶に付与されないことが明確となった。二二年から翌年にかけて、仏教側の危機意識が頂点に達し、各宗派協力の必要性が痛感されていた。

こうした状況のなかで、「仏教各宗協会」が組織されることとなった。各宗派管長は従来から定期的に協議会を開催していたようだが、明治二三年六月の協議会で「仏教各宗協会規約」を議決した。その規約には「本会は仏教各宗を協同団結し共に興隆の進路を取て提携運動することを目的とす」（第一条）、「本会は仏教を代表して政府の諮問を受け若くは請願建議することを得」（第二条）などと規定された。

各宗派が共通して直面する諸課題に取り組むため、仏教各宗協会の組織化を決めたのである。これにより、東京での各宗派の協調路線は、全仏教界へと拡大されたのである。そして協会事業として、以下の事項の実施を決議した。

社会の調和を謀る事
貧民救助に関する方法の事
教育の普及を謀る事
新に精密なる各宗綱要を編成し之を欧文に翻訳する事
殖産興業衛生等を奨励する事

◉各宗協同仏教慈善会

明治二三年は日本ではじめての恐慌がおこった年であった。仏教者の慈善事業の実施に向けた機運は、すでに指摘したように、就学困難児童の簡易小学校経営で高まりをみせており、仏教者による更生保護事業も活発の様相を呈しつつあった。

明治一四年の改正監獄則では、刑期満了後も「頼るべき所なき者」が別房に留まることが認められていた。ところが二〇年頃には、この別房留置人が在監人の二割近くを占めるようになり地方財政を圧迫した。このため二二年七月に監獄則が改正され、別房留置制度が廃止となり、民間保護会社の設立を奨励する内務省訓令が出された。これに対応して、仏教者も出獄人保護事業に参画するようになり、仏教者の慈善活動に対する期待も高まりつつあった。

こうしたなかで仏教各宗協会は、慈善的事業に重点を置いて仏教の社会的有用性をアピールする方策をとった。

明治二三年六月に各宗派管長は協議会を開き、仏教各宗の提携を図るため「各宗協同仏教慈善会」の設立を決議し、その規約を制定した。第一条で「本会は仏教慈悲の本旨に従ひ広く貧民を賑救するを目的す」し、第九条で会の事業として次の四項目を掲げた。

第一　水火等の災害に罹り又は孤独寄るなきの貧民を救助して適応の事業に就かしむる事
第二　社会経済の不平均に拠り生計支へ難き窮民を賑救《しんきゅう》するために適当の事業を興す事
第三　凶年餓歳《がさい》に遇ひ窮乏告ぐるなきものを救恤《きゅうじゅつ》する事
第四　家貧にして病に罹り医薬を得るの資料なきものを救助する事

会の創立委員には、各宗派の有力者であった古谷日新（日蓮宗）、水島洞仙（曹洞宗）、高志大了（真言宗）、渥美契縁（真宗大谷派）、大洲鉄然《おおずてつねん》（真宗本願寺派）が選出された。同年七月初旬には、上野公園、芝公園などで貧民救恤大演説会を開催して資金を集め、各宗派からも拠出して二千五百円余りを東京府に寄付した。その後、出獄人保護や少年感化などの司法福祉事業への拡大が図られた。また仏教各宗協会には、明治二六年に設立された仏教博愛館病院に補助金を交付するなどの活動もみられた。

この時期、各地方では仏教勢力と在地有力者が結束して、貧困者救助、医療救護、司法福祉、経済産業の諸事業に取り組む結社が広くみられたが、各宗教慈善会はこれらを全国的規模に組織化するまでには至らなかった。明治二〇年代後半、キリスト教への脅威が薄らぎ宗派主義が台頭すると、各宗協同仏教慈善会の活動も停滞していったのである。

(二) 全国仏教者大懇談会

◉各宗有志通信所

宗派をこえた仏教者の結束への高揚は、全国の仏教者の懇談会の開催を促すことになった。

明治二三(一八九〇)年一月七日、東京府内の仏教者有志は、木挽《こびき》町厚生館に集まり各宗有志懇談会を開いた。同年に開設される国会への対応を協議することが目的であった。当日、辰巳小次郎・島田蕃根・堀内静宇ら有力居士、平松理英・島地黙雷ら各宗派の僧侶などあわせて七百名以上が参集した。日蓮宗の脇田堯惇《ぎょうじゅん》を会長に選出し、意見のある者は姓名を告げて会長に申し出て、許可を得て各自の主張を陳述したという。議論は百出したが、多くは前年に公布された衆議院議員選挙法の第一二条で僧侶の被選挙権が付与されなかったことについてであった。

この懇親会を受けて同年一月一七日、真宗本願寺派を中心とする各宗派有志は協力して陳情書を作成し、山県《やまがた》有朋首相をはじめ諸大臣・枢密院議長・元老院議長・各府県知事・各府県会議員などに郵送した。また東京の各新聞雑誌記者を築地精養軒に招き、陳情書の写を配布して新聞紙上で取り上げるように要請した。さらに東京の各宗有志は、僧侶参政権問題のほかにも仏教界の直面する事件が数々あることをふまえ、これら諸事情を全国の仏教者に通信する便宜を図るため、「各宗有志通信所」を芝神谷町の光明寺(真宗本願寺派)に開設した。

◉第一回全国懇談会

明治二三年四月、第三回内国勧業博覧会が東京上野公園で開催された。内国勧業博覧会は、国内の産業発展の促

写真17　石上北天（1843－96）
富山県出身。明治13年東京芝神谷町光明寺に第29世住職として入寺し、本願寺派集会上首（現宗議会議長）などの要職も歴任した。

進を目的として、政府主導で輸出品目の育成を目指し開催された博覧会である。第三回には、七月末までの会期中に百万人をこえる入場者があったとされる。

　この博覧会の開催を契機として、四月一二日から三日間にわたり芝神谷町の光明寺で「全国仏教者大懇親会」が開催された。発起主唱者は光明寺住職の石上北天であり、同寺に設置された各宗有志通信所が主催者となった。このとき、全国から三十八名の各宗関係者が参集し、以下の十三項目に関して協議した。

第一　貧民教育を普及すべきの方法
第二　兵営並に監獄に教誨を普及すべき方法
第三　僧籍を設くるの可否
第四　僧侶兵役免除の可否
第五　寺院会計の方法
第六　現今の寺院を配置変更するの可否
第七　各種議員選挙に就て仏者の心得
第八　僧侶に被選挙権のなきは弘教の利害如何

第九　公認教を定むるの可否如何
第十　富者の貧者に対する徳義奨励法
第十一　殖産興業を奨励すべき方法
第十二　土葬を止め火葬を普及すべき方法
第十三　宗教上不徳義者を擯斥《ひんせき》すべき方法

参加人数は少なかったものの、提起された協議項目には、仏教が直面する社会的諸問題だけでなく、仏教の旧来のあり方への大胆な改革案が含まれていた。例えば、第三の趣旨として次のような説明が記されている。

他の宗派はいざ知らず予が奉ずる真宗に在りては僧籍を設るは甚だ不可なり何となれば我宗の所謂俗諦とは僧侶と雖も所謂非僧にして一般国民と同く伍し殖産興業の道を講じつゝ其中に於て教導の一職を負担するのみの宗意に背けばなり

真宗固有の問題であるものの、僧籍そのものの廃止まで言及しているのである。さらに、第五に関しては次のようにいう。

年内の出入精算書及び一覧表を製し檀家中世話人之を鑑査し残余不足共敢て住職一己の自由に任せず其取扱方は凡て世話人に任じ其一覧表を年々其本山に届出しむべし

末寺住職の権限を制限し、在家信者に末寺経営の監督権を付与しようというのであり、これまでの末寺のあり方を見直した画期的な提言と言えるであろう。しかし、この二項目の提言はあまりに斬新であったため懇親会では採択されなかったようである。結局次の五カ条を各宗管長へ建言することを決議した。

一、末寺々院の子弟及有志僧侶は簡易小学教師伝習所に入り以て貧民教育の普及を謀るべきやう末寺へ諭達せられ度《たき》事

一、兵営並に監獄に未だ教誨の開けざる所には速に照会して之を開設の運に至らしめ其地方有為の僧侶に其教誨を担当せしめられ度候

一、富者に対して貧民を憐愍《れんみん》し貧富相嫉視せざる様其徳義を奨励せんため末寺信徒へ諭達あり度事

一、衛生上又経済上大害ある土葬を廃して二つ乍ら大利益ある火葬を普及せしむべく末寺僧侶へ諭達あり度事

◉第二回全国懇談会

第二回全国仏教者大懇談会は、名古屋市の真宗大谷派別院を会場として、明治二四年四月二〇日から三日間にわたって開催された。

第二回懇談会には、第一回の約五倍の一九一名が参集した。その九割方は愛知県と三重・岐阜県の者であったが、名古屋仏教同盟各会・愛知県仏教青年会・尊皇奉仏大同団・反省会などの十六個人・団体から三十九項目にも及ぶ議案が提起された。石上北天を議長に、地元の名士である堀部勝四郎（名古屋市議会議長、のち衆議院議員）を副議長に選出して活発な議論がなされ、次の十一項目を決議した。

一、仏事禁酒を実行する事
一、寺院境内並に附属の墓地等は必ず外教《げきょう》者に貸与すべからざる事
一、全国各地に仏教団体を設立する事
一、各宗管長は其の宗々制寺法に従ひ政府の干渉を受けざる事
一、貧民救済の方法を実地に施行するは目下僧侶の急務なる事
一、仏祖祝日忌日に旗章を寺院の門頭に立つる件
一、第三回全国仏教者の大会を京都に開く事
一、皇室の葬祭を仏葬式に復古せられん事を請願の件
一、居士同盟会を組織する事
一、内地雑居に付き仏教者同盟の件
一、仏教学校の生徒に徴兵猶予の件

第一回に比べて仏教界の利害に直接関係する項目が多いことが目を引くが、居士同盟会の組織のような項目が決議されたことも注目される。『明教新誌』は、居士が宗派外にあって一宗一派に偏ることなく自由に行動できる可能性があるとしつつも、運動の実現性は疑問であると指摘している。実際に明治二三年を境としてキリスト教の勢力が退潮に向かうと、仏教各宗の協調体制にもかげりがみえはじめていた。大内青巒らの経営する高等中学校への各宗分担金の支出も滞るようになり、各宗協同仏教慈善会の活動も停滞していった。

◉第三回・第四回全国懇談会

第三回全国仏教者大懇談会は、京都市知恩院を会場として、明治二五年三月に開催された。しかし、多くの宗派が本山を置く土地柄のため、議案の提出に慎重な姿勢を示す者が多かったようである。

なかには決議に加わることなく途中退席する者、決議議案に調印することを拒み姓名の削除を申し出る者まであったようである。各宗派協調路線が崩れるなかで、宗派の利害をこえた自由な意見に対する各宗派からの圧力が強まった可能性が考えられる。

第四回全国仏教者大懇談会は、明治二六年に大阪での開催が予定されていた。しかし、開催は実現せず、一年遅れて二八年四月八日から三日間、京都で開催された。この年、平安遷都千百年記念祭と第四回内国勧業博覧会が京都で開催されることにあわせて開かれたものであった。

しかし、大会の状況を視察した杉村廣太郎は、『国民新聞』に、その内容を酷評した記事を書いている。当初の見込みでは、百五、六十人の議員が参集することになっていたが、実際には五、六十人の議員しか集まらず、傍聴した者も百人に満たなかった。会場には、完成したばかりの寺町の京都市会議事堂を借用したが、広い会場は閑散とした状況であったという。

議長には、平井金三が選出されて次の十件の議題が協議された。

（第一号）全国同盟仏教団維持法案
（第二号）乞食僧侶取締案
（第三号）仏教家年回葬事に酒肉禁止各宗本山へ建議案

（第四号）仏教日刊新聞発行の事
（第五号）僧風如法励行の事
（第六号）各宗僧侶平常戴帽《たいぼう》一定各宗本山へ権議案
（第七号）仏教学院設立案
（第八号）仏教義会法案表徳規則
（第九号）仮面的仏教取締法案
（第十号）仏教徳育女学校設立

杉村は、これら議案を「馬鹿らしき」としたうえで、「此の如き無用の会合に関して詳報を致す恥を忍ぶこと能はざるなり」、「全国仏教大会と云ふとも其実は少数一部の旧仏教が集まりたるに過ぎず」などと報じている。議案内容の詳細は不明であるが、確かに第一回のような斬新な仏教改革案や、第二回のような仏教権益の確保に向けた強い意欲を示した議題は見当たらない。議案の発案者も、第二回では半数が結社・団体からのものであったのに対し、第四回はすべてが個人から提起されたものであった。結局、この第四回を最後に、以後懇談会は開催されなくなったようである。

（四）九州通仏教的結社の盛衰

◉熊本有志団

通宗教的結束は東京で最も早く顕著にあらわれた。一方、地方でも、少年・女性・青年を対象とした教化活動や、教育・慈善・産業などの諸事業を目的とする結社が多数存在していた。そして、これらの多くは、宗派をこえ、在地の仏教勢力が結集したものであった。

各宗協調路線の機運の盛り上がりのピークは、第一回全国仏教者大懇親会の開かれた明治二三（一八九〇）年四月頃であろう。翌月発行の真宗本願寺派系『伝道会雑誌』は、当時の状況を次のように報じている。

各宗合同的運動将《まさ》に起らんとするの機運に居れり、見よ近来各地方に起る仏教の団体が、各宗合同的運動の希望を懐て顕れ出づるを、一団体起る曰く、各宗合同の運動を為さんと、一雑誌出づる曰く、本誌は一宗一派の機関にあらずと、これらの多くは各宗連合的の現象ならざるもの少なし、これを以て是を推せば、各宗合同的運動の機運は、将に熟せんとするもの丶如し

こうしたなか、明治一〇年代半ば、自由民権運動に際して全国的仏教結社が解体され数年を経て、再び地域をこえて結束する結社が九州地方に出現した。

九州地方での通仏教的結束の中心拠点となったのが熊本である。熊本は、浮田和臣《かずおみ》・海老名弾正《えびなだんじょう》・金森通倫《みちとも》・

横井時雄《ときお》・小崎弘道・徳富蘇峰ら日本のプロテスタントの源流となった熊本バンドを輩出したことで知られる。キリスト教がいち早く浸透した土地柄であり、明治一四年に京都同志社英学校を中退し帰郷した徳富蘇峰は、私塾大江義塾を開き、自由党系の民権結社相愛社の機関紙『東肥《とうひ》新報』の編集などを通じて、自由主義的啓蒙活動に尽力していた。

その一方、熊本では真宗を中心に仏教も強い勢力を保持していた。徳富蘇峰らキリスト教者の活動に対抗して、中西牛郎と八淵蟠龍は、仏教主義教育を行うため神水義塾を開いた。また中西は『紫溟《しめい》雑誌』の主筆として健筆をふるった。『紫溟雑誌』は、熊本の保守系有力政治家である佐々友房らが設立した政治結社紫溟会の機関誌であった。その後、キリスト教者ら自由主義陣営は九州改進党を組織し、仏教者と関係を深めた国家主義者の側は、熊本国権党を結党して対立した。

このように熊本は、キリスト教者と仏教者の反目と、民権主義者と国権主義者の対立とが典型的に結びついた地域であった。明治二〇年代に入り政治的緊張が高まると、仏教者と国権主義者との結束は一層強化され、二二年二月頃「熊本有志団結会」が組織された。中心となったのは、藤岡法真・八淵蟠龍・加藤恵証《えしょう》ら真宗本願寺派の地元有力僧侶たちであり、熊本国権党と一致団結して、国家と仏教のために運動することを目的に掲げていた。中西牛郎のほか、熊本国権党の有力者である津田静一らも加盟していた。

◉中西牛郎『宗教革命論』

熊本有志団が結成されたのと同じ頃、中西牛郎の著書『宗教革命論』が刊行された。この書には大胆な仏教改革構想が提起されており、その主張は熊本有志団結成の理論的支柱ともなっていたと考えられる。この書の主張を簡単に整理しておこう。

中西は、旧仏教を新仏教に改編することで、仏教はキリスト教に代わって宗教界を席巻する地位を占めるに違いないという。そして、新仏教の特徴を旧仏教と比較において次の七点に整理して説明する。

第一、旧仏教ハ保守的ニシテ新仏教ハ進歩的ナリ
第二、旧仏教ハ貴族的ニシテ新仏教ハ平民的ナリ
第三、旧仏教ハ物質的ニシテ新仏教ハ精神的ナリ
第四、旧仏教ハ学問的ニシテ新仏教ハ信仰的ナリ
第五、旧仏教ハ独個的ニシテ新仏教ハ社会的ナリ
第六、旧仏教ハ教理的ニシテ新仏教ハ歴史的ナリ
第七、旧仏教ハ妄想的ニシテ新仏教ハ道理的ナリ

中西は、第一から第四までで、封建的な仏教教団の体質を改め、在家信者に開かれた宗派のあり方を求める。特に僧侶の教団内の特権的地位を打破するために、僧侶世襲制の改革に論及していることが注目される。そして、宗派の資金を荘厳な建造物に投入することをやめ、実用的・慈善的事業に充当すべきだと主張している。さらに第五では、各宗派が内部のことにのみ終始し、仏教界全体のことに目を向けようとしない状況を批判し、宗派をこえた結束を提言している。

各宗派が結束する場合、教義解釈の相違は大きな問題になるであろう。これに関して中西は、第六において、抽

象的な「教理」にこだわる旧仏教の方向修正を主張している。教理の重要性を認めつつも、現実的な「歴史」状況を注視すべき局面を迎えているという。要するに、瑣末な教義解釈の違いにこだわって対立している場合ではなく、キリスト教の脅威にさらされた現実を直視し、仏教界の大同団結を目指すべきだというのである。

この書が刊行された明治二二年二月は、オルコットが来日した時期であり、その主張からは、オルコットの考えとのきわめて強い類似性を認めることができる。しかし、宗派間の教義解釈の相違を棚上げにした通仏教的結束は、キリスト教に対する危機意識が薄らぐとき、一挙に結束の根拠を失う可能性を有するものでもあった。

◉九州仏教団

中西牛郎が『宗教改革論』で示した通仏教的方向性は、単に熊本有志団の理論的支柱となっただけではなかった。この書により中西は、真宗本願寺派法主の大谷光尊に見出され、アメリカ宗教視察を経て、同派文学寮の教頭に抜擢されたのである。

熊本有志団の活動理念が宗派当局からも支持されたことにより、その結束は九州地方全域に拡大され、明治二三年には九州仏教団の結成へと発展していった。同年三月、九州仏教団結成のための会議が長崎今籠町の大光寺で開催され七十余名が参集した。参加者の大半は真宗各派の僧侶であったが、他宗派の僧侶や俗人有志も出席したようである。熊本の真行寺の藤岡法真が議長に福岡の専能寺の秦法励《ほうれい》が副議長となり、基本方針が協議された。その結果、本部を熊本に置くこと、役員を総理一名・幹事長一名・幹事十六名・司計三名・書記無定員とすること、団友を正友と特別友の二種とすることなどを決し、創設委員三名（熊本から一名、他県から二名）の選出を決議した。

六月八日には、熊本市の順正寺で九州仏教団開会式が挙行され、雨天にもかかわらず鹿児島・宮崎・長崎・福岡などの九州各県から集まった団員総代と有志者で境内はあふれかえったという。勤行ののち、創立委員である占部《うらべ》玄順（福岡西法寺）・合志諦成《こうしたいじょう》（熊本光徳寺）・井上尽済《じんさい》（鹿児島西照寺）の挨拶があり、出席者の演説、余興に引き続いて夜の懇親会に出席した者は一二四名であった。翌日は将来の事業等を協議し、一四三名の出席があった。七月発行の『明教新誌』によれば、団への加入者は僧俗二万人にも達し、九月から九州に一大仏教学校の設立と機関新聞発行の事業に着手する予定であった。

◉雑誌『國教』の創刊

明治二三年九月、雑誌『國教』が創刊された。雑誌の発行元は熊本市國教雑誌社となっているが、事実上の編集・発行責任者は八淵蟠龍であり、主筆は中西牛郎が担当した。いわば『國教』は、九州仏教団の機関誌としての性格を有する雑誌であった。

写真18　雑誌『國教』

創刊号掲載の「國教雑誌社規約」には、雑誌創刊の趣意を「宗派に偏せず、教会に党せず、宗教界に独立して、仏教の真理を開《かい》闡《せん》し以て仏徒の積弊を洗滌《せんでき》し、之が改良を図る」と記し、通仏教的立場から仏教改革運動を推進していく意図が明確に示されていた。

雑誌『國教』は、熊本という一地方からの発行ではあったが、九州地方はもとより、当時の仏教界全体に大きな影響を与え、全国的にも知られた雑誌であった。その一端は、第一号と第二号に掲載された多彩な「特別寄書家」の顔ぶれからも知ることができる。そのなかには、当時の仏教界をリードした僧侶・在家信者が宗派に関係なく名を連ねていた。特に井上円了・南條文雄・小栗栖香頂・中山理賢など真宗大谷派の有力者が目立つ。真宗本願寺派では，松山松太郎・神代洞通ら文学寮（普通教校）教員・海外宣教会の幹事が名を連ねており、堀内静宇（浄土宗）・岩堀知道（真言宗）ら各宗派の仏教系新聞雑誌の関係者も多い。大内青巒・井上円了・辰巳小次郎・佐治実然・前田慧雲・藤田祐真ら尊皇奉仏大同団の有力メンバーが多数参加していることも注目される。

仏教関係者以外でも教育界・言論界で名を馳せた人物が数多く名前を連ねていた。地元熊本では、池松豊記・津田静一・中村六蔵・志方熊記《しかたくまき》ら熊本国権党に連なる保守系人物の名が多くみられた。また服部宇之吉《うのきち》・中川小十郎・天野為之《ためゆき》・久松定弘・三宅雪嶺（雄二郎）・朝比奈知泉《ちせん》ら中央の政界・言論界・教育界で活躍する人物も多かった。

総じて言えば、『國教』は，第一回帝国議会の衆議院議員選挙と国粋主義の台頭を背景として、九州の仏教勢力と熊本保守系人脈が結びつき、これを中央の各界有力者も支援して発行されたと言えるであろう。

また『國教』の創刊号には、中西牛郎の「九州仏教団に就て」という論説が掲載されている。そこで中西は、九州仏教団の活動を単に一地方に限定したものに止まらせるべきではなく、世界の仏教者と連携を図るべきであるという。しかし、日本仏教界の現状は本山や末寺などに儀礼的に集まった烏合の衆であり、九州仏教団は封建的遺制を打開していく「真正の教会」としての役割を果たすべきだと主張している。

◉九州仏教倶楽部

順調なスタートを切ったかにみえた九州仏教団であったが、その前途には早くも暗雲が立ち込めていた。明治二三年に入ると、真宗本願寺派の本山当局が、宗派の統制を離れ、独自の活動を展開する九州真宗の動きに警戒心を示しはじめたのである。

本山側の警戒と圧力が強まりつつあった状況下で、同年九月に九州仏教団が着手するはずであった仏教学校設立と機関新聞発行という事業も容易に進捗しなかった。同年一一月発行の『國教』は、九州仏教団がいまだ予定していた事業に着手できていないことと、その状況打開のために藤岡法真が島地黙雷のもとを訪ね、団長就任の要請を含めた相談をする用意のあることを報じた。本山の有力者である島地を団長にかつぐことで、本山当局からの警戒を回避しようとするねらいがあったのではないかと推察される。

九州仏教団の事業は、キリスト教への当面の脅威が去り本山が警戒心を強めるなかで、八淵派と藤岡派の分裂もあって頓挫することを余儀なくされていったが、その結束が完全に崩壊したわけではなかった。特に京都文学寮では、中西牛郎が教頭として教鞭をとっていた。明治二三年一二月、中西の主唱により在京の九州出身者たちが、「九州仏教倶楽部」という結社を組織した。京都市西本願寺門前の遍照寺で行われた発会式には、二百名以上が参集し、大洲鉄然執行長、小田尊順執行などの本山有力者も参列して、藤岡法真、赤松連城らが演説を行った。

発足当初の九州仏教倶楽部は、在京の九州出身者の親睦団体としての性格が強く、一方で熊本には九州仏教団が存在し事業展開を計画していた。しかし、そののちに九州仏教団の事業の頓挫が決定的になると、九州仏教倶楽部がその事業を引き継ごうとする計画が浮上したようである。明治二五年一一月、九州仏教倶楽部は秋季大会を開き、その主意書を九州各県の全宗派の寺院と仏教信徒に発送した。

この主意書には、すでに九州仏教倶楽部に加盟する者が一千人をこえ、明治二四年に大阪支部を開設したことが報告されている。そして、九州に三千以上ある寺院、百万人をこえる信徒の総力を結集し、京都に本部を建築して支部を東京と九州各県に置き、学校、病院、新聞、育児院、海外布教などの幅広い事業を展開する計画が記されていた。その背景には、二五年七月に文学寮を解職となった中西牛郎の意向が働いていたと推察される。中西は、この主意書が発布された前月に『仏教大難論』を著し、真宗本願寺派の支援を失った状況を受け、改めて全仏教勢力の結集の必要性を強調していた。

◉熊本の宗教政治事情

趣意書の計画は直ちに実現しなかったが、郵送後の九州仏教倶楽部に対する反響は大きかったようである。同年一二月発行の『明教新誌』は、賛成者特別会員に、細川（長岡）護美《もりよし》・西郷従道《つぐみち》・品川弥二郎・中井弘・古荘嘉《ふるしょうか》門《もん》、佐々友房《ともふさ》、香月如経《かつきじょけい》、頭山満《とうやまみつる》などの保守系政治家が加盟したことを伝えている。また熊本県内の資産家八百名以上が加入し、近県の僧俗の加入も相次いでおり、すでに二千円以上の寄付金が集まったとされる。さらに東京その他の九州出身者から続々と加入の申し込みが寄せられていると報じている。

このように九州仏教倶楽部への支持が集まったのは、当時の熊本の宗教と政治の事情が大きく関わっていた。明治二五年一月、熊本英学校で蔵原惟郭《これひろ》の校長就任式が行われた。その際に、教員奥村禎次郎が演説で国際的な平和博愛主義に言及したが、これが教育勅語に背反するとして、熊本県知事の松平正直《まさなお》から解雇を命じられる事件がおこった。

熊本英学校は、明治二一年に熊本バンドを生んだ熊本英学校の再興を意図して設立され、徳富蘇峰の大江義塾の伝統を継承する私立学校でもあった。このため、熊本自由党との関係も密接で、「民権派の居城」とも目されていた。熊本国権党の機関紙『九州日日新聞』が、執拗に奥村の演説を批判し、松平が奥村の解職を要求したのも、熊本自由党とその居城である熊本英学校の弱体化をねらってのことであった。その後も、松平知事は、熊本国権党の強力な支援を背景として、キリスト教者への圧力を加え教育現場からの追放を目指した。

明治二五年二月には衆議院第二回臨時選挙があり、民党撲滅を狙った品川弥二郎内相による選挙大干渉が行われた。このとき、熊本では死傷者が出るほど政治的対立が過熱した。一一月には、井上哲次郎がキリスト教は教育勅語の趣旨に反するという談話を発表して、いわゆる「教育と宗教の衝突」第一次論争がはじまった。こうしたなかで、熊本では、民権派の自由党とキリスト教、保守派の熊本国権党と仏教という対立構図がさらに鮮明となっていった。

真宗本願寺派本山当局は、九州での通仏教的結束が宗派の統制を逸脱していくことに警戒心を抱くとともに、こうした政治抗争に巻き込まれることを恐れたと考えられる。いずれにせよ、明治二三年の後半を境として、通仏教的結束は急速に宗派当局の支持を失っていくが、九州では、熊本を中心とする保守系勢力の支援を受け、なお強い勢力を保持していたのである。

◉九州通仏教の盛衰

明治二六年には、九州仏教倶楽部の主催による九州夏期講習会が開催された。真宗本願寺派の機関誌『京都新報』の記事によれば、九州夏期講習会は宗派に関係なく参加を求め、同年八月一日に熊本市の順正寺で開催された発会式では、四百人をこえる参集者があったという。

八月一四日までの会期中、姫宮大円（十住心の大意）、織田得能（仏教の大体）、今立吐酔（科学的因果論）、関豊太

写真19　シカゴ万国宗教会議に参加した日本代表

前列左から土宜法龍・八淵蟠龍・釈宗演・蘆津実全、後列左から野村洋三・野口善四郎

郎（地球構成説）、高槻純之助（経済学一般）などの講義があり、出席者は延べ五百人、すべてを受講したものも百五、六十名あった。受講生は僧侶や仏教系諸学校の生徒のほか、熊本尋常師範学校・九州学院の生徒、小学校教員、新聞記者などであった。前年の明治二五年、東京と関西の仏教青年会が共同で夏期講習会を開催しており、その影響があったと考えられる。翌二七年の開催計画もあったが、実現しなかったようである。

この時期、九州仏教倶楽部が九州仏教夏期講習会と並んで取り組んだ事業に、アメリカで開催されたシカゴ万国宗教会議への八淵蟠龍の派遣があった。明治二六年九月にコロンブスのアメリカ到着四百年を記念してシカゴ万国博覧会が開催された。博覧会にあわせて二十に及ぶ世界会議が挙行されたが、万国宗教会議もその一つであった。

万国宗教会議開催のための準備は、明治二五年六月にシカゴの大会委員から全世界の宗教家に開催の挨拶状が送付されてスタートし、当初は、島地黙雷や南條文雄の参加が有力と目され、赤松連城、藤島了穏《りょうおん》、井上円了、清沢満之らも候補に挙げられていた。ところが、経費上の問題や、会議をキリスト教の宗教的優位性をアピールするためのものとみる反対意見が一部で根強くあった。仏教各宗協会が日本仏教界として代表者を送ることを検討したが、派遣を見送り、宗派単位でも代表を送ることはなかった。

結局、個人の資格で、蘆津実全《あしづじつぜん》（天台宗）、釈宗演（臨済宗）、土宜法龍《どぎほうりゅう》（真言宗）、八淵蟠龍（真宗本願寺派）の四名の僧侶が参加した。そのため蘆津・釈・土宜の三名は、仏教系新聞『明教新誌』などに広告を出して、渡米資金の募金を求めたが、その調達は容易なことではなかった。これに対し八淵は、熊本の地方新聞に義捐金の広告を出したが、明治二六五月末の時点ですでに一万人をこえる寄付申し込みがあった。そこで、翌月発行の『國教』は緊急広告を掲載し、寄付者名簿を『國教』雑誌の号外で報告することを告示した。新聞紙上に多数の名簿を掲載することが適切でないと考えたためであった。

こうして同年六月に八淵は熊本を出発し、京都・東京での準備を経て万国宗教会議に出席した。帰国後、『國教』は帰国凱旋号を発行し、八淵は九州仏教倶楽部の依頼に応じ、知恩院で万国宗教会議の報告をした。しかし、その後、「教育と宗教の衝突論争」の打撃を受けてキリスト教の教勢が退潮に向かい、明治二七年に日清戦争が勃発すると、九州仏教倶楽部の活動は急速に衰退していった。『國教』も二七年六月発行をもって廃刊となり、同年開催予定の夏期講習会も開催されなかった。

全仏教者で結束してキリスト教に対抗し、国家繁栄に貢献する事業を推進するという九州仏教倶楽部の路線は、宗派単位での戦争協力体制が推進され、キリスト教も国家への協調路線を鮮明にしていくなかで、目新しさを失っていったと考えられる。

(五) 仏教改革機運の退潮

◉キリスト教衰退と宗派主義の台頭

明治二〇年代初頭、通仏教的結束が急速に広がり、新たな教化活動がはじまり、仏教改革を求める傾向が顕著となった。ところが、明治二六(一八九三)年頃には、その傾向はほぼ終息に向かった。海外宣教会や九州仏教団は解散に追い込まれ、仏教各宗協会の活動も停滞化し、全国仏教者大懇親会も開催されなくなっていった。

こうした改革路線退潮の最大の要因は、明治二三年の国粋主義の台頭と、それに続く「教育と宗教の衝突論争」で、キリスト教が世論の批判を浴びて教勢を衰退させていったことを挙げることができよう。

明治二六年四月、古河勇(老川)は、『海外仏教事情』第三三号に「海外宣教問題と日本仏教の革新」という論説を発表した。そこで古河は、過去二〇年間に曲がりなりにも日本仏教が変革に向けた努力を続けてきた背景に、廃仏毀釈とキリスト教への脅威があったことを指摘する。しかし、その脅威が去ろうとしている今日、再び日本仏教は安逸を貪り真摯に旧弊を改めていこうとする姿勢が失われつつあるという。この指摘は、おそらく当時の仏教界の状況を的確に把握した見方と言えようが、外圧がなければ変革に向けた努力を継続できない日本仏教のあり様の方が、より深刻な問題であった。

この頃には、宗派中枢での内部抗争も、やや収束に向かいつつあった。真宗本願寺派の集会を舞台とする法主派と末寺派の抗争は、法主派の勝利に終った。これにより集会の宗政チェック機能は失われ、集会会衆の選挙買収や財政面での腐敗などの問題が浮上した。真宗大谷派では、渥美契縁派と石川舜台派の対立と、不透明な財政に関する火種を残しつつも、幕末に焼失した堂舎再建に向けて動き出していた。浄土宗では、京都四本山と増上寺の対立を経て、明治二六年九月、四年ぶりに第二期宗会が開催され、機構整備、布教・教学体制の充実が図られた。翌年には諸宗派に先駆けてハワイ布教に着手した。日蓮宗では、二一年以来、身延山久遠寺への権限集中を主張する革新派と、諸本山の既得権益の保全を求める同盟本山派との対立が続いたが、二五年には両派の妥協案が成立した。

一方、曹洞宗の越山（永平寺）と能山（総持寺）両本山の抗争は、法廷闘争まで持ち込まれ長期化した。明治二六年三月の井上馨内相の和解勧告、一一月の訓令によりさらに混乱をきわめ、政府の干渉が帝国議会でも問題となり、国家問題にまで発展した。結局、日清戦争のさなかの二八年一月、両本山不二の協約を締結してようやく和解が成立した。

内部抗争の鎮静化すると、宗派の統制を離れた通宗教的結束や、それにもとづく新仏教運動への抑圧が強まり、宗派主義が台頭していったのである。

◉仏教改革論者の去就

明治二〇年代初頭に仏教改革・宗派連合を主導した人物の去就にもふれておこう。新仏教を提唱した中西牛郎は、二五年に文学寮を追われたのちに九州仏教倶楽部を中心として九州仏教勢力の連合を目指した。しかし、実現不能とみると、キリスト教の日本化・仏教化を企図してユニテリアンに入会した。平井金三は、米国からの帰朝後、二八年に京都で開催された第四回全国仏教者大懇談会の議長に選出され、なお通仏教的結束の実現に努めた。しかし、やはりその実現の困難なことを痛感し、その後、上京してユニテリアンに入会した。中西・平井のような宗派関係の薄い人物にとって、宗派連合の夢が潰えた以上、ユニテリアンにおいて宗教統合を目指す道しか選択肢はなかったのかもしれない。

一方、寺院出身者で、宗派と関係の深い僧侶のなかにも宗派を離脱した者もあった。真宗大谷派僧侶の佐治実然は、早くから真宗大谷派の派閥抗争に失望感を抱いており、宗派に復帰することなく、ユニテリアンの会長となった。同じく真宗大谷派出身の佐野正道は、真宗大谷派の改革運動に参画したが、本山からの排斥にあって宗派を離れ、実業界に身を投じた。中西牛郎の盟友であった真宗本願寺派の八淵蟠龍は万国宗教会議に参加した経験から海外開教の必要性を痛感し、本山当局に度々建言した。しかし、受け入れられず、政界への進出を志し、明治三五年に衆議院選挙に出馬するため還俗して真宗本願寺派から一時身を引いた。

◉菊池謙譲と能海寛

宗派関係者のなかには、先鋭化して過激な改革案を提示する者もあった。その代表格が菊池謙譲であろう。菊池は、明治三年に熊本県八代の聞成寺（真宗本願寺派）の住職の二男として生まれ、普通教校を経て上京し、東京専門学校に進学した。古河勇と密接な交流があり、仏教青年協会に加わり、東京専門学校の仏教青年会「教友会」にも参加した。

菊池は、明治二五年一一月に白濤のペンネームで『国民之友』に「本願寺論」を発表し、翌月に青年文学社より『本願寺論』を上梓した。そこでは、法主の神聖性を否定して世襲制を廃し、宗派の旧秩序を抜本的に変革することを主張した。しかし、変革の実現に向けた展望があるわけでなく、翌年に東京専門学校を卒業したのち、同郷の衆議院議員佐々友房と徳富蘇峰の勧めにより朝鮮に渡り、間もなく朝鮮新報社に入社した。二八年一〇月には閔妃《びんひ》殺害事件に関わり、以後も主に朝鮮を舞台にジャーナリストとして活動し、政治的にも暗躍したが、宗派改革運動に従事することはなかった。

宗派改革派と宗派当局側との提携を呼びかけた能海寛《のうみゆたか》のような人物もいた。能海寛は、慶応四（一八六八）年に島根県の浄蓮寺（真宗大谷派）の住職の二男として生まれ、普通教校を経て、慶應義塾・哲学館で学んだ。明治二六年一一月に自費出版で『世界に於ける仏教徒』という書物を刊行した。能海によれば、仏教界にあって宗政を論ずる者には、本山維持を主張する国家的保守論者と、本山の分離破壊を論ずる平民的自由論者の二種があるという。いずれもが極端であり、互いに譲らず対立を繰り返しているが、これは得策でない。新旧両派が調和して内部より漸次改善する道を探ることが肝要であるとしている。能海自身、最初は本山分離破壊論を支持していた。しかし、熟考した結果、旧来秩序の全面的な否定は自滅につながる可能性があり、旧秩序を土台にして段階的に変革するのが現実的であるとの結論に至ったと述べている。

写真20　能海寛（1868－1901）
明治32年３月23日重慶府領事館にて撮影

しかし、能海が真宗大谷派の新旧両派の調停に努めることはなかった。この書で能海は、将来的な日本仏教と世界仏教の連合実現のより所となる聖典を入手するため、チベット探検の必要性を強調している。この目的の達成のため、明治三一年に日本を出発した能海は、三四年の雲南省大理府から便りを最後に消息を絶ち、チベットで没した。

◉甲斐方策と日本仏教青年会

菊池謙譲の宗派解体論も、能海寛の新旧派提携論も実行に向けての展望を欠いていたのに対して、改革の実動団体を日本仏教青年会に指名して展望を示したのが、熊本の甲斐方策《ほうさく》であった。甲斐は、雑誌『國教』に数編の論説を寄稿しており、明治二六年に九州夏期講習会に関わったのち、同年一〇月に上京し、翌二七年一〇月に仏教学会から『日本仏教之新紀元』を刊行した。

この書には、中西牛郎（神水）、森直樹（鉄石）、杉村廣太郎（縦横）、古河勇（老川）が序文を寄せている。甲斐は、「例言」で彼らの序文を巻頭に掲げたのは、販売促進の宣言のためではなく、「吾人の議論が必ずしも私言ならず、吾人の運動が孤介ならざるを証せんが為めなり」と記している。また菊池謙譲（白濤）にも序文を請うはずであったが、菊池が朝鮮に渡ったため果たせなかったとしている。甲斐の経歴等は詳らかでないが、森直樹、田上為吉らとともに中西牛郎の門下生であったようであり、『國教』誌と『仏教』誌を結ぶ中西・古河ら仏教改革論者のグループの一員として活躍したことは間違いない。

同書で甲斐は、当時提起されていたさまざまな仏教改革論を取り上げ、検討を加えている。能海の新旧提携論に対しては「旧日本山本位」であり、「旧僧侶中心の姑息的修正案」として退け、菊池の宗派解体論は無暗に破壊を主張するのみで新たな構想が示されていないと批判している。また、井上円了が示した住職資格を政府認定とする案に対しては、「因循《いんじゅん》姑息」もはなはだしいと指摘している。井上は、雑誌『天則』七編五号（明治二七年五月）掲載の「我国宗教改良の方案を提出して官民の注意を促さんとす」のなかで、宗教改良に向けて宗教家の智徳の向上の必要性が増しており、そのためには、住職資格を政府認定として厳格化し、官立または政府認可の公私立学校を整備しなければならないと提言していた。

甲斐によれば、京都を中心とする本山主義はやがて自然衰退するに違いない。これに比して、東京で学ぶ若き仏教青年が協力して設立した日本仏教青年会はますます光彩を放つであろうという。日本仏教青年会は、演説会・講習会を開催し、釈尊降誕会などの新たな儀式を制定しつつある。さらには新聞雑誌を発行し、会堂を建て宗派から独立した自由教会を設立して、禁酒禁煙などの社会矯風活動を展開することも期待される。まさに仏教の新紀元は、彼ら革新的仏教青年の双肩にかかっているというのである。

◉仏教学会と雑誌『仏教』

『日本仏教之新紀元』の発行元の仏教学会は、その前年に廣田一乗編『明治二十六年夏期講習会　仏教講話集』を刊行した。この書は、東京諸学校の仏教青年会が中心となって開催した第二回夏期講習会の記録文集である。そして、本書の刊行直後に日本仏教青年会が組織された。当時、宗派主義が台頭するなかで、日本仏教青年会のような通仏教的結社への仏教界の支持が失われつつあった。そうした逆風下にあった日本仏教青年会を支援しつづけたのが仏教学会であった。仏教学会は、二〇年代の新仏教運動が衰退していくなかで、日本仏教青年会と連携して仏教改革運動の中核的存在となっていった。仏教学会の概要も以下に略述しておこう。

仏教学会は、神谷大周《かみやだいしゅう》ら福田行誡門下の浄土宗僧侶が中心となって東京に設立された能潤会《のうじゅんかい》を前身とし、明治一八年八月に機関誌『能潤会雑誌』を創刊した。しかし、実際に雑誌を主宰したのは真宗本願寺派西念寺（東京深川）の西條公道であり、会には、当初から釈雲照や高志大了ら真言宗僧侶が名誉会員に就任し、島地黙雷・吉谷覚寿ら真宗僧侶も入会していた。また山本貫通・南條文雄らも講演会に招請されている。雑誌は『能潤新報』と改題してからは完全に西條の手に帰し、さらに経営難から浄土宗の梶宝順《かじほうじゅん》に譲渡され、二二年三月に『仏教』と改題された。のちに発行元も能潤社から仏教学会に改められた。

明治二八年一月に雑誌の判型が四六倍判の大型雑誌となって古河勇が主筆に招聘され、西依一六、杉村廣太郎らも参加して、仏教雑誌界で群を抜く存在となっていった。『仏教』は既成宗派の腐敗を厳しく糾弾し、三三年には仏教清徒同志会の機関誌『新仏教』創刊にも大きな影響を与えた。

しかし、明治三〇年代初頭には、『仏教』が仏教公認教運動を厳しく批判したのに対し、大日本仏教青年会（二七年日本仏教青年会を改称）は仏教公認教の支持にまわり、両者は袂を分かつことになった。甲斐方策の展望も実現しなかったのである。

第五章

日清戦争後の世論と仏教界

（一）宗教利用論と排撃論

◉日清戦争後の世論の傾向

日清戦争の開戦を前に、すでに仏教界では宗派をこえて仏教改革を目指す機運は大きく後退しており、戦後は宗派利害を優先する風潮が一層強くなった。その一方で、むしろ一般世論では、宗派合同・宗教合同を求める意見が相次いで提起された。ここでは、日清戦争後の世論の動向を整理しつつ、仏教界側の反応を概観しよう。

日清戦争の勝利により、日本は欧米諸国との国際競争への参入に名のりを上げた。そうしたなかにあって世論は、政治・経済・社会・教育その他のあらゆる領域をこの競争へ動員しようとする傾向を顕著にしていった。そして、宗教もまた例外ではありえなかった。

仏教を取り巻く環境も少なからず変化した。戦争前の「教育と宗教の衝突論争」において、仏教側は国家主義・国粋主義者のキリスト教批判に同調して保守勢力からの支持を得た。しかし、戦後においては、もはやこのような妥協・迎合的姿勢では、体制的な宗教の地位を確保しえない。積極的に国益に貢献し得る実質が求められ、この要求に対応できない宗教には容赦ない批判が加えられはじめた。

こうして、宗教に対する世論は、大きくいって、国家にとって宗教の利用価値を認め、さらに有用性の高いものへ改編しようとする立場と、もはや利用価値なしとして宗教を排除すべしという立場とに二極分化していくこととなった。

しかし、この二つの立場は、宗教利用の可否という方法をめぐっては対立しつつも、国家権力の強化という点においては共通の目的意識に立脚していた。そして、宗教利用論者といえども、決して真の意味で宗教の尊重を意図するものでないことが次第に明らかとなっていったのである。

◉宗教利用論の傾向

宗教を利用して、国家統合を図ろうとする主張は、すでに開戦前からあらわれはじめていた。大蔵官僚であった添田寿一《そえだじゅいち》は、明治二七（一八九四）年一月発行の『国家学会雑誌』に「国家と宗教」という論説を発表した。

添田は、心理・道徳・教育・法律・政治の上から宗教の必要性を認め、今後、資本主義経済の進展にともなう貧富の格差や、政治的対立の弊害が顕在化していくことを予想して、宗教家にこうした軋轢《あつれき》を緩和して国家の統一に尽力することを要望した。ただ仏教に関しては、僧侶の腐敗が著しく、宗派間の対立に汲々としている状況を問題視し、国家目的の実現のために改革が必要であると指摘している。具体的方策として、住職世襲制の廃止と慈善事業の推進の二つを挙げている。

戦時中の明治二八年二月、詩人であり随筆家・評論家としても知られた大町桂月《おおまちけいげつ》は、『明治会叢誌』に「国体を論じて宗教に及ぶ」と題する評論を発表した。この評論で大町は、「吾人は、平生、国体の美を説くといへども、一にも二にも外物を排斥するものにあらず」といい、仏教だけでなく、キリスト教・イスラム教などへも協力要請の対象を拡大している。「耶蘇教の教義は、全然非なりとは言はず。……我国より、悉く之を排斥せむとするが如き小量狭肝を取らず」などといい、従来の国粋主義者のキリスト教排撃論とは一線を画した立場を表明している。

大町は、国民の意思統一を最重要課題としつつも、すべての点での一致は不可能であるから、少々の差異には目をつぶり、「敬神・尊王・愛国」の理念のもとに全宗教が一致団結することを求めた。そして、「この三大義は、仏教を拒むものにあらず、耶蘇教を容れざるものにあらず。この大なる点は、区々たる宗教を容れて、綽々《しゃくしゃく》として余裕あり」という。大町の主張は、諸宗教に対し、国体イデオロギーの一翼をになう役割の自覚を促し、諸宗教を取り込んだ強固な国民統合の実現を期待するものであった。比較的柔軟な国家主義的立場からの宗教利用論ということができよう。

◉宗教排撃論の傾向

一方、戦後の世論のなかで、宗教批判の急先鋒となったのが、「日本主義」を標榜する人々であった。明治三〇年五月には、井上哲次郎・元良《もとら》勇次郎・湯本武比古・木村鷹太郎・竹内楠三《なんぞう》らによって雑誌『日本主義』が刊行され、のちに高山樗牛《ちょぎゅう》・穂積八束《ほづみやつか》らも参加した。雑誌『日本主義』誌上には激しい宗教批判が展開された。なかでも最も精力的に日本主義の鼓吹につとめ、激烈な宗教排撃論を主張したのが木村鷹太郎であった。

木村鷹太郎は、評論・翻訳活動のほか、独創的な文明史観を提唱し、明治・大正期に活躍した人物である。過激な言論人としても知られた木村は、明治二七年四月発行『教育時論』に「添田寿一氏の論を駁《ばく》し国家及教育の点より宗教を論ず」という論説を発表し、前述の添田の宗教利用論を批判した。そのなかで木村は、世人がキリスト教を国家的でないとか、忠義を重んじないとか言って非難するが、仏教もまた同様であると指摘する。なぜなら、仏教は帝王よりも三宝を貴きものとするではないかと述べている。仏教もキリスト教と同様に、非国家的であるというのである。さらに翌月には『道徳国家及東亜問題上排佛教』を出版し、仏教が及ぼす影響を国家利害の面から検討し、その有害性を列挙して仏教排斥を主張した。

明治三〇年四月には、雑誌『教育壇』に「新神道国教論」を連載し、翌年五月に加筆訂正して『日本主義国教論』を開発社より上梓した。本書によれば、国家の発展のためには何より国民精神の統一を図るべきであり、そのためには国教が必要である。その国教選定にあたって、いくつかの条件を列挙するが、要するに日本の国民性・国体に合致したものでなければ国民の統合は図れず、この条件に合致するものは神道以外にはありえない。しかし、今日の神道にはさまざまな不純物が混合されており、この雑的要素を排除した神道を、「新神道」「真神道」あるいは「日本主義」と呼んでいる。木村は、神道に混合された不純物の最たるものとして、仏教を排撃の対象としたのである。

雑誌『日本主義』を創刊後、木村ら日本主義者は、仏教・キリスト教など諸宗教をターゲットに一層激しい宗教廃絶論を展開していった。諸宗教の包摂を許容した大町に対し、木村は排他的・ファナティックな立場に立つ国体イデオロギー論を主張したということができよう。

◉内務省訓令第九号と仏教批判

日清戦争後の世相は、一般的に国策遂行のためさまざまな立場の調和を求める傾向にあり、日本主義のような極端な宗教攻撃は大きな支持を得るまでには至らなかった。

結局、当時の宗教論のなかで主流を占めたのは、加藤弘之・福沢諭吉ら知識人の国家統治上の観点から仏教の有用性を認める立場であった。彼らは、仏教の本来的意義を決して認めるわけではない。むしろ、仏教の教説を非合理的・非科学的であるとしつつも、一般民衆を教導する方便としての利用価値に着目する。そして、その効用を充分に発揮していない既成宗派と僧侶の腐敗を激しく糾弾するのである。こうした立場は、政府側の見解とも一致するものであった。

明治二八年五月、内務省は訓令第九号をもって神仏の教師資格に関する訓令を発した。そこでは、小学校就学の普及・一般化をうけて、神仏各教宗派に対し、教師の検定基準を「尋常中学科相当以上ノ学識ヲ具備」する内容へと改定するよう指示されていた。神道・仏教を利用して社会秩序の安定を図るという内務省の基本方針から、僧侶の「無学悖徳《はいとく》」の是正を目的として通達されたものであった。しかし、宗教教師の検定基準内容は、「明らかに行政権を以て宗教の独立権を侵害したるもの」と、仏教系雑誌『愛国』が指摘したように、本来国家権力の介入すべきことではない。

また、この訓令は、教導職の廃止以降、表面上各宗派の自治を管長に委任してきた宗教行政のなかでも異例の措置であった。つまり、内務省がこの時期に介入を留保してきた宗派内部の問題に一歩踏み込んで介入したのであり、その背景には、社会が大きく変動する節目にあって、神道・仏教が旧態依然とした状況のままでは、もはや体制宗教として有効に機能しえないとする危機意識があった。そして、そのために、新たな局面に即応して国家を支えるにたるべきものへと変化すべき課題を、神道・仏教各宗派につきつけたのであった。

そして、この訓令を契機として、広く社会に影響力を有するという点から、仏教各宗派の腐敗を糾弾する報道が活発化した。訓令以降、明治二九年末までの一年半の間で、一般新聞・雑誌に取り挙げられた仏教教団の腐敗批判は、主なものだけでも次の論説がある。

「僧侶の品行」(『時事新報』明治二八年一〇月一八日)
「本願寺」(『日本人』八号、明治二八年一〇月二〇日)
「宗教と社会道徳」(『六合雑誌』一八〇号、明治二八年一二月一五日)

「平沼専蔵と本願寺法主」(『日本人』一二号、明治二八年一二月二〇日)
「本願寺の衰亡」(『国民之友』二八七・二八八号、明治二九年三月一四・二一日)
「仏教社会の弊風」(『太陽』二巻一一号、明治二九年五月二〇日)
「浄土宗々務所役僧の腐敗」(『萬朝報』明治二九年六月一七日～七月二八日)
「仏教界の波瀾」(『読売新聞』明治二九年一〇月一七日～一〇月一九日)
「真宗大谷派本願寺を打撃す」(『日本人』三一～三三号、明治二九年一一月二〇日、一二月五・二〇日)
「宗教改革の時代」(『読売新聞』明治二九年一二月一日)
「局外宗教観」(『日本』明治二九年一二月二日)
「真宗大谷派本願寺の醜態」『萬朝報』(明治二九年一二月二日～三〇年四月二八日)
「真宗大谷派本願寺内の毒蛇悪龍」(『日本人』三三号、明治二九年一二月二〇日)

その他、『仏教』『明教新誌』などの仏教系新聞雑誌にも批判記事が多く掲載され、宗派内の腐敗の内幕を告発する単行本もいくつか刊行された。

(二) 宗教統合論と宗教家懇談会

◉キリスト教の国体協調傾向

日清戦争後の宗教批判は、国家統治上の有用性を追求する立場から、その批判対象をキリスト教から仏教へと拡大させていった。また当時の世論には、帝国主義的海外進出に向けて、国際的視野をもつことが必要であるという論調も強くあらわれ、国家主義に基調を置きつつも、この世界主義的傾向との均衡が課題となりつつあった。

こうしたなかで、キリスト教に対してはさらなる日本への土着化が求められた。明治二〇（一八八七）年前後の「欧化」全盛時代には、信徒を大いに増加させたキリスト教は、二三年に国粋主義が台頭すると、国体イデオロギーへの非妥協的姿勢に対して批判を浴びた。そして戦後は、キリスト教の国体イデオロギーへの協調路線が明確になっていった。例えば、熊本バンドのひとりで、日本組合基督教会の牧師であった海老名弾正は、二九年一一月から翌年にかけて『六合雑誌』に「日本宗教の趨勢」という論説を発表している。そこには次のような一節がある。

日本の所謂天津神《あまつかみ》と支那の所謂上帝とは異名同体にして、西洋の所謂ゴッドと支那の所謂上帝と異名同体なれば、天津神とゴッドは明かに同一の神明なり、西洋人の所謂ゴッドと我所謂天津神と異名同体なること明白なれば是れ我四千万の同胞に教示するは今日の急務なり

キリスト教主義学校でも、公立教育機関が整備された影響もあって、日清戦争後に不振をきわめた。そして、信徒以外の入学生の確保と、尋常中学校認可・徴兵上の特典などを得るための文部省対策として、キリスト教色を薄めようとする傾向があらわれはじめた。こうした傾向に関して、二九年八月『基督教新聞』は、教育の現場において教条的な宗教信仰を強要することの問題性を指摘し、キリスト教色が希薄化されつつあることをむしろ歓迎すべき現象としている。

しかし、宗教主義学校において否定されるべきものは、宗派のエゴであっても、宗派的宗教教育そのものではない。

このため、同年一一月『福音新報』の「基督教徒の教育問題」のように、「日本化」路線を推進するあまりキリスト教主義学校の第一義であるべきキリスト教的精神教育が希薄化されつつある傾向に警鐘を鳴らす意見もあった。

こうしたキリスト教内部の意見の対立は、同志社において最も典型的にあらわれた。同志社は、その日本化路線推進の過程において、ミッションとの間に亀裂を生じ、二九年には関係が決裂した。アメリカン・ボードからの経済的援助も途絶え、学校経営の安定のためにも、一層キリスト教色を後退させた方向をとらざるを得なくなった。その混乱のなか、翌年に社長に就任した横井時雄は、就任演説において「同志社は基督教伝道の機関にあらず」と述べた。これに対して柏木義円が、「真成の伝道は真成の教育なり、真成の教育は真成の伝道なり」と反論し、対立は同志社内部を二分していった。そして、同年には、徴兵上の特典を得るために、徳育の基本がキリスト教にあることを明言した同志社綱領の削除問題がおこり、さらに混迷を深めていったのである。

◉仏教の国際主義的傾向

キリスト教に日本化が要求された一方で、仏教に対しては、その閉鎖的体質を改善して時流に即応することが強く求められ、植民地布教などにも期待が高まった。例えば、三宅雪嶺は、明治二七年一二月に雑誌『日本人』に発表した「檄仏徒」で、仏教者はこれまで国家主義を標榜し、キリスト教と「国賊」と非難してきた。しかし、そのキリスト教が海外伝道に積極的であるのに比し、仏教側は釈迦の聖地さえ欧米各国に蹂躙《じゅうりん》されても何らの対策も講じていない。仏教僧侶は「鎖国的」「因循姑息」なあり方を脱し、国際的視野をもつべきだと奮起を促した。

仏教界からも世界への雄飛を促す意見は提示された。同年一一月発行『天則《てんそく》』誌に境野黄洋は「世界的仏教」という論説を発表し、鎖国的旧思想を脱して世界的潮流へと進出すべきことを説いた。同月、『明教新誌』掲載の

「占領地布教」も、「仏教は世界的たる方面を有すると共に別に国家的宗教の性質を有す」といい、占領地布教・海外布教への着手を提言した。戦後の二九年八月発行の同紙掲載の「国際公法と仏教」は、「今や我が日本は一躍して世界の舞台に上れり、我が仏教も亦た其の面目を発揮して世界的行動をなさゞるべからず」と主張している。さらに、国際公法がキリスト教の博愛慈仁の精神を基調としていることを指摘し、仏教の慈悲の精神もこれに見合うものだとも述べた。

明治三〇年七月発行の真言宗系雑誌『伝灯』所載の「高等宗教の両方面（世界主義及び国家主義）」でも、仏教の本質を国家主義にのみ求めることを否定し、世界主義的傾向のなかに仏教の存在価値を見出すことを主張している。同様の主張は、同年六月から翌月『明教新誌』連載の「世界的仏教」や、翌年五月雑誌『仏教』掲載の「青眼白眼」などの評論にもみることができる。

このように戦後には、仏教＝国家主義、キリスト教＝世界主義という対立構図はくずれ、両教が互いを攻撃してきた相手の要素を、いく分か自教に採用しなければ、世論の手厳しい批判を浴びる状況へと立ち至ったのであった。両教への要求が、基本的には国家的観点に根ざすものとはいえ、このことは、仏教・キリスト教にとっては、無益な抗争から解放され、両教を急速に接近させる結果となった。

◉宗教統合論の提唱

仏教・キリスト教の接近を示す一例として、明治二八年一二月発行『日本宗教』に掲載された村上専精の「余が宗教観」を取り上げよう。この論説で、村上は仏教者である自分にとってキリスト教は敵であるが、それよりも一層大きな敵が無宗教を自認する者たちであるという。そして、こうした敵を前にするとき、仏教とキリスト教は同朋兄弟として共闘することが可能であると述べている。

明治二九年三月『曹洞教報』に掲載された論説「仏耶両教の接近」では、両教接近について、国家主義を中心として結合する方向性と、宗教の普遍性に基づき両教が相互理解を深める方向性の二つがあるという。しかし、現実の両教接近の現象は、普遍的方向ではなく、国家主義的動向に根ざしているとみる。そして、こうした国粋主義的傾向に根ざす両教の接近と、その延長線上にある宗教合同論が、両教の存立意義を希薄化させ、やがて滅亡につながるとの危惧を表明している。そして、仏教とキリスト教は、その危険性を回避する意味からも、国家利用論の埒外にあって、普遍宗教としての長所を認め合う方向性で接近するべきであると結論づけた。ところが『曹洞教報』が指摘した危惧は、その後の世論の動向のなかでさらに顕在化していく結果となった。

明治二九年七月・八月の雑誌『禅宗』に、井上哲次郎は「宗教革新に於ける日本の位地」という論説を発表した。井上はこの論文で、仏教・キリスト教・イスラム教など世界各国に影響力・感化力を及ぼす新たな世界宗教が、日本において成立し得る可能性を追求する。井上によれば、世界宗教は、仏教におけるバラモン教、キリスト教におけるユダヤ教のように、民族宗教に対する革新運動として成立する。日本の場合、民族宗教といえば神道であるが、神道が普遍宗教へと革新を遂げることは不可能である。なぜなら宗教の革新は、宗教と社会の腐敗を前提とするが、日本にはそれはなく、今後ますます発展が見込まれる国だからである。しかし、その代わりに、現在の日本には、神儒仏基その他あらゆる宗教が混在している。したがって、これを生かして、各宗教の長所短所を見極め、長所だけを抽出して新宗教を建設できるという点で格好の位地にあるというのである。

さらに井上は、新宗教の建設は、特定の宗教関係者は公平でないため、局外者によってなされるべきと主張している。この主張は、翌月開催の宗教家懇談会（後述）を意識してのことであろう。その開催直前に井上は、宗教利用論をさらに一歩進め、既成宗教を解体して国家的利用価値の高い新宗教の建設論を提唱し、その際に既成宗教の関係者はむしろ障壁になるとまで述べたのである。つまり、井上によって、国家的観点からの宗教の国家利用論の追求が一転して既成宗教の排斥論に帰結することが明確に示されたといえよう。

◉宗教家懇談会の開催

宗教家懇談会は、明治二九年九月、東京芝田町の松平子爵邸において開会された。発起人は、巖本《いわもと》善治・戸川安宅・大内青巒・釈宗演の四名であった。神道・仏教・キリスト教の関係者ら五十余名の出席があった。キリスト教系の『日本宗教』の巖本と戸川、仏教系『明教新誌』の大内が発起人に名を連ねていることからもわかるように、宗教ジャーナリズムにおいて著名な人物が多く、教宗派運営の中枢をになうような人物の参加は少なかった。『日本宗教』『明教新誌』などによれば、出席者は以下のとおりであった。

神道　丸山正彦（帝国道徳会員）、柴田礼一（実行教管長）

仏教　今川勇禅（曹洞宗『如是』記者）、石堂恵猛（真言宗）、飯田一二（浄土宗名越派）、西依一六（『仏教』記者）、大内青巒、織田得能（真宗大谷派宗恩寺住職）、加藤咄堂（『明教新誌』編輯主任）、横井雪菴（曹洞宗・『明教新誌』記者）、高津柏樹（黄檗宗・女子学院教授）、梅原聖晃（救世教・『救世の光』編輯主任）、村上専精（真宗大谷派・真宗東京第二中学学長）、野村定吉、山内晋（真宗本願寺派）、安田登、藤田順道（真宗本願寺派助教師）、相良精一（真宗・医師）、釈宗演（臨済宗円覚寺派管長）、島田蕃根、廣田一乗（真宗本願寺派・帝国大学大学院学生）、松島剛、足利恵偏

基督教　巌本善治（日本基督教会・日本宗教社社長）、戸川安宅（日本基督教会・日本宗教社主幹）、大西祝（組合教会・先進学院講師）、渡瀬常吉（組合教会・『基督教新聞』編輯主任）、横井時雄（組合教会・本郷会堂牧師）、綱島佳吉（組合教会番町教会牧師）、松村介石（組合教会本郷会堂牧師）、マッコーレイ（ユニテリアン・先進学院院長）、松島剛（美以美教会・『同志教育』編輯主任）、小西増太郎（正教会・正教神学校教授）、木庭利器三（組合派）、青柳猛（クライスチアン・女学雑誌社員）、高藤音作（日本基督教会・台湾撫懇社主事）、岸本能武太（組合教会・『宗教』編輯主任）、湯谷磋一郎（日本基督教会下谷教会牧師）、海老名弾正（組合教会神戸教会牧師）

無所属　布川静淵（『日本宗教』編輯主任）、高島嘉右衛門（易断家）、長井行（『大倭心』編輯主任）、姉崎正治（『太陽』宗教欄記者）、河村虎雄

懇談会に対しては、開催前より、その意義を疑問視する意見が『福音新報』『通俗仏教新聞』などの宗教系新聞雑誌からも提示されていた。それは懇談会が既成宗教を合同した新宗教の創設を目的としていると推測してのことであった。しかし、発起人を代表して開会の挨拶を述べた戸川は、「今日の懇談会を世の新聞雑誌などにて、彼是と批評いたし、なにか新宗教設立のやうに申せども、左様なる儀には無之」と、この点を明確に否定している。出席者のなかには、姉崎正治のような新宗教設立推進論者も加わっていたが、開催直前に新宗教問題を既成宗教排斥に結びつける井上の論文が発表されたこともあり、積極的に新宗教設立を主張する人物はいなかったようである。

◉懇談会当日の模様

懇談会開催にいかなる目的があったであろうか。会の開催に明確なプランがあったとは考えられない。仏教とキ

リスト教の接近という機運を受けて、諸宗教が協調できるような方向性なり、事業なりを相談すること、つまりは宗教家が一堂に会合すること自体がひとまずの目的であったと考えられる。このため、会の参加者からはさまざまな提案が出されている。各人の意見の概要は『日本宗教』誌上に掲載されているので、これにもとづき、以下にその内容について検討しよう。

まず、宗教家が協同して当たるべき事業として指摘されたのが慈善事業である。この点は、発起人の一人である釈宗演（当日欠席、加藤咄堂代読）が、宗教家の本分が「平等無差別の慈愛」である以上、諸宗教の協力により慈善事業に従事することは今日の急務であると提言したのをはじめ、多くの参加者によって主張されている。しかし、会の参加者に教宗派の中枢をになうような人物の参加が少なかったこともあり、この方向での具体的議論の進展はみられなかった。次に、岸本能武夫《のぶた》・山内晋らの主張する比較宗教学研究の必要性の議論があるが、これは学問領域にかかわる問題であり、学者だけの会合として別に実現している。

このほか、注目すべき意見として、飯田一二の宗教行政批判がある。飯田は、神道・仏教が政府社寺局の統制下にあるのに対し、キリスト教は何ら政府の支配も受けず、制裁も受けていない。こうした政府の対応の違いを飯田が社寺局長に照会したところ、キリスト教に圧倒されるのを防ぐため、政府が神道・仏教に干渉しているとの回答があったとされる。しかし、飯田はいう、「然し余は宗教なるものが、果たしてかく俗物の配下に立たざるべからざるものなるや怪訝の至りに堪えず」と。このように、飯田は、政府の神仏・キリスト教の分断政策と干渉政策を批判したうえで、その是正に向けて行動をおこすことを提案している。

仏教・キリスト教が、互いの普遍的立場への志向性を認め合い、これを尊重し得る基盤を戦後日本に築こうとするならば、政府の宗教政策は当然に打破されるべき両教共通の課題であった。飯田の主張は、他の出席者に顧みられなかったが、この点はのちに仏教公認教運動・宗教法案反対運動の過程で、大きな問題としてクローズアップされていったのである。

結局のところ、懇談会は各自の意見を述べただけで、その後に取り組むべき課題等を確認することなく散会した。出席者の意見を通して明らかになったことは、諸宗教が国体イデオロギーに背理するものではなく、その下に一致団結できるという共通認識であった。

懇談会では、過半の出席者がこの点に論及している。まず、戸川安宅の開会の辞について発言した大内青巒は、尊皇の大義をもとに仏教・キリスト教徒が手を結び、これに背くキリスト教徒に対しては協力して攻撃・治罰しようと呼びかけた。続いて横井時雄は、キリスト教が日本の国情に同化しつつある点を踏まえ、国体思想との合一の現状と今後の展望について、神道実行教管長の柴田礼一に意見を求めた。これを受けた柴田は、国体観念に諸宗教を同化する作用のあることを指摘し、当然、仏教・キリスト教も包摂し得ると主張している。柴田に続いて意見を述べた海老名弾正も、諸宗教が国家主義の下に融和し発達して世界的宗教となり、世界の人々を誘導するようになるに違いないと述べている。

◉懇談会の意義

懇談会の出席者の大多数は、前述の大町桂月にみるような比較的緩やかな国家利用論に便乗して、宗教の有用性をアピールする路線に立つものであったといえよう。

しかし、国体イデオロギーの下での諸宗教の融和論を進めていけば、井上哲次郎が示したような宗教統合論へと帰結する危険性もあった。そこまでの覚悟もなく、慈善事業の協同実施などの展望もない以上、単なる親睦以外の意義を見出せず、会合に対する主催者の熱意は急速に冷めていった。

当初懇談会は春秋二回開会することになっていたが実現せず、明治三〇年四月にシカゴ万国宗教大会の会長バローが来日したのを機として、ようやく第二回目が小石川植物園で開かれた。このとき参加した者は、三十六名に減少し、特に仏教側からは七名しか参加しなかった。本願寺派系雑誌『伝道新誌』は、第二回懇談会を「昨年第一回の会合に際しては世評紛々《ふんぷん》たりしが第二回の今日に至りては各別注意する者も無き様なり人情冷熱此の如き」と評している。この第二回を最後に、懇談会は立ち消えとなっていった。

日清戦争後に勃興した仏教・キリスト教接近の機運と、これにもとづき開催された宗教家懇談会とを、鈴木範久は、その著『明治宗教思潮の研究』のなかで、「他者の理解を深めて、人類として宗教者として共通の課題にあたるため」のものであったと評価する。しかし、実際には、世論の宗教の国家利用論に対応し、普遍的志向性とは相反する国家主義的動向に根ざすものであった。しかし、この両教の接近という現象が、特に仏教に世界宗教としての自覚を促す機会を与えたことも否定できない。ところが、当時の世論の世界主義的傾向が、根本的に国家的エゴを相対化しようとするものではなく、むしろ、帝国主義的海外侵略を目指す根拠とされたように、仏教もまたこの域を出るものではなかった。仏教の世界主義もまた、仏教が日本国外にも通用するという点において、国家貢献度の高さを強調するものでしかなかったのである。

さらに明治三一年九月に巣鴨監獄教誨師事件がおこると、仏教とキリスト教の協調路線は一挙に瓦解し、仏教側は公認教運動へ没入していった。第一回懇談会で飯田一二が指摘した政府の仏教・キリスト教分断政策が、両教協同して天皇制国家に敵対する可能性を完全に封じ込めた局面であった。

(三) 宗派合同論と仏教各宗協会の解散

◉山縣玄浄の宗派合同論

戦後は、諸宗教の統合論だけでなく、仏教各宗派の合同を求める意見も提起された。

真言宗の従軍僧であった山縣《やまがた》玄浄は、明治二八(一八九五)年六月に刊行した『鉄如意』なかで、軍隊内部に、強固な国民統合の現出と植民地経営の円滑化に向けて、仏教各宗派の合同を期待する意見があることを紹介している。山縣によれば、第十旅団長立見尚文少将は、仏教各宗派を合同した新仏教を組織して軍隊布教の実施を望んでいた。立見は、仏教は各宗派が異なる教説を立て、個々に存立しているため、「万人一心を本とする軍隊には適せざるなり」という。これに対して神官は布教に未熟で、世界宗教に比肩しうる教理もないが、もし仏教が宗派統一を実現できないとすれば、神道に先んぜられるであろうと警告している。

山縣は『鉄如意』のなかで、戦後をみすえ「大日本占領地開教案」七項目を記載している。その二番目には、「各宗協議して新仏教を一定の方針に弘通する事」を掲げ、次のように説明している。

> 我は真宗なり我は真言宗なり天台なり臨済なり曹洞なり日蓮なり浄土なりと各宗四分五裂して一時に開教せば到底順民の精神を一統すること能ざるべし故に吾人が予て革新仏教を主張せし時機は今日に在り本尊に法事に法衣に僧制に悉く一定すべし我軍人が軍帽軍服の一定せる実に紀律厳明威風正大なり我従軍僧を見るに各宗各様其外観の不格好を如何せん故に一定の仏教を敷くは最も主要なり……

しかし、すでに戦前より真宗大谷派がアジアで、浄土宗がハワイで組織的布教に着手しており、明治二八年に入ると、真宗本願寺派・曹洞宗などの諸宗派も組織を挙げた海外布教の準備を進めつつあった。五月には，真宗本願寺派が「清韓語学研究所」を西本願寺門前に開設して中国・朝鮮布教者の養成に着手し、九月に「開教事務局」を新設した。真宗大谷派は、二月に釜山別院京城支院を京城別院に改め、五月太田祐慶を台湾島兼澎湖《ほうこ》列島布教主任に任命するなど、朝鮮・台湾布教への本格的進出の準備を進めていた。曹洞宗では、早くも八月に佐々木珍龍が台北艋舺《もうこう》龍山寺を拠点に布教活動に着手しており、六月に真言宗も「新領地布教仮条例」を制定して布教に向けた体制を整備した。

日清戦争後は、各宗派の内部抗争も一段落して宗派主義が台頭するなかで、朝鮮・台湾・南清で、現地の寺刹・寺廟などの宗教施設の末寺化をめぐる宗派間の競争が激化した。山縣の提案を顧みる宗派当局者はなかったのである。

◉宗派合同論への世論動向

山縣玄浄の提案に、仏教系世論などはどのように反応したのであろうか。

『明教新誌』は、『鉄如意』刊行の直後の明治二八年七月には、早くも「日本的宗教建設の急」という論説を掲載した。そこでは、「軍隊布教は目今の急務なり、既に之を知るまた日本的宗教の建設が日一日より急なるを知るべし」と論じた。しかし、九月初旬の「再び日本的宗教の建設を論じて各宗協会に及ぶ」になると、「吾人は特更《ことさら》に日本的宗教を建設せよと宣言するにあらず」といい、仏教各宗協会の誘導による「日本的宗教の一致運動を画する実に刻下の急務なり」としている。各宗派の一致運動へと主張を後退させ、一致運動の取りまとめ役として仏教各宗協会への期待を表明するのである。

日蓮宗興門派の機関誌『法王』掲載の「所謂新宗教とは何を標準とするか」になると、明確に宗派合同論を否定する。この論説は、各宗派を統合して一宗派を組織するためには、本尊や経文、教義のすり合わせが必要である。そして、次のように述べて宗派合同論を痛烈に批判した。

斯く論じ来れば、各宗派の統合一致は到底出来得べきの事にあらざるなり、世の通仏教的論者動もすれば空想に耽て各宗派統一若は革新等と、跳逸客気の軽躁議論を為すは、豈に片腹痛き次第に非ずや。

写真21　赤松連城（1841-1919）

真宗本願寺派の赤松連城も、明治二九年二月発行『三宝叢誌』掲載の「各宗合同とは何ぞ」で、各宗派合同への疑義を呈した。赤松は、日清戦争後にわかに各宗合同論が盛んになったが、「従来の仏教の儀式習慣を打破し、或は混一にして別に一定の法則を制定するが如き事は到底出来得ることにあらず」と指摘する。しかし、赤松は、従来の宗派の枠組みを残したままでも各宗派の合同は可能であるといい、それを一言でいえば「慈善である」と述べている。

明治三一年二月・三月に雑誌『禅宗』連載の「仏教各宗の合同を促す」でも、宗旨や制度的な合同を否定し、社会事業・慈善事業での共同実施を主張している。また、全国の寺院から一年に一円ずつ徴収して十年間で六十万円の資本を積み立て、慈善事業を実施するための各宗合同の中央機関の設立を提言している。

このように宗派主義が台頭するなかで、仏教界は宗派統合には否定的であり、慈善事業の共同展開を望む声が強かった。しかし、真宗本願寺派は明治三四年九月に単独で「大日本仏教慈善会財団」を設立し、慈善事業で各宗派と共同事業を推進していく方向をとらなかった。そして、その中心的役割を果たしたのが、赤松連城自身だったのである。

◉日本仏教論の勃興

仏教宗派合同論に対して否定的な反応を示した仏教界であったが、日清戦争という対外戦争の経験を通して、「日本仏教」への意識は強まりつつあった。当時『明教新誌』に掲載された論説を取り上げ、その傾向をみていこう。

開戦直後の明治二七年九月の「日本仏教の新領地」では、早くも戦後の植民地経営をにらんで、朝鮮のみならず、中国へも日本仏教の進出を図るべきことを主張し、さらに日本仏教がアジア精神文化の指導者として立場にあるとして「記憶せよ我が国は東亜の主導者なり、我が仏教は須《すべから》く東亜文明の全権利を握らざるべからざるを」と述べている。

同年一一月に『明教新誌』は、岐阜県下の一寺院住職が曹洞宗当局に提出した建言書を掲載した。そこでは、インド・中国・朝鮮などのアジア各国で仏教は形骸化し、それが国家の衰頽にも影響しているという。そして、我ら日本仏教家は、東洋の仏教の復興を通じて、東洋文化の振興と東洋平和に貢献しなければならないと論じている。同年六月の『明教新誌』掲載の加藤咄堂「朝鮮問題と仏教」でも、仏教が国家の独立に果たしてきた役割の大きさを指摘し、朝鮮の独立を保つために日本仏教が朝鮮民衆に対して国家的観念を感化しなければならないと主張している。一一月の「占領地布教」では、日本仏教に世界的方面と国家的宗教の性質のあることを指摘したうえで、鎮護国家・王法為先を本旨とする立場を重視し、これを世界に及ぼしていくため占領地布教の実施を求めている。戦後の翌年五月の「大飛躍」になると、「大日本帝国の領域は拡張せり、大日本仏教も亦た其の領域を拡張せざるべからず、飛躍は此の時にあり、此の時を過らば仏教の隆盛永遠望むべからじ」という。日本の海外進出に便乗して、日本仏教の教勢拡大を図るべきであるというのである。

日清戦争を契機として、日本仏教界は、アジア各国の衰頽を仏教の不振と結びつけ、アジア独立のために日本仏教がアジア仏教の指導的立場をつとめることを自認するようになった。その際に、仏教の日本仏教の特質として国家主義的観念が旺盛なことに求める論調が強くなった。このことで、仏教に共通する教説を探求しようとする姿勢は一層後退していったのである。

◉仏教各宗派協調路線の崩壊

明治二九年に仏教各宗協会は、宗派間の偏見を脱して共通の仏教理解の見出そうという目的から『仏教各宗綱要』を刊行した。仏教各宗協会は、発足当初の明治二三年六月の会議で、すでに次の議案を審議可決していた。

議目第十号　仏教各宗綱要編纂の案

第一条　仏教諸宗綱要は日本現流十三宗の歴史並に宗意を世間普通の文字を以て可成《なるべく》平易明鬯《めいちょう》に叙述し然る

後に欧語に翻訳せしむる事

第二条　該書は各宗を叙するに於て繁簡詳略を均しくし毫も偏頗褒貶《へんぱほうへん》を容るべからず可成的各宗の玄旨妙趣を発揚開闡せしむべき事（以下略）

編輯《へんしゅう》委員には島地黙雷・釈宗演・蘆津実全・土宜法龍の四名、欧文編輯委員に南條文雄・藤島了穏の二名が就任し、島地が編輯委員長をつとめた。のちに釈と土宜は辞任し、島地と蘆津が苦心して各宗から提出された綱要を修正し、明治二九年にようやく完成にこぎつけた。

ところが、日蓮宗妙満寺派（のちの顕本法華宗）が提出した原稿のなかに、日蓮の四箇格言《しかかくげん》（念仏無間、禅天魔、真言亡国、律国賊、諸宗無得道）の一文が含まれており、これの取り扱いをめぐって、仏教各宗協会と妙満寺派の間で衝突が生じた。島地と蘆津とは、四箇格言を仏教各宗協会の親和的精神にそぐわないとして削除を主張し、協会会長の大谷光尊（明如法主）も同意したが、妙満寺派宗務管長の板垣日暎《にちえい》は掲載を求め、法廷闘争にまで事件が発展した。

明治二九年一二月に妙満寺側の訴えを却下する判決が東京地方裁判所で出された。しかし、折からの宗派主義の台頭もあって仏教各宗協会の協力体制は崩壊し、真言宗・浄土宗・臨済宗が退会し、三一年に仏教各宗協会は解散に追い込まれるに至ったのである。

当時の仏教界の状況を干河岸貫一（桜所居士）は、明治三一年三月発行『三宝叢誌』一六八号に寄せた「協同一致の急務を論ず」のなかで次のように述べて嘆いている。

今の各宗僧侶の各宗派間に於て互に相猜疑し、同派中にても甲乙互に相排擠《はいせい》するが如き風気ある所以のもの何ぞや、……一宗派否一宗務局とか事務局とかいふ所の利害得失のみ其眼膜《がんまく》を映射して、仏教全体の為に将来法運の通塞《つうそく》は如何と云ふが如きことを視るの明なきなり

干河岸が指摘するように、宗派利害を重視する風潮は仏教界全体をおおい、明治二〇年代初頭に活発化した新仏教運動は、わずか一〇年もたたずして衰退していったのである。

第六章

明治三〇年代初頭仏教界の混乱

（一）内地雑居問題と寺制案

◉内地雑居問題の浮上

明治三〇年代初頭には、内地雑居が仏教界に大きな問題として浮上し、これに関連して巣鴨教誨師事件・仏教公認化運動・宗教法案など、仏教界を揺るがす事件や問題が次々におこった。

明治二〇年前後にも仏教界は大きな危機に直面した。このときの仏教界には、各宗派が結束して問題に対処しようとする機運が生じ、宗政当局者もこれに協調しようとする傾向がみられた。しかし、三〇年代の仏教界の大勢がとった対応には、二〇年前後の際のように新仏教運動に歩調を合わすような姿勢をみることはできない。むしろ、宗派利益の誘導に奔走し、宗派の旧来的あり方へ回帰する方向性を示した。その過程をたどるに際し、まず内地雑居問題をめぐる動向からみていこう。

明治二七（一八九四）年七月、陸奥《むつ》宗光外相が日英通商航海条約を締結して治外法権の撤廃交渉に成功して以来、日清戦争の勝利による国際的地位の向上にも助けられて、三〇年末までに残る列国との間に同様の改正条約の調印にこぎつけた。条約の発効は三二年七月であり、条約改正により内地雑居が実施されると、居留地が廃止され外国人が国内に自由に出入りするようになり、その影響がさまざまに論議されるようになった。特に仏教に関しては、キリスト教の布教活動が一層活発化するのを懸念し、その対策が問題となった。

明治三〇年に入ると、仏教界でも内地雑居準備を問題とする世論が高まり、関係の小冊子が盛んに刊行されるようになった。三〇年だけでも次の出版物の刊行を確認できる。

『内地雑居に対する仏教徒の心得』(加藤咄堂述)
『教育家宗教家の内地雑居準備に対する心得』(井上円了述)
『内地雑居のしをり　一名雑居準備演説々家節用集』(中村元亮編)
『内地雑居準備仏教演説集』(丹霊源《たんれいげん》編)
『内地雑居仏耶問答』(高田道見著)
『雑居準備　日本人は必ず読むべし』(小栗憲一演説)

写真22　井上円了(1858-1919)

明治三一年には、井上円了が『雑居準備僧弊改良論』を刊行した。そのなかで井上は、翌年に実施される内地雑居が、明治維新や二二年の憲法発布の際を上回る大きな変化を日本社会に及ぼすであろうとの展望を述べた。特に宗教界にあって、キリスト教は維新期の「黙許」から、憲法発布で「公許」となり、さらに内地雑居によって「公認」されて大きく教勢を伸長するだろうとの見解を示した。そのため、仏教もこれに対応して旧来の弊風を改める必要に迫られているとして、教義・寺院制度・布教方法・慈善方法などに関しての改良案を提起した。

しかし井上は、仏教の抜本的な改革を望んでおらず、あくまで改良が必要であるとして、次のように述べている。

余が所謂宗教の改革とは……決して各宗を破壊して新宗教を

立てるとか、新宗教を開くとか云ふことではなく、各宗各派は今日の儘《まま》にして、唯僧侶の魂を入れ換ることであります。

この井上の提言に代表されるように、明治三〇年代の改革論は、宗派の旧来のあり方を温存しつつ、その改良を説くものが主流を占めていくのであるが、この点については次章で解説する。

◉真宗大谷派と雑居準備大同団

仏教宗派のなかでも、最も積極的に内地雑居準備に取り組んだのが真宗大谷派であった。真宗大谷派では、明治二八年に内政重視派の渥美契縁により、幕末に焼失した伽藍の再建を実現した。しかし、その直後に清沢満之ら教団改革運動派の批判を受け、渥美は翌二九年末に宗政の中心から退いた。かわって三〇年二月に参務に復帰し本山宗政の実権を握ったのが、対外施策推進派の石川舜台であった。

石川舜台は、天保一三（一八四二）年に金沢市永順寺に生まれ、高倉学寮で学んだ。明治四年に本山寺務所が開設されると、渥美契縁らとともに議事に任命され、旧家臣団勢力を排除して宗政の実権を掌握した。翌五年三月に改正掛に就任し、半年後には嗣法大谷光瑩《こうえい》（現如、東本願寺二二世）に従い欧州視察に赴いた。帰国後、宗政の中心的役割をにない、江藤新平・大久保利通ら政府要人と密接な連携を図りつつ、キリスト教防御のためアジア仏教との提携策を積極的に推進した。しかし、一一年に対立する渥美契縁の弟を殴打する事件をおこし、その後、放漫財政の責を問われ宗政の一線から身をひいていた。

明治三〇年に宗政中枢に復帰した石川は、清沢満之ら教団改革派を登用してその懐柔を図る一方、内地雑居でのキリスト教への脅威を煽りつつ宗派内の結束を図った。しかし、宗派内の対立はくすぶり続けていた。『報知新聞』の記者であった佐瀬得三（酔梅）の著書『名流の面影』によれば、改革派は、①議制局（僧侶議会）の開設、②門末会議（信徒議会）の開設、③真宗大学の東京設置の三条件をつけて、石川舜台の宗政復帰に協力したという。しかし、石川がこれら条件を反古《ほご》にしたため、宗派内の不満は高まった。特に②は全く実現しなかったことで、三〇年一一月に、尾張（愛知県）を中心とする全国信徒を代表した三十七名が、改革を求めて本山に上申する事件がおこった。

これに対して石川は、台湾総督府と提携して南清布教で成果を上げ、公認教運動を展開することで宗派内の不満分子の封じ込めを図った。明治三〇年七月、真宗大谷派は派内有志が組織準備中の「雑居準備護法大同団」への協力を要請する諭達を発布した。翌月に雑居準備護法大同団が結成され、本部を東本願寺門前に置き、真宗大谷派本山役員・議政局賛衆等もこぞって加入した。同団規約によれば、第六条に「本会は仏教を以て帝国特別の保護教と為すを目的とす」と規定し、そのために雑誌の刊行、説教・講演会の開催を事業とした。この大同団の中心人物は小栗憲一であった。

写真23　石川舜台（1842-1931）
明治５年フランスにて撮影

小栗憲一は、天保五（一八三四）年に大分県真宗大谷派妙正寺に生まれ、樋口龍温《りゅうおん》（香山院）に宗学を学んだ。樋口龍温は幕末に耶蘇教防御懸に就任し、真宗大谷派のキリスト教研究の中心的役割をにない、明治初年の宗派改革派の拠点となった護法場の設立に尽くした人物である。その門下からは，石川舜台、小栗栖香頂、松本白華《びゃくか》、関信三（安藤劉太郎）らを輩出している。小栗は同門の石川と密接な関係があった。明治初年、上京した小栗は官吏となり、弾正台《だんじょうだい》・宮内省・教部省・大蔵省などで勤務し、弾正台時代には太政官《だじょうかん》のキリスト教密偵の中心的役割を果たした。また、大谷光瑩の欧州視察に際して石川に協力し、一〇年九月には本山外国布教寺務掛に採用されて石川の対外政策を支えた。石川の退陣とともに一時本山役員から離れたが、石川が宗政復帰を果たすと、三〇年四月に真宗京都中学校校長に就任し、三二年には議制局会議長などの本山要職に抜擢された。

小栗は、仏教を国教とすることを主張し、雑居準備護法大同団の活動を通じて、その実現を目指した。しかし、明治三〇年一一月発行の真宗大谷派の機関誌『常葉《ときわ》』掲載の社説「国教とは何ぞや」でさえも、小栗の仏教国教化運動に賛同しつつも、その実現に懸念を表明した。英国のように国教を定める国はあるものの、帝国憲法の信教自由条項との整合はかなり困難というのである。結局、真宗大谷派の仏教国教化運動は、その後、仏教公認教化運動へと修正されていったのである。

◉仏教各宗協会の寺制案作成

明治三〇年六月三日から九日まで、仏教各宗協会の大会が京都建仁寺で開催された。仏教各宗協会は毎年七月に大会を開いてきたが、重要案件があった都合から、この年は前倒しの六月に開催された。仏教各宗協会は、前年に日蓮宗妙満寺派との仏教各宗綱領事件で大きな打撃を受けたが、大会には各宗派から二十七名の委員が参加した。議長に村田寂順（妙法院門跡）、副議長に前田誠節（妙心寺議事）を選出し、脱会した浄土宗からも黒田真洞《しんとう》（浄土宗執綱）が特別参加した。議題の中心は、各宗派で寺院法案を作成し政府に提出することにあった。

当時、政府社寺局は、明治二九年制定の民法をうけて、神社・寺院に財団法人・社団法人などの法人格を付与するため神社法案・寺院法を策案中であり、一二月に開会する第十一回帝国議会への法案提出を検討していた。これへの対策として、仏教各宗協会は、寺院制度草案編成に向けて委員を各宗派から選出することを決議した。その内訳は、天台宗・真言宗・浄土宗・曹洞宗・日蓮宗から各二名、真宗から五名（両本願寺各一名、佛光寺・興正寺一名、高田・木辺《きべ》派一名、越前四派一名）、臨済宗・黄檗宗・時宗および融通念仏宗・南都（法相宗・華厳宗・律宗）から各一名の計十九名であった。こうして七月一日から約四週間にわたり、仏教各宗派の委員が東京の真宗大谷派浅草別院に集まり、寺院法草案編成委員会が開催された。法学博士梅謙二郎、法学士江木衷《まこと》を顧問に迎えて種々検討の結果、七月末に寺制案が完成した。

このときに作成された寺制案は、次のように宗派全体を管長が統括し、これを主務大臣が監督するという従来の管長制度を踏襲した内容となっていた。

第一条　仏教各宗ハ宗義及寺院僧侶檀徒又ハ信徒ヲ定メ主務大臣ノ認可ヲ得テ成立ス

第二条　各宗派ハ管長ヲ統轄シ之ヲ代表ス管長ハ主務大臣之ヲ監督シ各宗派ノ組織権限ハ宗憲ニ之ヲ定ム

（以下略）

八月には、仏教各宗協会は臨時大会を建仁寺で開催し、これを追認したが、第十一回帝国議会は、内閣不信任決議案が上程されて開会の翌日に解散となった。社寺局の寺院法案は提出されず、仏教各宗協会の寺制案の政府への提出も見送られたようである。

明治三一年七月一日から四日まで協会の大会が建仁寺で開催され、各派管長・管長代理・各派委員四十名が出席した。議長に前田誠節、副議長に藤島了穏（真宗本願寺派）を選出した。前年に寺制案が完成したことをふまえ、仏教各宗協会を退会した真言宗・浄土宗・臨済宗も加えて新団体を組織することとし、仏教各宗協会の解散を決議して終了した。仏教各宗派は、重要案件を前にして、協調体制の再構築を確認しあったが、その後も各宗派の対立は混迷を含めていく結果となった。

（二）巣鴨監獄教誨師事件から公認教運動へ

◉巣鴨監獄教誨師事件

明治三一（一八九八）年一月、『常葉』の社説「明治三十一年来る」は、年頭にあたって、内地雑居を目前にひかえ政府が社寺法を準備しつつあることに留意すべきことを喚起した。さらに内地雑居準備会（雑居準備護法大同団を改称）への協力を改めて要請した。この段階で真宗大谷派は、水面下で各宗派に仏教国教化の請願に向けて交渉も進めていたようである。同年三月発行の『常葉』には、曹洞宗以外からは回答を得て、自由党・進歩党の代議士数名からも賛同を受けたと記されている。

この年の六月には、大隈重信を首相、板垣退助を内相とするいわゆる「隈板《わいはん》内閣」が成立し、翌月に仏教各宗協会が解散した。さらに九月には、巣鴨監獄教誨師事件がおこった。事件発端の概要は、以下のとおりである。九月四日、巣鴨監獄の典獄《てんごく》有馬四郎助《しろすけ》が、真宗大谷派浅草別院に輪番の大草慧実《えじつ》を訪問し、巣鴨監獄の四名の真宗大谷派教誨師のうち三名を解職し、一名をキリスト教牧師にかえる件を申し入れた。翌日、有馬は三名に辞職を勧告し、六日に真宗大谷派教誨師全員が辞表を提出し、キリスト教牧師の留岡幸助が新たに採用された。有馬自身が留岡から洗礼を受けたキリスト教者であったが、キリスト教牧師を監獄教誨師に採用することは内務省の方針でもあった。九月一六日から典獄会議・典獄協議会が開催され、板垣内相・鈴木次官・小河滋次郎《おがわしげじろう》警視庁典獄らが臨席した。席上、板垣は内地雑居をひかえ監獄事務整備の必要性を訴え、鈴木次官は仏教教誨の成績不振を指摘した。さらに小河は、仏教だけなく神道・キリスト教を採用することにも言及していた。

　これに対し同月一九日、真宗大谷派参務石川舜台は、板垣内相に質問書を提出した。キリスト教は神道・仏教のように政府から保護干渉を受けていない。公許なき宗教に官署職制の要務を托すのは失当の措置であるというのである。さらに二五日に檄文を草し、大隈首相・貴族院議員・宮内省官吏・陸海軍人・実業家・神官僧侶等に送付した。ここでも、神官・僧侶・教員には国会議員や地方議員の被選挙権が付与されていないことを指摘している。そして、これは神道・仏教が公認教であることを示すものであり、キリスト教優遇は不当な措置であると記した。三〇日にも同様に檄文を草して、キリスト教は国家に害毒を及ぼすものと主張した。

　石川の抗議活動に対して、大隈首相は、僧侶が政論を試みるものとみなし、板垣内相と相談して真宗大谷派法主への東上を促した。しかし、真宗大谷派側は、法主の病気を理由に政府の要請に応じず、代理を派遣した。一〇月一五日、石川舜台は大隈首相以下に書類配布したことについての始末書を宗務当局に提出した。そこでは、政治論ではなく「王法為本」という宗旨にもとづく護法論にすぎないと主張し、真宗大谷派側もこれを追認して二〇日に板垣内相に進達した。ちなみに同月一五日には、仏教各宗派管長を代表して曹洞宗・浄土宗管長連名で、寺制案が内務省に提出されている。

◉仏教側の対応と事件の推移

政府・内務省の対策が手詰まり感をみせる一方、仏教者側の抗議運動は活発化した。九月三〇日に大日本仏教青年会が会合を開き、内務省への抗議運動の展開を決定した。その後、一〇月九日に「監獄教誨問題に就て世の公論に訴ふ」という檄文を全国に向けて発した。同月一七日には、関西仏教青年会も、内相の処置は徳義上不穏当であり、仏教の処遇を自由放任すべきことなどを決議した。さらに一八日に大日本仏教青年会総代（柏原文太郎・本多辰次郎・近角常観）が鈴木次官に面会し、二三日には、板垣内相にも面会して質問書を提出した。同日に石川舜台は、真宗大谷派『宗報』に「仏教公認教と為さざるべからず」を発表し、監獄教誨問題での反対運動を仏教公認教運動へと発展させる方向性を示した。

こうした真宗大谷派を中心とする公認教運動に批判的な意見もあった。真宗大谷派僧侶で、のちに仏教清徒同志会の有力メンバーとなった境野黄洋は、明治三一年一〇月に『日本人』に「監獄教誨師問題及び其根本の意義」を発表した。ここで境野は、仏教公認教運動に不同意であることを表明し、政府に仏教とキリスト教の両教を公認にして公平に扱い、干渉をやめ自由放任することを求めた。同様の意見は、同月『反省雑誌』掲載の「監獄教誨問題」にもみることができる。

仏教側からの抗議運動に手を焼いた板垣退助は、真宗本願寺派法主の大谷光尊に支援を求めたようである。『中央学院八十年史』によれば、板垣の要請を受けた光尊は、反対運動の急先鋒のひとりであった高楠順次郎を招致し、運動からの撤退を懇請した。その際に光尊が与えた資金により、高楠は「日本橋簡易商業夜学校」（現中央学院大学）を開設した。真宗本願寺派は、真宗大谷派ほどキリスト教への排撃意識は強いものではなく、設置推進中であった「大日本仏教慈善会財団」の認可もにらんで板垣の要請を受諾したと考えられる。

その一方で、真宗大谷派を中心とする抗議運動は、一層の盛り上がりをみせた。一〇月二九日には真宗大谷派を中心とする東京府下の仏教有志信徒により「仏教徒国民同盟会」が組織され、柳橋柳光亭で発会式を挙行した。約五百人が参集し、「仏教国民同盟会綱領」と「仏教徒国民同盟決議案」を決議した。綱領では、「本会は僧侶を除き仏教各宗信徒及通仏教的道徳の感化を受けたるものを以て組織す」とし、在家信者による宗派をこえた結成団体であることを明文化した。また、公認教運動を展開し、各宗派と提携していく方針も記した。決議文では、巣鴨教誨師事件をキリスト教者が政治上の職権を乱用しておこったものと位置づけ、当局者の責任を追及し、改正条約実施の準備として政教関係を画然することなどを目標に掲げた。また同盟会を大日本仏教青年会と協調して運動する団体と位置づけた。

一一月四日、仏教徒国民同盟会総代朝日利助・藤田万兵衛・高木政勝・萩野伝吉・猪瀬美貞の五名は、一千余名が連署した請願書を鈴木次官に手渡し、仏教教誨師の復職と有馬四郎助の処分を要求し、有馬が市ヶ谷監獄に転任となった。さらに一二月九日には、東京府会で、巣鴨監獄の教誨師を仏教僧侶に復すべきことが大多数で決議された。翌三二年三月には、帝国議会でも、仏教教誨師の復職を要求する「監獄教誨師に関する建議案」が提出され、賛成一〇二・反対九一で採択可決された。その際、所属議員がこぞって反対票を投じた自由党は、仏教界全体を敵にまわすことを恐れたようである。同年九月『東京朝日新聞』の報道によれば、板垣退助と関係の深い伊東巳代治《みよじ》は一計を案じ、黒田綱彦と謀り真宗本願寺派の大日本仏教慈善会財団設立の寄付金募集に協力するなどして、自由党と真宗本願寺派との間を取り持った。この結果、真宗本願寺派は政府の宗教法案にも賛成の姿勢を示すようになっていった。

明治三二年五月、留岡幸助が警察監獄教授に転任するのにかわって、真宗大谷派僧侶の教誨師が復職し、巣鴨教誨師事件は決着した。しかし、問題は公認教運動・宗教法問題へと波及し、自派の利益を優先する立場から真宗本願寺派と真宗大谷派の溝は決定的となり、仏教界全体に混乱が及んでいったのである。

◉仏教公認教運動の展開

すでに明治三一年一〇月の段階で、石川舜台が、真宗大谷派『宗報』掲載の「仏教公認教と為さざるべからず」で、仏教公認教運動を実施する意図を表明し、仏教徒国民同盟会も公認化運動を展開することを綱領に明文化していた。

翌年三二年に入ると、その運動は本格化した。一月、仏教徒国民同盟会は機関誌『政教時報』を創刊した。同誌は、仏教公認教運動の状況を詳しく報じ、運動への支持者を広げ、各地に支部・関係団体の組織を促していった。翌月には、真宗大谷派法主が公認教運動資金として一万円を献納して運動を支援した。

三月には、仏教公認運動を厳しく批判した「仏教清徒同志会」が結成された。仏教清徒同志会は、明治二七年一二月に古河勇ら新進仏教者たちが結成した「経緯会」を継承した団体であり、雑誌『仏教』を事実上の機関誌とした。『仏教』誌上には、公認運動を批判する論説が頻繁に掲載されている。まず、三二年一月の「明治三十一年の仏教を回顧す」では、「公然教会を有し、信徒を有し、完全なる宗教組織を有する基督教を以て、公認教ならずといふが如きは、説の甚だ笑ふべきなり」といい、キリスト教を排撃する偏狭な姿勢を批判した。そして、運動を「宗教の本分として、国家主義を唱導するが如きは、寧ろ国家国民に媚ぶる卑陋《ひろう》の挙動、直ちにこれ宗教堕落の真状なり」と評した。

明治二〇年代後半、雑誌『仏教』の発行母体の仏教学会は、大日本仏教青年会と密接な関係があり、両者により斬新な仏教改革が展開することが期待されていた。しかし、近角常観ら大日本仏教青年会の主流派は公認教運動賛成にまわり、雑誌『仏教』は盛んに運動を批判したことで、両者の提携は崩れていった。

雑誌『仏教』は、明治三二年三月にも「公認教運動に関する異見」を掲載した。ここでは、仏教公認の要求を国家の保護を受けたいというと聞こえはよいが、実は干渉を哀願しているに過ぎないと主張されている。国家に干渉されても、せいぜい監獄布教や軍隊布教が委託される現状維持が関の山で、仏教側に何かメリットが得られるというのがそもそもの間違いである。むしろ国家の干渉により苦しんできたことは、歴史が証明するところである。それゆえ、干渉を望むというのは「実に不可解千万、怪訝《けげん》の念に堪へぬ」所行であり、仏教・キリスト教の双方に自由放任の道を与えるのが公平・妥当な政策と考えるべきである。そして、「仏教のみ保護して貰ひたいなど、いふ哀願の卑劣を嫉《そね》み、耶蘇教と同地位に立ちて、公明に戦ふことの出来ない、今日の仏教を悲しむものである」と結んでいる。

写真24 『仏教』誌に掲載された仏教公認教運動の風刺画（148号、明治32年３月15日発行）

しかし、仏教界に『仏教』のような冷静な意見に傾ける者は少なく、大勢は公認教運動に突き進んでいった。五月、京都知恩院で全国仏教徒大会が開催された。このとき同盟会員は一万人に達しており、富山・新潟・愛知・熊本・岡山等の仏教団体の代表者約五百名が参集した。久我通久《こがみちつね》を会長に選出して綱領規約を改正した。これにより、仏教徒国民同盟会は「大日本仏教徒同盟会」と改称し、「仏教公認教制度期成同盟会」が設置された。

(二) 宗教法案賛否をめぐる対立

◉寺制案提出と両本願寺の対立

すでに明治三二(一八九九)年五月、石川舜台は真宗大谷派『宗報』に「宗教法私見」を発表して仏教側への特権付与を求めた。同年六月には、建仁寺で各宗管長会議が開催して寺院法案について審議したが、ここで真宗大谷派の真宗本願寺派の対立が一挙に表面化した。この管長会議に関する新聞雑誌の報道内容は、真宗大谷派と真宗本願寺派のいずれに加担するかによって若干の違いがある。この点を加味しながら、以下に会議の模様を概説しよう。

各宗管長会議は、六月五日から一二日まで内地雑居準備のため臨時開催され、四十一派管長・執事等六十四名が参集した。議長に大谷光瑩(真宗大谷派)、副議長に前田誠節(臨済宗妙心寺派)を選出した。『読売新聞』によれば、席上、公認教運動に真宗本願寺派が断固反対する方針を示したとされる。真宗本願寺派に近い伊東巳代治が経営する『東京日日新聞』は、石川舜台が気脈を通ずる政党に寺院法の提出を持ちかけ、真言宗の土宜法龍、臨済宗妙心寺派の前田誠節、曹洞宗の弘津説三《ひろつせつざん》らと謀って法案請願を管長会議に上程した。しかし、真宗本願寺派が請願に反対し、同派管長の大谷光尊が政治・法制上よりの特典を「仏教のみに得んとするは謂《いわ》れなきの甚だしきもの」と発言したため、原案はたちまち消滅したと報じている。

真宗本願寺派の巡教使名和淵海《なわえんかい》は、各地で演説し宗教法案に対する真宗本願寺派の立場を説明していた。その内容が明治三三年一・二月発行の『伝道新誌』に掲載されている。それによれば、会議で寺制案六十二条の政府提出を決め、以下の五項目について決議した。

一、宗派自治制の事
二、宗派を公法人となす事
三、管長及び教師の待遇法を定むる事
四、国家は仏教に対し由緒と歴史に照し特別保護をなす事
五、国家は新宗教に対し其取扱上に十分に制限を設くる事

この五項目に関して真宗本願寺派は、一以外に不同意であったが多数決で議決されたという。また、七名の総代を選び東上して政府交渉に当たることも決議した。その総代とは、真宗本願寺派・真宗大谷派・曹洞宗・真言宗・天台宗・日蓮宗・臨済宗妙心寺派の各管長であった。

これに対し、真宗大谷派の『宗報』によれば、真宗本願寺派の赤松連城が、事前に山県有朋首相と無鄰庵（山県の京都別邸）で打ち合わせたうえで原案を提出したと記している。いずれにせよ、真宗本願寺派が石川の強硬な姿勢に不満を抱いており、真宗大谷派は真宗本願寺派が政府と気脈を通じているとの不信感を持っていた様子がうかがえる。結局、七宗派管長により仏教法案の陳情は行われ、七月三一日に七宗派管長・各宗委員と、西郷従道内相との間で会談が行われた。

写真25　真宗本願寺派法主（管長）大谷光尊（1850-1903、法号「明如」、西本願寺20世）

この会談で、西郷内相は、仏教側の公認教運動を強く批

判した。さらに政府が宗教法案を提出する準備を進めており、仏教側が提出した寺制案が採用されず、仏教・キリスト教・教派神道が同様の扱いとなることが明らかになった。西郷内相は、宗教の異同により反目し政教を混同することを慎むよう注意を喚起し、小松原次官は、仏教僧侶の政治運動の取り締りを強化し処分すると警告した。

政府の宗教法案提出の方針を受けて、七派管長は、寺制案を大修正し、六十二条を四十六条に削減した「仏教法」に改め、再度内相に提出した。この法案でも従来の管長制度を踏襲するとともに、宗派を法人とすることを明記していた。

第一条　仏教各宗派ハ宗憲ニ依リ管長之ヲ統理ス
第二条　仏教各宗派ハ法人トス（以下略）

法案提出の直後、『朝日新聞』は、自由党が真宗本願寺派に便宜を図ったとの先述の報道を伝え、真宗大谷派『宗報』は、会談で真宗本願寺派が内相の発言に唯々諾々と諒承したとして、「此の如く政府は西本願寺を使用して各宗を籠絡せしめたり」と記している。

◉政府宗教法案の提出へ

内務省からの警告を受けた後も、仏教公認教制度期成同盟会の活動は衰えをみせなかった。明治三二年一〇月には京都祇園館で臨時全国仏教徒大会が開催された。全国から約三百団体、約五千人が参加し、「公認教制度期成の目的を達せんが為め、貴衆議院へ請願する事」などを決議した。

一二月六日には、山県有朋首相からの招致を受けた大谷光尊が、赤松連城とともに面談し、宗教法案を提示された。この政府の宗教法案は仏教とキリスト教を同等に扱い、以下の条項が示すように、あくまで教会と寺に法人格を付与することを目的とし、宗派に法人格は付与する条文はなかった。

第一条　公ニ宗教ヲ宣布シ又ハ宗教上ノ儀式ヲ執行スルヲ目的トスル社団又ハ財団ハ本法ニ依ルニ非ラレバ法人ト為ルコトヲ得ス

第二条　本法ニ於テ教会ト称スルハ公ニ宗教ヲ宣布シ又ハ宗教上ノ儀式ヲ執行スルヲ目的トスル社団法人又ハ財団法人ニシテ寺ニ非ザル者ヲ謂フ

第三条　本法ニ於テ寺ト称スルハ寺院ヲ所有シ教法ヲ宣布シ法儀ヲ執行スルヲ目的トスル財団法人ヲ謂フ

（以下略）

翌七日、光尊は、各宗派総代委員である薗光轍《そのこうてつ》（天台宗）、土宜法龍（真言宗）、弘津説三（曹洞宗）、和田円什《えんじゅう》（真宗大谷派）、藤田祐真（真宗本願寺派）、田村豊亮（日蓮宗）の七名を築地本願寺に招き、宗教法案を提示した。さらに翌八日、七名の委員は、社寺局長に面会を求め、成文に対する不審点を質問した。その後、石川舜台が強く反対意見を述べたため、貴族院への上程を延期するように申し入れた。以上は、先述の真宗本願寺派の名和淵海の回想によるところである。これに対し、真宗大谷派の『宗報』は、この過程で真宗本願寺派は各宗派委員を翻弄し、宗教法案の通過に奔走したと記して激しく非難している。

一方、仏教世論は、真宗本願寺派が公認教に反対し、政府提出の宗教法案に賛成する姿勢を示したことで、公認教に対する立場は二分化されていった。雑誌『仏教』は、明治三二年九月号掲載の「政教論」で、次のように仏教系新聞雑誌を仏教公認教の支持派と反対派に分けている。

公認教派　『政教時報』（無所属）、『明教新誌』（無所属）、『正法輪』（臨済宗妙心寺派）、『宗報』（曹洞宗）、『宗報』（真宗大谷派）

非公認・放任派　『中央公論』（真宗本願寺派）、『浄土教報』（浄土宗）、『密厳教報』（真言宗新義派）、『禅宗』（臨済宗各派）、『日宗新報』（日蓮宗）、『四明余霞』（天台宗）、『和融誌』（曹洞宗）、『宗粋』（浄土宗）、『仏教』（無所属）

このほか、『伝灯』（真言宗古義派）、『教友雑誌』（日蓮宗）、『無尽灯』（真宗大谷派）は態度を鮮明にしていないとしている。

●宗教法案をめぐる葛藤

明治三二年一二月九日、政府は貴族院に宗教法案を提出した。すると、同日、各宗派総代の七名の委員は、三十六派の委員および石川舜台らの上京を促し、一二日に芝烏森の吾妻屋に会合し対応策を協議した。このとき、真宗大谷派『宗報』は政府宗教法案に対する反対を決議したというが、真宗本願寺派関係の雑誌では少々異なる事情を報じている。

まず『三宝叢誌』によれば、真宗大谷派は政府案に絶対反対の立場を表明したが、真宗本願寺派は政府案に不完全な箇所があるものの修正を加えて、まず従来の仏教とキリスト教の不公平な待遇の改善を目指すべきだと主張した。そして、真宗大谷派に日蓮宗と真言宗が賛同し、真宗本願寺派に曹洞宗と臨済宗と天台宗が賛成した。しかし、その後の調停の過程で混乱を生じ、真宗大谷派・日蓮宗・曹洞宗・臨済宗・天台宗・真言宗が政府案に大幅修正が加えられない場合、反対する方針に転じ、真宗本願寺派のみが修正して通過を望むことになったという。

先述の名和淵海の説明によれば、一二日に七宗派委員と赤松連城・石川舜台らが平田法制局長に宗教法案の修正を請求し、修正により貴衆議両院通過を目指すことで、いったん意見が一致したという。この修正案に宗派を公法人とすることも、キリスト教との差別化を図ることも含まれていなかった。ところが、石川舜台の発議により合意案は廃棄となり、①政府案に同意できない事、②キリスト教との差別化を図る事、③宗派を公法人となす事の三点を要求することが決議された。そこで真宗本願寺派は、一五日に各宗派に提携の謝絶を通知した。ところが二二日に至って、各宗派の委員は、新決議を取り消し、一二日の修正案を支持する復活決議を携え真宗本願寺派に提携を要請してきた。二五日に真宗本願寺派と各宗派との再提携のための懇親会が開催されたが、真宗大谷派と日蓮宗は出席しなかった。さらに名和は、真宗大谷派も二八日に訓示四号で「法案修正説の成立を希望し、議会の通過を期すべきは勿論の義に有之候」と門末に通知したとしている。

真宗本願寺派の機関誌『教海一瀾』六二号（明治三三年二月）掲載の「宗教法案に関する真相」でも、法案全面的反対に会議が傾いたため、真宗本願寺派が提携の謝絶を申し込んだとされる。その後、適当な修正を加えて法案通過を希望することで意見が一致した。しかし、極端な反対運動を展開するものがあり、その多くは真宗大谷派であった。そのため真宗大谷派は、一二月二八日に訓示四号で宗教法案に対して軽率な態度をとることを誡め、法案の議会通過を期すべき旨を通知した。三三年一月三〇日に、仏教三十三宗派総代委員七名の連名で、当初各宗派議決の精神にもとづきその希望の貫徹に尽力することを新聞広告で表明したが、法案反対派は、かえって真宗本願寺派の真意を疑って、態度を硬化させ、反対活動を活発化させたという。

この間、明治三二年一二月一二日に真宗本願寺派の執行長梅上沢融《うめがみたくゆう》が末寺に訓告し、宗教法案への積極支持を表明した。翌三三年一月、真宗大谷派議制局は諮詢会を開き、仏教各宗派との提携が崩壊しようとも、宗教法案反対・公認教の実現をつらぬく方針を確認した。

いずれにせよ、政府案に賛成する側はもちろんのこと、反対する側も政府からの保護を期待しており、政府法案の行く末によって自宗派に害が及ぶことを考え、右往左往していたようである。

◉宗教法案否決へ

明治三二年一二月九日の貴族院に宗教法案が提出されたのち、反対運動は一層激化していった。同月一一日に公認教制度期成同盟会は、全国約五百七十団体・約二百万の同志に飛檄し、一二日には宗教法案への反対を決議した。明けて明治三三年、一月一〇日には、仏教公認教制度期成同盟会のほか、大日本仏教徒同盟会・東京府下真宗大谷派末寺会・信徒倶楽部など、全国約三百団体が連合し、宗教法案反対のための仏教大会を召集する檄文を発した。この呼びかけに応じて、二一日に開かれた全国仏教徒大会に参集した者は一万三千人に及び、宗教法案は諸宗教を同一に扱い、宗派を公法人とせず本末制度を明記しないため反対することを決議した。また、一六日までに貴衆議院に提出された公認教請願に署名した者も約三十万人に達している。

真宗大谷派『宗報』によれば、三三年二月五日に京都妙心寺で各宗派臨時大会が開催され、改めて法案に断固反対することを決議した。しかし、二月一〇・一四日付『東京朝日新聞』は、この決議に真宗本願寺派は断固として反対であり、興正寺派と木辺派がこれに賛同し、法相宗や真言宗でも同調する動きがあるとしている。なおも、水面下で仏教各宗派の駆け引きが続いていたようである。しかし、こうしている間に、二月一七日に貴族院で採決がなされ、結局、賛成一〇〇票、反対一二一票で宗教法案が否決され、決着をみたのである。

(四) 各宗派混乱の核心と課題

◉本末関係をめぐる問題

公認運動・宗教法案をめぐる仏教界の混乱の核心はどこにあり、その後に何をもたらしたであろうか。真宗本願寺派は、大日本仏教慈善会財団などの事業推進を有利に進めようという意図から政府法案に加担したと考えられる。しかし、真宗大谷派はなぜ強硬に反対運動を展開したのであろうか。まずこの点から整理しよう。

政府法案のなかで、反対の要因とされたのが、①キリスト教と同等の待遇となること、②宗派が法人と認められないことであった。深刻な内部対立を抱える真宗大谷派にとって、この二つはどうしても譲れない点であったと考えられる。当時の真宗大谷派宗政中枢にあった石川舜台は、明治初年から一貫してキリスト教の脅威を煽ることで宗派内の結束の維持に努めてきた。また宗派が法人と認められず、各末寺だけが法人格という法的根拠づけを得てしまえば、宗派の統制がゆるみ、内部分裂していくことを強く恐れたと考えられる。このため、日蓮宗などの内部対立を抱える宗派は、真宗大谷派に同調する傾向にあった。

これに対し、本山への権限を集中させるシステムが相対的に整備され、内部分裂の危機感の薄い真宗本願寺派は、そうした点を懸念していなかったようである。名和淵海は、宗派を法人化しなくとも、本山末寺の関係は宗制で定めるように規定している。つまり、本末の関係のあり方は各宗派の自治に任されていると考えるべきで、政府法案が本末関係を断絶するとの考えは、「頑固党の僻説」と述べている。

一方、本山の末寺統制を問題視する側からは、本末関係を明文化しないことを歓迎する意見もあった。山本貫通は、明治三二（一八九九）年一二月『三宝叢誌』掲載の「対宗教法案管見」のなかで、宗派を法人化しないことは、圧政一方の本山側にとって不都合であるかもしれない。しかし、従来のように、末寺を本山の私有物、末派僧侶を本山法主の臣下のごとくみなす妄想を打破するには好都合だと述べている。

雑誌『仏教』は、すでに明治三〇年七月掲載の「所謂死仏教」で、本末関係の実情を痛烈に批判し、次のように評している。

> 今日の本山末寺の関係は、仏法の関係にあらずして、勧財の関係なり、金銭の関係なり、利慾の関係なり、本山とは金銭を徴収する府に過ぎず、……末寺とは本山の下に立ち、其命令を受けて、金銭徴収の手段を尽くす所たるに過ぎず

『仏教』誌上では、明治三三年一月の「宗教法案を論ず」も、教宗派を公法人とする必要を認めないと主張している。宗教法案は寺院教会を法人として規定することを主眼としている。一方、教宗派は法人である寺院教会が便宜上集合したもので、法律の干渉を受けず、各宗派が教規宗制で任意に定めるべきだというのである。

真宗本願寺派の機関誌『教海一瀾』五九号（明治三二年一二月）掲載の「宗教法案に対する吾人の所見」は、本末関係の規定が明確にないからといって、政府の宗教法案に不可を唱えるものではないとしつつも、次のようにも

述べている。

然れども本山として末寺を統轄するは、本邦千年の慣例たり、之に注文を顕はし、本山としての寺派、末寺としての寺を統轄するの明記あるは吾人と雖も望まざるにあらず

つまり、真宗本願寺派も、本末関係の規定のないことにあえて異議は申し立てないものの、宗教法で本山が末寺を統轄する権限を明文化することに反対というわけではなかったのである。

◉本山集権体制の問題

宗派内部に深刻な対立を抱えた真宗大谷派に対し、本山集権体制が一定程度確立していた真宗本願寺派でも大きな課題に直面していた。次に、法案に賛成した真宗本願寺派側の事情をみていこう。

真宗本願寺派は宗教法案に賛成したが、決して山本貫通や雑誌『仏教』が主張するような意味で、宗派への法人格を否定していたわけではなかった。むしろ、実際には本山への権力集中を強めつつ末寺僧侶・門信徒を動員して、宗派の利益追求に邁進しつつあった。

すでに真宗本願寺派は、明治一九年に護持財団を設立して教学資金の募財に着手し、翌年一二月に巡教使条例を制定して巡教使制度の再編を図っていた（三四年に本山派出布教員に改称）。巡教使は、本山の施政方針を全国に伝達する役割を果たすとともに、門信徒へ募財を促す役目も帯びていた。これに対し、弘教講の取締であった松田甚左衛門は、江戸期には法義引立は使僧が、金銭取立は坊官（俗人の本願寺家臣）が担当して都合がよかった。

写真26　大日本仏教慈善財団事務所

ところが、本山からの巡教使は、法義を述べつつ金銭を催促するため、種々弊害が生じていると指摘している。

つまり、真宗本願寺派は本末関係では比較的安定していたが、宗派の底辺を支える門信徒からは、厳しい批判の眼を向けられつつあった。そして、松田の指摘する弊害が一挙に表面化したのが、大日本慈善会財団の募財活動に際してであった。以下に大日本慈善会財団の設立過程をみていこう。

明治三一年冬、大谷光尊は慈善会財団設立の内意を執行長等に告げ、内局が設立準備のため諸般の調査に着手することとなった。三二年六月一〇日、各地の名望資産ある信徒七十名を本山に招請して慈善会設立の第一次相談会を開いた。相談会では宗主の設立趣旨についての懇諭あり、満場一致をもって設立を可決した。その後、二〇日に全国の有力門信徒に百余名を集めて本山で開かれた第二次準備会では、宗主の親諭が披露された。

この親諭では、内地雑居後のキリスト教徒の社会事業への進出という事態をにらんで、国家社会に貢献するため財団の設立を企図した趣旨が表明された。こうして法主を総裁に推戴し、全国の信徒有志が設立者となって財団の設立に向けた運動がはじまった。まさに巣鴨教誨師事件・公認教運動で仏教界が揺れる真っただ中で、宗派をあげた設立準備が進められていたのであった。

その後、創立委員会を開いて募財に着手し、募財の趣旨伝達のために各地に巡教使が派遣され、多くの門末から続々と寄付金が集まった。一年を経過せずして申込金が百万円を超過した。光尊も手元金三万円を下付し、明治三四年六月二二日、財団法人設立認可申請書を内務省に提出し、九月二一日内務・司法・文部の三省大臣名をもって財団の設立認可を得た。一〇月には評議員を飛雲閣に召集して財団細則を決議し、赤松連城を理事長に選出した。寄付申込はその後も続々と寄せられ、三五年四月に一四七万円、三九年七月には四一五万円を超過した。

しかし、その過程で巡教使が部落差別発言に及ぶ事件もおこった。真宗本願寺派側は、差別を受けた人々が救いを求め身銭を惜しまず献金する姿勢を利用したのであり、これへの不満は、大正一一(一九二二)年の全国水平社結成と東西本願寺への募財拒否通告へと結びついていった。

◉真宗本願寺派の財政問題

真宗本願寺派が、大日本仏教慈善会財団の設立で主眼を置いたのは、慈善活動の内容そのものより、本山に莫大な資金を集めて事業を展開し、教団の国家社会への貢献度をアピールしようという点にあった。そのために、募財運動では献金額の多少に応じ会員を五種にも細分し、それぞれに材質の異なるバッジを付与するという方法がとられた。実際、財団の設立後もメインとする事業はなく、すでに広島の崇徳教社が設立していた三院(広島育児院・感化院・保護院)の経営移管を受けて体裁を整える有様であった。多額の資金も慈善事業よりも、布教費補助や学校経営補助として交付される結果となった。

明治三〇年代初頭の真宗本願寺派は、慈善事業だけでなく、海外布教に対しても莫大な資金を投入して積極的に対応しつつあった。第五章でみたように、当時、仏教各宗派が世界に眼を向けようとしない姿勢が、世論の非難の対象となっていた。それまで真宗本願寺派は、海外布教に慎重な姿勢を示してきた。真宗大谷派がアジア布教、浄土宗がハワイ布教に先鞭をつけたのに対し、わずかに明治一九年にウラジオストック(浦潮斯徳)へ布教使を送っ

真宗本願寺派定期集会上程の各地開教地予算案の推移

種別・開教地		明治30年度	明治31年度	明治32年度	明治33年度	明治34年度	明治35年度
外国開教	浦潮斯徳	523円	523円	396円	396円	540円	144円
	韓国	——	——	300円	856円	1,198円	934円
	清国	——	——	3,600円	8,820円		
	新嘉坡	——	——	3,600円	2,500円	1,925円	540円
	布哇	840円	835円	6,340円	6,165円	12,800円	11,937円
	米国	——	——				
	欧州	——	——	——	——	4,200円	2,449円
内国開教	北海道	11,088円	9,085円	6,300円	6,000円	4,600円	4,600円
	台湾	15,233円	15,326円	19,933円	8,452円	8,548円	8,548円
	沖縄	417円	435円	694円	723円	——	——

（各年度『定期集会筆記』による。1円未満切り捨て。特別予算を除く。）

たに過ぎなかった。ところが、二八年に台湾布教に着手すると、次々に海外に布教拠点を築いていった。

明治三〇年にハワイ（布哇）布教に着手した真宗本願寺派は、三一年六月、多額の予算を計上して、北米方面と南洋方面で大がかりな現地調査を行った。この調査を踏まえて、翌三二年には、北米・シンガポール（新嘉坡）・南清へと教勢を広げた。

シンガポールと南清の布教は、その後に縮小されたが、明治三五年の時点でハワイ布教は、布教場が十七カ所まで増加し、在留邦人の支援を受けて各布教場に附属小学校・婦人会・青年会が付設され、急速に教勢が拡大していった。同時期に北米でも、当初のサンフランシスコ（桑港）に加えてサクラメント・シアトル・サンノゼに仏教会が増設され、その後も各地の在留邦人からの要望を受けて次々に仏教会が設立されていった。韓国では釜山布教がようやく軌道に乗り、信徒から敷地の寄付を受けて別院の建築に着手し、台湾の布教拠点はすでに三三年時点で十二カ所に達していた。

海外布教は、日本最大の仏教宗派であることを自負する真宗本願寺派にとって、宗派の威信をかけた事業であったが、その経費は増大の一途をたどり、宗派の財政を圧迫した。さらに、明治三三年には、学校条例を発布して派内の学校制度を整備した。京都に仏教大学を設置し、全国に十七校の仏教中学を置き、東京には仏教高等中学を開設した。仏教高等中学は三五年に高輪仏教大学へと発展していった。二八年の内務省訓令第九号に対応して、僧侶教育機関の拡充を図ったのであるが、これらの財源を確保するために宗派は在家信者に懇志を求め続けた。まさに雑誌『仏教』が評したように、一般在家信者にとって「本山とは金銭を徴収する府」とみなされるようになっていたのである。

◉在家信者離反の顕在化

真宗本願寺派が大日本仏教慈善会財団の設立に向けて募財活動を推進し、海外布教を拡大させていくなか、明治三二年一一月に松田甚左衛門ら同派の在家信者有志が組織する報恩同志会は、本願寺改革を求める檄文を発した。翌月発行の『伝道新誌』掲載の檄文によれば、在家信者有志は本山財政の不始末を黙視できず、真宗本願寺派集会を傍聴した。しかし、その財政の審議が不適切であり、三四年度に支出超過により負債を抱えることが明らかであることを察知した。もし多額の負債が生じれば、その償却を全国の門徒が背負うことになる。ついては、本山財政は在家信者に委任して、僧侶一般は法義繁昌に尽くすべきであると主張している。檄文の発起人には、兵庫・名古屋・広島・伊勢・和歌山・福井・京都・滋賀・鳥取・島根の在家信者が名を連ねており、報恩同志会が全国の信者から支持されていたことがわかる。

しかし、真宗本願寺派はこの在家信者の切実な願いに耳を傾けることはなかった。真宗本願寺派の機関誌『教海一瀾』五六号（明治三二年一二月一一日）掲載の「本山財政に関する者の誤謬を正す」では、報恩同志会の動きに対し、本山財政の不始末を主張してその信用の失墜を招くものであると激しく非難し、多数の力をもって本山を威嚇する姿勢のないように警告した。

当時の世論には、金銭にまつわる宗派執行部の腐敗や、募財方法の問題性を指摘したものが多く、次々に懇志を要求し、自らの救済願望や宗派への参画意欲に応えようとしない宗派当局に対する在家信者の不満は蓄積していた。こうした在家信者の不満は、明治三四年に「小川宗」として集団化し、やがて宗派から離脱することになった。松田甚左衛門も、そうした一人であった。

小川宗の指導者である小川丈平《じょうへい》（独笑）は、天保五（一八三四）年に豊前国築上郡千束村（現福岡県豊前市）に生まれた。生家は、代々熱心な真宗本願寺派末寺の門徒で、庄屋をつとめる豪農であった。地元の名士として地域産業の振興に努め、県会議員にも選任されたが、中年の頃に大病を患い、隠居して一切経を読破し、ついに称名念仏こそが仏本願の行であるとの確信を得た。その後、小川のもとにはさまざまな悩みをもつ在家信者が集まるようになった。小川はいう。教団の財施も尊いかもしれないが、真宗信者にとっては仏の本願を信受して唱える称名念仏こそが仏本願の正行であり、その他はあくまで助業にしか過ぎない。ところが宗派の現実はどうか。宗派の懇志の多寡を重視する風潮のなかで、富や幸福から疎外された人々は、救済の道さえ閉ざされたと考え、自己の尊厳をも見失い、むなしく日々を送り死んでいく。小川は、こうした宗派・本山の世俗化を激しく批判し、必ずしも宗派への献金の必要はないと主張した。小川の主張に共感を抱いた在家信者は三千人をこえたという。しかし、宗派側の弾圧を受け、小川丈平ら小川宗の人々は宗派を離脱していった。

◉宗教法案の残した課題

この時期に真宗大谷派も真宗本願寺派も、本末関係においてのみ宗派のあり方を考える傾向が顕著になったと考えられる。その一方で、一般在家信者を再編・組織する志向性は失われていった。

江戸時代に各宗派は、本山と末寺を結ぶ本末制度と、末寺と檀家をつなぐ寺檀制度により構成されていた。ところが、寺檀制度は明治になって廃止された。もちろん、「家の宗派」としての慣習は残存したが、一般信者を末寺・宗派につなぎとめる制度的裏づけを喪失した。前近代に宗派を支えた組織には、住職を中核存在とする末寺以外に、一般在家信者の主体的参画を原則とする講社があった。廃仏毀釈で末寺が機能不全に陥ると、宗派を支えたのが一般信者の広い協賛を得た講社・結社活動であった。明治一〇年代に、真宗には数万、数十万を擁する巨大結社も出現したが、これらは自由民権運動が規制されるなかで解体されていった。かわって二〇年前後に活発化したのが、青年会・婦人会などの教化結社であった。しかし、三〇年代以降、宗派による利益誘導の風潮が強まるなかで、これらも独自の発展を遂げるまでには至らなかった。以後も宗派側は、一般信者の宗教活動の活性化を促すような努力を払うことなく、ただ懇志のみを求めたのである。

一方、本末制度の基本的枠組みは、明治以降も管長制度として温存された。しかし、政府は宗派が内部抗争をくりかえし、管長制度が有効に機能していないとみると、三二年の宗教法案では、末寺のみに法人格を与える方策をとった。当時、曹洞宗に続いて、真言宗や日蓮宗興門派でも分離問題がおこり、宗派側を牽制するねらいもあったのかもしれない。そして、このことは宗派執行部側に本末制度を固守しようとする意識を一層強める結果となった。この頃は台湾寺廟の末寺化をめぐって各宗派が激しい競争を繰り広げ、宗派利益への意識が高まっていた時期でもあった。そして、仏教側の強い反対運動により、宗派に法人格を付与しない法案は廃案となった。

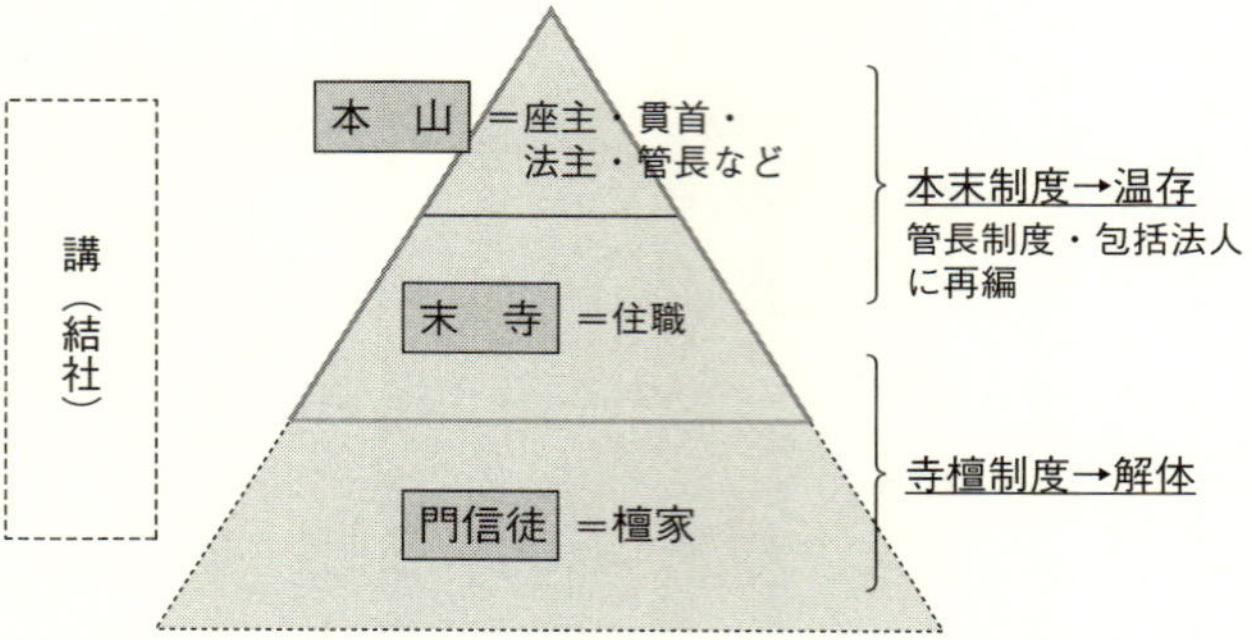

図１　仏教宗派組織の基本構造（本末制度と寺檀制度）

明治三二年の宗教法案では、本末関係を重視しない姿勢をみせた政府であったが、その後、宗派の統制が強まるなかで本末関係は安定化し、政府の姿勢は変化した。明治末年に社会主義運動が強まり、社会教化の必要性が高まると、そのために仏教利用策を展開するうえで本末制度が仏教統制にまことに都合のよいシステムであることを政府の側も再認識するようになっていった。その契機になったのが、後述する四五年の三教会同であろう。

また、大正四（一九一五）年には、朝鮮で本末制度のない朝鮮仏教に対して強制的に本末制度を創成させた。朝鮮仏教の統制を図るうえで、日本仏教の本末制度を導入することが有効であると判断したためであった。

さらに、宗教法案は幾度かの制定の動きを経て、ようやく昭和一四（一九三九）年に「宗教団体法」として成立したが、その条文は次のように、宗派などの宗教団体に法人格を認めて統制を図るものであった。

第一条　本法に於て宗教団体とは神道教派、仏教宗派及基督教其の他の教団（以下単に教派、宗派、教団と称す）並に寺院及教会を謂ふ

第二条　一　教派、宗派及教団並に教会は之を法人と為すことを得

二　寺院は之を法人とす（以下略）

明治三〇年代の仏教公認教・宗教法案反対運動は、本末関係に中心を置く宗派意識を決定的にした。極言すれば、門末（一般在家信者）に開かれた宗派という考え方は後退し、本末関係に局限して宗派利益を図ろうとする宗派主義が台頭したのである。ところが、そのことは、宗派が一般民衆のパワーを吸収することを困難にした。仏教公認教・宗教法案反対運動に際して、数万・数十万規模の一般在家信者が参加したが、以後、こうした広く一般在家信者が参加した仏教大衆運動はみられなくなったのである。

戦後において、宗教法人には、単立宗教法人とともに包括宗教法人が認められた。財団法人・社団法人・社会福祉法人・学校法人・医療法人などの他の法人には、包括法人の規定はない。昭和二六年に制定された宗教法人法では、包括な宗教団体に属さない独立した宗教団体（寺院・神社、教会など）が単位宗教法人として法人格を取得することが可能となった一方で、寺院、神社、教会など複数の宗教団体（単位宗教法人、非法人の団体）を包括する包括宗教法人の存続も容認された。本末制度の伝統は戦後も認められ、今日に至っているのである。

第七章

仏教清徒同志会とその時代

（一）仏骨奉迎をめぐる狂騒

◉仏骨奉迎に至る経緯

明治三〇年代初頭、仏教各宗協会が解散し、公認教運動・宗教法案をめぐる対立により各宗派の足並みは揃わなくなった。アジア布教の競争も激しさを増していた。台湾では、明治三一（一八九八）年五月に台湾総督府が、日本仏教各宗派による台湾廟堂の末寺編入を禁止する内訓を通達し、各宗派の末寺獲得競争を規制した。しかし、この前後より朝鮮での末寺獲得競争が激化し、中国南部の福建省でも、真宗大谷派・真宗本願寺派・臨済宗が現地進出に向けて暗躍していた。各宗派が海外での権益拡大に奔走するなかで、各宗派で取り組むべき課題も浮上した。暹羅《シャム》国（現タイ）から日本仏教に寄贈された仏骨の奉迎に関する課題である。ところが、この課題をめぐっても、各宗派は醜態をさらけ出し、世論の指弾をあびる結果となった。

明治三一年一月、インドのネパール国境付近で、イギリスの駐在官ウイリアム・ペッペにより釈尊のものとされる遺骨が発見された。遺骨の入った舎利瓶と若干の副葬品の提供を受けたインド政庁は、舎利瓶その他をコルカタ博物館・ロンドン博物館などに納めたが、遺骨については暹羅国王室に寄贈した。時のチュラロンコン国王は、仏骨をワットサケートに安置したが、その一部を同じく仏教国であるセイロン（現スリランカ）、ビルマ（現ミャンマー）に分与した。この時、日本の暹羅国駐箚《ちゅうさつ》弁理公使であった稲垣満次郎は、仏教国である日本へも仏骨を分与することを国王に懇願し、二月一日に、日本仏教の特定宗派に対してではなく、暹羅国と日本国の親交のきずなとなることを願い分与するとの返答を得た。

写真27　仏骨奉迎使一行

明治33年６月12日、仏骨授受式典後の記念写真。バンコク・ワットポーにて。前列、左から南條文雄、稲垣公使夫妻、大谷光演、藤島了穏、日置黙仙、前田誠節

この返答を受けた稲垣は、二月一二日にバンコクの公使館より、仏骨奉迎使の派遣を要請する書状を各宗派管長宛てに送った。この書状では、仏骨が日本仏教徒全体に与えられるものであり、「仏教一新の好機到来」になると記している。当時激化していた宗派間対立が解消に向かう契機となることを期待したのであろう。また、「南北仏教の一致」に対する希望にも言及している。かつて佐野正道が提唱した南方仏教との交流が再び課題として浮上したのであった。しかし、稲垣の願いはいずれも実現することはなかった。

◉仏骨仮奉安と日本菩提会

稲垣公使より仏骨寄贈の報を受けた日本仏教側は、数回の予備折衝を経て、明治三三年四月一八日から三日間、京都妙心寺龍泉庵で各宗派会議を開催した。当初、真言宗・臨済宗・曹洞宗・浄土宗・日蓮宗・真宗本願寺派・真宗大谷派の七宗派より各々一人の

奉迎使を派遣することとなっていたが、真言宗・日蓮宗・浄土宗が自宗の都合により辞退した。その結果、仏骨奉迎使の正使に真宗大谷派法嗣《ほっし》の大谷光演を、副使に日置黙仙《ひおきもくせん》（曹洞宗）、藤島了穏（真宗本願寺派）、前田誠節（臨済宗妙心寺派）を選出した。

同年五月二三日、南條文雄随行長をはじめとする随行員らを含め一行十四名は、三十三派管長の委任状をたずさえ、神戸港より博多丸に乗船して出航し、翌月一一日にバンコクに到着した。翌日、ワットポーにおいて仏骨の授受式が行われ、一八日には王宮に招かれて暹羅国王より釈迦像を寄贈されるなど歓待を受けた。翌日、一行は帰路につき、七月一一日に長崎に上陸。一七日に大阪に到着し、四天王寺で行われた拝仰式には数万人が集まったとされる。一九日、仏骨は京都へと至り、東本願寺で行列を整え、仮奉安所と定めた東山妙法院まで各宗派管長・暹羅国公使らが仏骨を奉じて行進したが、その際、道中に三十万人余りが詰めかけたという。

仏骨奉迎使の渡暹《とせん》中の明治三三年六月八日、各宗管長会が妙心寺龍泉庵で開催された。この会議では、第一号議案として「日本大菩提会々則」が、第二号議案として「日本大菩提会施行細則」が審議された。会則では、「本会は釈尊の遺形《いぎょう》を奉安し其聖徳を顕揚し国民の道義を涵養《かんよう》する」ことを目的とし、事業として、第一期に覚王殿建築、第二期に教育および慈善を手がけるとしていた。施行細則では、会員募集勧誘委員を各宗派より選出し、大がかりな募財活動を行うことを定めていた。

しかし、真宗本願寺派はこれに強硬に反対した。まず覚王殿の建設には賛成したが、巨額な建築費用の募財活動は世間一般から了承を得られず、十四万円ほどに経費を圧縮して各宗派から拠出すべきで、真宗本願寺派は二万円を拠出する用意があると主張した。また教育および慈善事業は、すでに同派が大日本仏教慈善会財団の設立に向けて準備を進めていることから、会の事業から外すことを要求した。審議の途上、要求が認められないとみた真宗本願寺派の委員は退席し、過半数で原案は可決された。

結局、日本大菩提会は、三一年に解散した仏教各宗協会に代わる各宗派の連合組織として構想されたにもかかわらず、真宗本願寺派が不参加のまま発足した。会長に村田寂順（妙法院門跡）、副会長に前田誠節が選任され、さらに「日本大菩提会支部規則」「日本菩提会々員待遇規定」などが制定され、組織整備が図られて、大規模な募財活動が展開された。

◉覚王殿建設をめぐる問題

明治三三年七月、仏教清徒同志会の呼びかけで、仏教学会と反省社の協力を得て仏教主義雑誌社連合会が組織され、インド飢饉救済金の募集に着手した。当時インドでは日々数十万の餓死者を出し、約六千万人が生存の危機に脅かされていたとされる。連合会は、日本大菩提会に覚王殿建築の費用を割いて印度基金の救済に充てるべきことを勧告した。仏教清徒同志会の機関誌『新仏教』一巻二号（三三年八月）掲載「印度飢民の為に哭す」は、三千年前に死んだ仏陀の遺骨の奉安に幾万もの黄金を費やすよりも、わずか四銭の銅貨で一日一人の生命を継ぐことができるのであり、その方が大悲仏陀の本旨にかなうはずだと主張している。

しかし、これに日本大菩提会が積極的に対応した様子はうかがえない。さらに翌三四年に入ると、日本大菩提会の不適切な経理処理と負債のあることが明るみになった。特に真宗本願寺派に近い『教学報知』（のちに『中外日報』と改題）は、五月に「大菩提会を解散せよ」との論説を掲げ、「単に理想の上に描くはよし、猜疑、嫉妬、反問、排擠の念ある各宗派に依りて現実に顕さんとするは至難の業である」と評し、その後も会の財務処理の不手際を数度にわたって報道した。三五年一月、大菩提会は覚王殿の建設場所を東京・京都・遠江（現静岡県西部）のなかから選定することとし、当初は京都が有力と目されていた。ところが、その後、名古屋建設を推す日置黙仙らが熱心な誘致運動を展開し、京都建設を主張する側と激しく対立し、中傷や怪文書も乱れ飛んだとされる。

覚王殿の建築が何ら進展しないまま、明治三五年九月に外務省から通達があり、一二月に暹羅国王が来日する予定であるため、仏骨安置の地所を速やかに確定するようにとの指示があった。これを受けて一〇月二日に建仁寺で管長会議が開催されたが、ここでも京都派と名古屋派が主張を譲らず決定をみなかった。そして、一一月五日に大菩提会の会議が開かれ、ここでようやく名古屋に建設することが決定され、同時に村田寂順会長と前田誠節副会長が解任され、大谷光演が会長に、日置黙仙が副会長に選任された。

こうして明治三六年一〇月、名古屋市東区田代町（現千種区法王町）の建設予定地で覚王殿の造営がはじまった。翌年にいずれの宗派にも属さない超宗派の寺院「覚王山日暹寺《にっせんじ》」（現日泰寺）として創建され、大正三年一月に伽藍が整備された。しかし結局、各宗派共同の教育・慈善事業が実施されることはなかった。

（二）諸宗派有志連合の結社

◉明治三〇年代以降の仏教改革運動

明治三〇年代に入ると、日清戦争後のアジア進出などをにらんで宗派の利害意識が強まった。宗派間の対立も次第に表面化し、明治三一（一八九八）年七月に仏教各宗協会が解散に追い込まれた。その後、仏教公認運動・宗教法案をめぐって宗派間対立は激化し、三三年に設立された日本大菩提会も各宗派の融和を図るにはほど遠い状況にあった。

このように各宗派協調体制が崩壊した状況のなかで、諸宗派の僧侶有志によって、宗派の垣根をこえて仏教改良・改革運動を目指す結社が次々と産声をあげた。これら結社には多様な主張・運動がみられたが、宗派の壁を乗りこえて結束し何を目指すのか、その際に伝統宗派との関係性をどのように考えるかという共通課題を抱えていた。そしておおむね、この点をめぐる対応は、大きく以下の三つのパターンに分類できると考えられる。

第一には、伝統宗派の枠組みを前提としつつも、各宗派有志と協力して新たな活動や事業を実施するパターンである。いわば伝統仏教の改良主義運動とでもいうべき立場であり、各宗派の教義の相違は棚上げにして、仏教行事や社会事業、布教活動などで統一行動をおこす結社である。このパターンに属する結社は、近代を通じて数多く存在したが、特に明治三〇年代以降の仏教結社として「仏教青年伝道会」と「仏教同志会」（その後継結社「仏教徒社会事業研究会」）に注目したい。この二つの結社は、近代仏教の重要課題である布教と慈善（社会事業）とにそれぞれ取り組んだ代表的結社であった。

仏教青年伝道会は、明治三五年一二月に各宗派僧侶によって、東京浅草に結成され、天幕（テント）伝道を行うなど、新たな信者獲得を目指し、戦時中まで活動した。一方、仏教同志会は、四一年九月に内務省によって感化救済事業講習会が開催されたのを契機として、翌四二年一〇月に感化救済事業講習会に出席した僧侶が中心となって組織された。仏教同志会は、宗派をこえて仏教界の慈恵救済事業と地方改良事業の振興を図ることを目的としたが、実質的に機能することなく、その事業は四五年設立の仏教徒社会事業研究会に引き継がれていた。仏教徒社会事業研究会は、大正三（一九一四）年六月に第一回全国仏教徒社会事業大会を開催するなど、その後の仏教界の社会事業の発展に大きな影響を与えた。

第二の類型の伝統宗派に対する姿勢は曖昧である。伝統宗派の旧態依然たる姿勢を厳しく批判し、これとの決別を宣言する。その意味で、第一のような伝統宗派の枠組みを温存したままでの合同論には与《くみ》しない。しかし、伝統宗派の解体を積極的に主張し、通仏教的理念の構築に努めるわけでもない。やがて伝統宗派が淘汰されて将来的に新たな仏教の出現することを期待し、いわばそのための前提条件を整備しようという立場をとる。明治三三年七月に結成された「仏教清徒同志会」（三六年に「新仏教徒同志会」と改称）がこの類型にあたり、その前提条件の整備に向けた啓蒙活動のため、月刊機関誌『新仏教』を刊行したことはよく知られている。

第三には、伝統宗派のあり方に失望して、宗派とは別に新たな仏教勢力の結集を目指すパターンである。こうした結社の事例は決して多いとはいえないが、その代表格として、明治三五年三月、横浜に設立された「通仏教研究会」がある。通仏教研究会の提唱者は、井上政共《まさとも》という在家信者であり、横浜近辺の各宗派寺院の支援を受け超宗派的結束を目指した。しかし、井上は宗派仏教に自浄能力のないことを悟り、伝統宗派勢力との決別を宣言して東京に進出し、四四年八月に「通仏教講演会」を組織した。この結社は、全仏教に通ずる教義や修行法の契合点を見出そうとした点でも注目される。

以下に、それぞれのパターンに属する結社の組織と活動とを概観しよう。

◉仏教青年伝道会の結成

明治三五年一二月七日、浅草伝法院で仏教青年伝道会の発起人会が開催された。当日参集したのは、天台宗の遠《お》賀《が》亮《りょう》中《ちゅう》・大森亮順・中鉢（壬生《みぶ》）雄舜、真言宗智山派の櫻井栄山、浄土宗の窪川旭丈《きょくじょう》・大島真厚・清水信順、曹洞宗の来馬《くるま》琢道、真宗本願寺派の柘植《つげ》信秀、真宗大谷派の白山謙致・本多文雄・安藤嶺丸《れいがん》、日蓮宗の中川観秀らであった。

写真28　浅草公園での第15回天幕伝道（明治39年７月）

翌三六年一月二五日、第二回発起人会を開き、安藤嶺丸・壬生雄舜・窪川旭丈の三名を常務理事に選出した。安藤嶺丸は、東京浅草の真宗大谷派蓮窓寺の住職であり、会の実務で中心的役割を果たした。壬生雄舜は東京浅草の天台宗泉蔵院の住職、のちに天台宗総会議員・教学部長などの要職を歴任した。窪川旭丈は、東京浅草の浄土宗龍宝寺の住職で、四〇年に宗会議員に選ばれ、その後、教務部長・庶務部長などの宗務の要職を歴任した。四〇年には会の規則を改正し、五十嵐光龍（真言宗）と来馬琢道（曹洞宗）を常務幹事に加えた。

東京浅草には各宗派の寺院が集まっており、その住職らのネットワークから会が結成されたのであった。東京での各宗連合活動の中心地は、明治二〇年代には築地であったが、三〇年代に浅草に移ったといえよう。また若手僧侶有志の集まりではあるものの、宗派内で将来宗政をになうことが嘱望された人物が多く参加していた。

明治三六年四月一日、浅草公園内に十五坪の天幕を張り、八十日間にわたり第一回天幕伝道を実施し、以後、天幕伝道を主要な事業とした。天幕伝道の実施意図を会の機関誌『青年伝道』は、次のように説明している。

多くの人は言ふ、伝道せんとならば、巍然《きぜん》たる殿堂のあるあり、何を苦みてか寺院の外に天幕を用ひん、法を屋外に説くが如きは仏法を軽んずるの甚しきものなりと、さらば、其寺院に仏法宣伝の設けありやと問はんに、悲しいかな、徳川幕府の時代より馴らされたる我国民は、寺院を説法の道場として認めんよりは、葬祭の道場として知れる方遙に多く、血の燃ゆる少年少女は却つて、寺院に近くを厭ふ状となり、寺に詣で丶法を問はんとする者は、一二の宗派を除く外、全く無しとも云ふべかりしなり

天幕伝道は、寺院が葬祭の場となっている状況を嘆き、葬式や年忌法要で「家の宗派」として集まる信徒とは別に、新たな信者の獲得を目指してはじめられた。当時、こうした新たな布教活動への取り組みは「特殊布教」と称されつつあった。近代化・都市化が進み、前近代的共同体が分解していくなかで、門信徒のあり方の多様化が顕著となり、寺檀関係を前提としてきた伝統的な布教形態・方法だけでは対応できない局面が広範囲に現出していた。学校・職場・病院・軍隊・監獄・海外などの多様な場を利用した布教や、少年会・青年会・婦人会などの年齢・性別による信者層の組織化、文書・通信・幻灯・仏教唱歌などの布教手段の開発などが必要となり、これに対応した布教体制の整備・布教内容の充実・布教者の養成などが課題となってきたのである。仏教青年伝道は、その先進的な役割をになったのである。

◉『青年伝道』創刊と仏教徒大会開催

明治三六年九月一日、仏教青年伝道会の機関月刊誌『青年伝道』が創刊された。雑誌に掲載された「本会綱領」には次のように記されている。

一、主義　仏教の根本義に依り敢て一宗一派に偏せず
一、目的　健全なる信仰を鼓吹し其宣伝を謀る
一、事業　天幕伝道、唱歌伝道、避暑地伝道、文書伝道、屋内伝道

のちに事業内容が拡張され、「仏誕会を国民的祭典たらしむること」などが追記された。明治三八年四月三日、第一回釈迦降誕会を挙行し、以後毎年の恒例行事とした。第一回に参集した者が約一千人に及んだとされ、釈迦降誕会の全国的普及にも大きな影響を与えた。四二年二月には、浅草郵便局長より職員への精神修養に関する講話を招請されたのを契機に、東京市内各郵便局に講師を派遣するようになった。さらに郵便局集配人の業務の苦難に接し、翌年に集配人慰労大会を開き、三千五百余りの慰労袋を集めた。

その後、東京瓦斯《ガス》株式会社・鉄道院大宮工場などの工場布教にも着手した。また、「墓地問題各宗同盟会」を結成して、東京の墓地移転・整備を検討し、東京市に要望書を提出するなどの活動も行った。

明治四〇年四月六日より一週間、仏教青年伝道会の首唱により、浅草本願寺で「大日本仏教徒大会」が開催された。宗派当局の直接的な協賛を得た大会ではなかったが、全国の仏教関係者に六千通余りの案内状を送付した。来会者は約三千八百名に及び、以下の決議がなされた。

一、大日本仏教徒連合会を組織する事
一、明治四十五年大博覧会開会に際し万国仏教徒大会を東京に開く事
一、仏教徒の手に依りて私立大学の設立、社会救済事業の完成を期する事

八日には、各宗派合同の釈尊降誕会をピアノ・ヴァイオリンなどの演奏による音楽法要で盛大に執行し、九日から一二日までは、村上専精・近角常観・南條文雄・加藤咄堂らの演説が連日行われた。

◉仏教青年伝道会堂の建設

大日本仏教徒大会での決議事項は実現されなかったが、大会の開催に併せて、仏教青年伝道会は、会堂建設計画を発表した。「仏教青年伝道会堂建設趣意書」には、その目的を次のように記している。

会堂は、社会の凡《すべ》ての階級の人々を迎へ入るに便利のため、下駄でも草鞋《わらじ》でも跣足《はだし》でも自由自在に出入の出来るやうに「コンクリート」の叩きに土間を拵《こしら》へまして私共が永年の希望でありました理想の会堂を建築したいと思ふので御座います

従来の寺院建築の閉鎖的な雰囲気を一新して、より開かれた布教の場としたいという意図がうかがえる。用途としては、布教以外にも学術の講演・衛生の演説・教育の幻灯・音楽の演奏などに使用して一般市民の公益にも供し、図書閲覧室を設置して仏教研究に資するようにしたいと記している。大正期の会堂建築ブームの先駆けをなした事

写真29　上：仏教青年伝道会堂　下：同会堂で行われた仏式結婚式（昭和４年４月22日）

例といえよう。

明治四〇年七月、建築予定の浅草公園内の土地を永代無料で使用することが東京市会で議決され、建築資金の募集活動に着手した。建築事務所の主任理事には安藤嶺丸が就任し、発願人総代に浅草寺主の修多羅《しゅだら》亮延・東久世《ひがしくぜ》通禧《みちとみ》・柳原義光・大内青巒・前田正名《まさな》が、協賛者に成田山主石川照勤・渋沢栄一らが名を連ねた。

明治四四年六月に総二階建ての会堂が落成し、インドから石仏を将来して盛大な開堂式が挙行された。石仏が新橋に到着すると、各新聞社の記者を築地の料亭に招いて芸者を侍らせ酒宴を開いた。また石仏歓迎に際して、浅草の芸妓百数十名が「伝道会」と染めぬいた手拭いを肩にかけ、揃いの日傘で歓迎パレードを挙行したという。

これに対して、加藤咄堂は、同年七月『新仏教』に「青年仏教徒の妄動」と題する評論を寄せ、次のように青年仏教伝道会を厳しく非難した。

> 郵便局伝道を開始して美名を宣伝せられし青年仏教伝道会は釈尊像歓迎に際して醜態を暴露せり。印度より石像を将来して会堂の本尊となさんとす。その挙もとより不可なし。されど之を迎ふるお祭り騒に至ては青年仏教徒としてあるまじき行動を耳にす

仏教会堂の開堂式では、『新仏教』から手厳しい批判を受けたものの、仏教青年伝道会の斬新な布教手法は、仏教界に新風を吹き込んだことも否定できない。しかし、会のメンバーは、各宗派僧侶の寄せ集めで、独自の布教理念をもたなかった。また、その活動は東京付近に限定されており、広い信者層を獲得して組織化するという方向性をとらなかった。それは、宗派仏教との共存を本旨とし、各宗派で帰属する信者層を奪い合うことを避けたためか

もしれない。結局、宗派のあり方や社会への批判的認識も希薄であったため、大正期に入り諸宗派で国家の要求に応答しようとする協調体制が強化されると、会の布教活動は先進的意義を失っていった。

◉鉄道共敬会

大正九年に仏教青年伝道会は、鉄道従業者への教化事業を拡大し、「鉄道共敬会《きょうけい》」という別結社を組織した。鉄道共敬会は、真宗本願寺派系の「鉄道道友会」（大正四年六月設立認可）と並ぶ鉄道従業者の修養教化団体であった。

鉄道共敬会は、『共敬』（大正一三年一〇月『きょうけい』と改称）という機関誌を発行した。同誌に掲載の「鉄道共敬会綱領」では、「国家を人の身体に比すなら鉄道の仕事は恰《あたか》も人の大動脈の如きものである」といい、鉄道従業者にその責務の重大性の自覚を促し、そのための仏教教化の必要性を主張している。

鉄道共敬会は、真宗本願寺派を除く各宗派の有志の協力体制により、教化活動が展開されたようである。昭和四年当時の会長は日蓮宗管長酒井日慎であり、専務理事が安藤嶺丸であった。六年から七年にかけて『きょうけい』は「定期精神講話」欄を記載し、各宗派僧侶による全国各地の鉄道管内駅舎等の巡回講話の日程を報告している。派遣された講師と鉄道管区は以下のとおりであった。

岡山運輸事務所管内　本会講師　荒樋《あらひ》栄実（天台宗）
青森運輸事務所管内　本会講師　安西宥昌（真言宗智山派）
旭川運輸事務所管内　本会講師　寺西専然（真宗大谷派）
新橋運輸事務所管内　本会講師　青龍寺芳虔《せいりゅうじほうけん》（真言宗智山派）

名古屋運輸事務所管内　本会講師　中井　香信（天台宗）
新津運輸事務所管内　本会講師　青木　鳳憲（日蓮宗）
上野・宇都宮運輸事務所管内　本会講師　安西　宥昌（真言宗智山派）
米子運輸事務所管内　本会講師　石田　義道（曹洞宗）
室蘭運輸事務所管内　本会講師　菅原　専慶（真宗大谷派）
長野運輸事務所管内　本会講師　土屋　観道（浄土宗）
大阪運輸事務所管内　本会講師　前田　宥昶（古義真言宗）
仙台運輸事務所管内　本会講師　佐藤　光峰（真言宗智山派）
敦賀運輸事務所管内　本会講師　中川　徳芳（曹洞宗）

しかし、昭和期の『きょうけい』誌面をみる限り、階級闘争や労働運動を批判し、自他共敬（社会連帯）の立場から国家のために鉄道業務に尽くすことをくり返し求めている。鉄道共敬会の労働者教化も、戦時体制が進行するなかで、国策順応の道を歩んでいったと考えられる。

◉仏教同志会

仏教青年伝道会が、布教面で各宗派の協調路線を補完する役割を果たしたのに対し、社会事業の面で同様の役割をになったのが、仏教同志会と仏教徒社会事業研究会である。まず、仏教同志会が組織された当時の社会状況からみていこう。

日露戦争後の日本は、戦費調達のため膨大に累積した内外債を抱えながらも、帝国主義列強に伍していくため、軍備拡張・植民地経営などに積極的な国費投入を行った。これらの財源を確保するために、戦時非常特別税が継続されたほか、酒・砂糖・煙草税の増徴が実施され、国民生活は一層困窮をきわめた。明治三九年の南満州鉄道株式会社の設立を契機に高騰を続けた株価も、翌年一月に入ると、一転して暴落をはじめ、戦後投機にわいた企業や中小銀行が次々と倒産していった。

財政に行き詰まった西園寺内閣の後を受け、明治四一年七月に発足した第二次桂内閣は、財政再建を重要な政治課題に掲げるとともに、各地で頻発の兆しをみせはじめた労働争議や小作争議への対策を講じて、国民の協力体制を構築する必要性に迫られた。しかし、あくまで帝国列強への対抗を主眼に置く政府によって、社会政策への適切な予算措置が講じられることはなかった。内務省は、疲弊した地方農村の再建のための地方改良運動、主に都市の困窮民を対象とする感化救済事業を企画し、その奨励策を打ち出したが、それは指導者養成のための講習会が開催された程度に過ぎないものであった。

このように、地方改良運動や感化救済事業は、社会事業に対する国の責務への認識からではなく、社会主義の蔓延を抑止して国策への協力体制を構築することに着眼してはじめられたのであり、篤志者の自発的協力に期待し、これを組織化しようとするものであった。

こうして明治四一年九月から一〇月にかけて第一回感化救済事業講習会が開催された。この感化救済事業講習会に出席した僧侶らは、宗派の枠をこえて協力し、仏教社会事業の振興発展の方策を相談するようになり、さらに東京仏教徒有志も加わって会合を重ねた結果、「仏教同志会」が組織された。

仏教同志会は、通仏教的立場から多様な活動を先導してきた大内青巒を会頭とし、東京養育院の安達憲忠が幹事長に就任、各宗派の有力者を顧問に迎えて翌四二年に発会式を挙げた。設置目的は、主に仏教関係者の経営する個別社会事業の連絡援助を図ることにあったが、ハンセン病者の救護施設、無料宿泊所、労働者相談所等の直接事業を実施する財団組織の設立も企図しており、その実現を目指して調査研究に着手した。ところが、社会事業の必要性はようやく認識されつつあったものの、各宗派による事業の具体的な実践が充分に蓄積されていない段階で、こうした活動が広く賛同を集めることはできず、四五年に仏教徒社会事業研究会が組織されたのを機に解散となった。

◉仏教徒社会事業研究会

仏教同志会と社会事業研究会とは、同じく社会事業の調査研究を目的に掲げていたが、両会の性格には根本的な違いがあった。同志会の場合は、各宗派の管長クラスを顧問に戴いて、その支援の下に資金を募り事業を展開するという方向性をもっており、こうした宗派勢力に依存する試みは、それまでも、仏教各宗協会や日本大菩提会で頓挫してきたものであった。

これに対し研究会の方は、実際に社会事業に関わる仏教者の広がりを背景に、あくまでその調査研究の場として発足したものであった。仏教徒社会事業研究会の事務局は浄土宗労働共済会内に置かれた。労働共済会は、ドイツ留学中に労働者の家に関心を抱いた渡辺海旭《かいぎょく》が中心となり、東京深川に設立されたセツルメントであった。研究会のメンバー全員の氏名は詳らかでないが、浄土宗労働共済会の機関誌『労働共済』巻末の彙報欄などから、次の人物が初期から積極的に参加していたことを把握できる。

秋庭《あきば》正道（東京仏教慈済会）、浅野玄秀（仏教広済会）、安達憲忠（東京市養育院）、磐井宗成《いわいしゅうじょう》（東京監獄）、梅本龍海（東京興仁会）、黒田昭海（浅草寺救護所）、小林乗雲（日本浮浪児童救済会）、高岡隆瑞（真龍女学校）、武田慧宏《えこう》（巣鴨監獄）、中西雄洞《ゆうどう》（労働共済記者）、沼波政憲《ぬまなみ》（浅草本願寺無料宿泊所）、松濤神達《まつなみしんたつ》（東京養老院）、松岡了眼《りょうげん》（東京盲人教育会）、三輪政一（四恩瓜生会）、村瀬戒興（浄土宗労働共済会）、長谷川基（長谷川病院）、藤井萬喜太（前橋養老院）、山田一英《いちえい》（日蓮宗東京慈済会）

彼ら研究会のメンバーは、仏教界や宗派内で一定の指導的地位を占めていた同志会の創立委員とは違い、東京周辺の社会事業従事者であった。このため、各宗派の社会事業従事者のネットワークを重視する立場から宗派の中枢とも一定の距離を置き、宗派のあり方を相対化する視点を有していたと考えられる。その意味で、同志会と研究会の両方に関係した安達憲忠が、『仏教徒社会事業大観』（仏教徒社会事業研究会編、大正九年）掲載の「仏教の救済事業」のなかで、宗派勢力の保持拡大を優先的に考える宗門人の姿勢を厳しく批判しているのは興味深い。

写真30　渡辺海旭（1872-1933）

仏教徒社会事業研究会には会長が置かれなかったが、渡辺海旭が相談役として研究会を代表する立場にあった。『仏教徒社会事業大観』所収の「本書編纂の趣旨及び概観」も渡辺の手によるものと考えられるが、そこでは、事業所総数の不足、免囚保護事業の立ち遅れ、研究的態度の希薄性、社会的ニーズと効果に対する認識の欠如、社会課等の支援連絡組織の未整備、人材育成の方策の未確立、組織・財政の脆弱性などが、仏教社会事業の直面する課題として指摘されている。そして、これらの諸課題の多くが、仏教徒社会事業研究会の活動により次第に克服されていった。

◉仏教徒社会事業大会

仏教徒社会事業研究会の行った事業のなかでも、仏教界における社会事業の進展普及にもっとも大きな役割を果たしたのが、全国仏教徒社会事業大会であった。当時の新聞雑誌によれば、仏教徒社会事業研究会が主催した全国仏教徒社会事業大会は、以下のように四回開催されている。

第一回　大正三年六月一三日～一五日、東京で開催、出席者約八十名
第二回　大正九年四月九日～一〇日、東京で開催、出席者約四百名
第三回　大正一〇年四月九日～一二日、大阪で開催、出席者約三百名
第四回　大正一一年六月二二日～二四日、東京で開催、出席者七六八名

大会は回を重ねるたびに参加人数が増加し、内容も充実していったようである。第一回大会では講演会と施設見学が中心であり、中央機関の設立と仏教社会事業の振興の必要性が確認されたに過ぎなかったが、第二回大会では、一般社会事業、少年保護、労働問題、衛生保健、免囚保護の五項目についての具体的方策が協議された。

さらに第四回大会では、全国の仏教社会事業の連絡機関として「仏教徒社会事業連合会」（のちに「仏教社会事業協会」に改称）が設立され、その発会式が行われた。しかしこの第四回大会以降、仏教社会事業研究会や仏教徒社

会事業連合会が活発に事業展開した様子を示す資料を見出すことはできず、大会も開催されていない。

全国仏教徒社会事業大会が開催されなくなった背景の一つとして、仏教社会事業のにない手の中心が、仏教徒有志から宗派の組織的主導へと移行していったことが考えられる。大正一〇（一九二一）年以降、各宗派に社会事業を専門に担当する社会課が設置され、一二年四月には真宗本願寺派と真宗大谷派が宗派単独での社会事業大会を開催し、他の宗派もこれに続いた。同年九月には関東大震災がおこり、東京を拠点とする仏教社会事業研究会が調査研究の活動を中断せざるを得ない状況に追い込まれるなかで、宗派主導体制への移行に一層拍車がかかったものと推察される。

（三）経緯会から仏教清徒同志会へ

◉大日本仏教青年会の低迷

仏教青年伝道会や仏教徒社会事業研究会のような結社は、宗派間の協調体制を欠いた状況のなかで、それを補うものとして一定の成果をあげたことは否定できないであろう。しかし、宗派仏教への批判的認識は希薄であり、明治四五（一九一二）年の三教会同を経て、大正期に仏教連合会による諸宗派による連携体制が確立すると、急速に存在意義を失っていった。

これに対して、仏教清徒同志会や通仏教講演会のように、宗派仏教のあり方を厳しく批判する立場の結社はどのような主張を提示し、いかなる活動を展開したのであろうか。この点にふれる前に、かつての通仏教的結社の旗手であった大日本仏教青年会のその後を概観しておこう。

明治二〇年代、東京諸学校の学生によって組織された大日本仏教青年会は、新仏教運動を推進する結社として仏教界から大きな期待が寄せられていた。ところが、三〇年代初頭の仏教公認教運動や宗教法案反対運動では、表層的な宗派利益を政府に要求する運動に手を貸し、支持団体であった仏教学会との溝を深くした。

公認教運動や宗教法案反対運動ののち、大日本仏教青年会運動は低迷し、明治末にその衰退は決定的となったようである。早稲田教友会の評議員で大日本仏教青年会の会員でもあった土屋詮教は、大正元（一九一二）年一二月発行の『新仏教』に「青年仏教徒の奮起を望む」を寄稿し、かつて大日本仏教青年会の活動は目覚ましいものがあったが、近頃は衰運に傾いてきたと記している。帝大の徳風会、慶應の三田仏教会、早稲田の教友会も不振であり、大日本仏教青年会がこれら諸団体を牽引する能力を喪失したためであるという。そして、その原因として次の四点をあげている。

第一に一部の野心家が運営を左右し、諸仏教青年会から信用を失ったことが原因であるという。これは、仏教公認教運動や宗教法案問題の際の組織内の分裂が長く尾を引いたためと考えられる。第二には各宗派単位が教育機関を設置し、自宗派単独の仏教青年会の統制を重視し、仏教青年全体の協和を図り、門外学生を指導することに冷淡となったためであるという。例えば、真宗本願寺派では、明治四〇年六月に「仏教青年会概則」「仏教青年会連合本部規則」を制定し、宗派内の仏教青年会の統制を強化した。宗派主義の台頭が仏教青年会にも大きな影響を及ぼしたようである。さらに第三には島地黙雷、大内青巒、南條文雄、村上専精らに代わるよき指導者がいないことをあげ、第四に青年には資金がなく宗派が自宗派内の対応に終始し、仏教青年会の活動を支える適切な対応をしないことを指摘している。

そして、最後には仏教界全体の問題点へと論を進め、宗派主義の問題点を次のように述べている。

仏教の印度に滅び支那に衰へたのは、宗派心の偏狭なる争から自滅を招致し、新時代と共に推移する大勇猛心活力がない為めであつた。日本の仏教も必ずしもその轍《てつ》を践《ふ》むものでないとは断言し得ぬ。我等の希望は各宗各派が此歴史的事実に鑑み、宗派心の偏見邪僻《じゃへき》を打破し、各宗の小利害小異議の如きは、仏教の根本義より打算して融通無碍《むげ》なるべきものなるを覚醒せんことを望むのである。

◉経緯会の結成

明治二〇年代の仏教界の新潮流を代表する結社が仏教青年会であり、その代表格が大日本仏教青年会であったとすれば、三〇年代を代表する結社は、仏教清徒同志会（三六年に「新仏教同志会」に改称）であろう。同志会の改革運動の歴史的意義を論ずる前に、まずその前身である経緯会の概要からみていこう。

明治二六年四月、古河勇（老川）は仏教学会に加入して『仏教』誌上で新仏教主義を唱道する論説を執筆しはじめ、翌年一二月に「経緯会」が組織された。当初、経緯会は宗教を研究する学術的なサークルであった。会則には、第一条に「本会は学術宗教等の重要なる問題を考究し、智識を研磨し、徳性を養成するを目的とす」とし、第二条には「会員は仏教徒にして講話し得るものに限る」と規定されていた。

発足時の会員は、西依一六（金次郎）、大久保格（格道）、古河勇、北条太洋、杉村廣太郎、菊池謙譲の六名であった。この内、西依・大久保・古河・菊池の四名は真宗本願寺派の普通教校・文学寮の卒業生であり、杉村は古河と同郷であった。杉村と菊池とは、かつて古河の提唱により設立された仏教青年協会の委員に選出されたことがあり、古河を中心とする交流関係から会は発足した。また大久保と杉村は、ユニテリアン協会の先進学院に在学中であり、杉村に入学を勧めたのも古河であった。のちに古賀新、田上為吉（灑庵）、境野黄洋（哲・哲海）らが加わった。

写真31　雑誌『仏教』関係者

前列向かって右より、平子鐸嶺・境野黄洋・釋清潭・安藤弘・渡辺海旭。
後列右より梶宝順・鷲尾順敬・結城素明

明治二八年に古河が『仏教』の主筆となり、同時に西依・田上・境野らも参加して、同誌上で筆をふるうようになり、次第に宗派仏教を痛烈に批判する論説を発表するようになっていった。会員も次第に増加し、小林正盛（雨峰）、月見覚了、渡辺海旭、柏原文太郎、桜井義肇《ぎちょう》、清川円誠《えんじょう》、能海寛、鈴木大拙（貞太郎）、高楠順次郎らが加入し、京都にも西部経緯会が組織され、東京の経緯会を東部経緯会と称した。

同年七月に清沢満之ら白川党による真宗大谷派の改革運動がはじまり、月見や清川ら白川党である会員の要請を受けて、運動を支援するための相談会を開いた。その際に、本願寺攻撃に最も熱心であった西依は支援を主張したが、柏原や菊池が時期尚早論を唱え、その後に内部で意見の対立も表面化したようであり、経緯会は明治三二年二月に解散された。同年一二月に一時再興されたようだが、その後は事実上解散となったようである。

した。

◉仏教清徒同志会と『新仏教』創刊

経緯会の中心的存在であった古河は、病のため和歌山に帰郷し、明治三二年一一月に死去し、田上も病により没した。

古河に次ぐ会の有力メンバーであった西依は、東京を離れ広島県第三尋常中学校（のちに広島県立三次中学校）の教員となった。菊池は韓国へ、北条はブラジルを経て中国へ、能海はチベットへ、鈴木は北米へと旅立っていった。遅れて渡辺も、三三年四月にドイツ留学に赴いた。彼らは、明治三〇年代初頭の仏教界の動向に強い失望感と閉塞感を抱いて東京を、そして日本を離れていったのであろう。

経緯会のメンバーが散り散りになるなかで、東京に残った境野、田中治六《じろく》、安藤弘（之振）が、高嶋米峰《べいほう》（大円）の下宿先に集まり宗教問題や時事問題について談じたことが機縁となって、明治三三年三月に「仏教清徒同志会」が誕生した。

すでに述べたように、会の結成は公認教・宗教法反対運動が盛んな時期であり、境野は、『新仏教』六巻四号（三八年四月）掲載の「新仏教幼年時代」のなかで次のように回想している。

> 忘れもしない、石川舜台等の公認教運動の盛なこと、之に付和雷同して政府の保護を仰ぎ、仏教の命脈を維持し様といふ議論の四方に反響し、各宗挙て奔走激甚であつた頃、政治の力で仏教の生命を維《つな》いで行かうなど、いふ惘れな思想を打破せねば、仏教の真意義を発揮することは出来ないといふ憤慨が、何時となく二三の人の間に起つて、之を動機に新仏教組織の話しは始まつた。

経緯会と同様に『仏教』を機関誌とすることには議論があったようである。結局、『仏教』が浄土宗の関係雑誌と世間で思われているため、明治三三年七月に独自の機関誌『新仏教』を創刊し、以下の綱領を掲げた。

一、我徒は仏教の健全なる信仰を根本義とす
二、我徒は健全なる信仰智識及道義を振作普及して社会の根本的改善を力む
三、我徒は仏教及其の他宗教の自由討究を主張す
四、我徒は一切迷信の勦絶《そうぜつ》を期す
五、我徒は従来の宗教的制度及儀式を保持するの必要を認めず
六、我徒は総べて政治上の保護干渉を斥く

◉ユニテリアンとの関係

仏教清徒同志会は、綱領の最初に「健全なる信仰」を掲げたが、それはどのような内実をもつものであったろうか。『新仏教』一巻五号（三四年四月）で、境野は綱領の一を次のように説明している。

何をか仏教の根本義となす、新仏教は之を教へず。理性の自由を尊び、其の信仰を拘束するを厭へばなり。他に聞きて之を信ずると、自ら根本義を認取するとは、新仏教徒各自の意に存す。

仏教の根本義の理解は個人の自由に委ねられるべきで、その自由を妨げる恐れがあるため、あえて規定しないと

いうのであり、この主張はユニテリアンの佐治実然の立場と酷似している。また境野は、「他教の根本義を信すべからずとなすは我徒の主義にあらず。そは仏教と他教と相容れざるにあらずとする、其の人の自由を害せざることを欲すれば也」と述べている。さらに創刊号掲載の「我徒の宣言」でも「我徒は広く真理と善徳を求む。彼の仏耶二教の合一の如きも、亦我徒理想の一にして、亦其の希望の一也」という。仏教の根本義を曖昧にしたまま、キリスト教との提携を希望するというのである。

そして、実際に明治三四年四月、仏教清徒同志会は、ユニテリアン協会との提携に向けた協議に入った。四月七日、杉村廣太郎、境野、加藤玄智、融《とおる》道玄、斎田耕陽、千崎如幻《せんざきにょげん》の同志会会員は、惟一館を訪れ、午前中にユニテリアン協会の日曜演説を聴聞し、聴衆に『新仏教』増刊号を配布した。午後には応接室に移り、ユニテリアン協会側との提携に向けて懇談会を開いた。ユニテリアン協会側の出席者は、佐治実然、神田佐一郎、平井金三、豊崎善之介であった。当時、ユニテリアン協会では、マッコーレイが帰国し、佐治会長のもとで非キリスト教化の路線を歩みつつあり、杉村が先進学院の卒業生でもあることから、相互に胸襟を開き熱気あふれる懇談会となったようである。

懇談会の模様をユニテリアン協会の機関誌『六合雑誌』二四四号（三四年四月）は、「内報」欄で次のように報告している。

仏教清徒同志会は歴史上では仏教より出たる新宗教思想の代表者であり、ユニテリアンは歴史上、基督教の系統より出たる新宗教思想の代表者である。今此二流の新思想が端なく此会合に依つて、大に其勢威を盛んにしたるは、我国宗教界の為に賀すべきの至りである……ユニテリアンと清徒同志会此二者は我国に於ける新宗教の萌芽である。吾人は此二者が他日相合して一大団結と為り、我邦の宗教界を刷新するに至らんことを切望しておく。

この後、仏教清徒同志会の主催による講演会は、惟一館を借用して開催されるようになり、両者の友好な関係は続いた。しかし、同志会は、ユニテリアン協会の強い影響を受けるなかで、確乎たる信仰の基盤を欠くという課題も抱え込むことになったのである。

◉宗派仏教との関係

仏教清徒同志会は、雑誌『新仏教』創刊号掲載の「我徒の宣言」で、宗派仏教との訣別を宣言して次のように述べた。

今日の僧風を改善し、今日の寺院組織を改新し、漸次《ぜんじ》手を加へて、旧仏教をして、遂に時勢に応合するの宗教たらしむることは、必ずしも為し得べからざることにあらず、又為さゞるべからざることなりと主張するものあらば、そは我徒と全然立脚地を同じくせざるものなり。我徒は既に業《すで》に旧仏教徒に絶縁せり、之を改造して新生命を与へ得べしとは、断じて我徒の思惟し得ざる所なり。

こうした立場から、仏教青年伝道会のように、宗派仏教の改良主義的立場に立つ結社に与することはしない。宗派の動向と距離を置こうとする姿勢は、清沢満之ら白川党の真宗大谷派改革運動の挫折が大きく作用していたようである。境野は、『新仏教』八巻一号（四〇年一月）寄稿の「新仏教七年史（上）」のなかで、会の創設の頃を次のように回想している。

然しあれほど熱誠と純潔を以て起つた、あれほど社会の同情を受け、世人の援助を受けた白川党は、どんな結果を来したかと言へば、決して本山仏教を立派にすることが出来なかつたばかりでない、一層イヤな石川舜台を本舞台に上せて、実に見苦しい、……龍頭蛇尾に終つたでは御座いませんか。……私共は一時恐ろしい破壊党と言はれ、乱暴者と罵《ののし》らるほど、本山や僧侶を攻撃して、仏教の制度や教学上の革新に多少の貢献をしやうと考へて見たのですが、然しこれは白川党の改革騒ぎ同様で、殆んど無効であるといふことを視たのです。そこで私共は、今までの様に従来の組織の中に居らず、本山も、僧侶も、宗派も一切超絶して、別に新思想の開拓運動を少しでもするが世のためだと思ふ様になり、そこで新仏教といふものが、こゝに現はれなければならん様になつたのであります。

白川党が石川舜台の宗政手法を見抜けず（あるいは知りつつも）、交換条件を出して支援し、石川に反古とされたことはすでに第六章で記した。宗派改革の実現を宗政当局者に託してしまったことは明らかに失敗であったろうが、宗派改革運動が必ずしも無効とはいえないであろう。宗派改革運動からも背を向け、さりとて共通の信仰基盤を明らかにせず、どのように新仏教が樹立されるというのであろうか。

「我徒の宣言」は、旧仏教への反対を標榜しつつも「決して旧仏教の破壊を専らとするものにあらずして、寧ろ新信仰の建設者、鼓吹者なるのみ」という。また「蓋し反対すといふにあらず、彼等を迷妄に救はんと願ふなり」

とも述べている。宗派仏教との絶縁を宣言しながらも、宗派仏教の破壊は望まない。宗派の枠外にあって一段高いところから救済するというのである。

宗派仏教への期待を完全に捨て切れていないことは、明治三三年八月発行の第二号に掲載された「大分裂論（各宗合同論を笑ふ）」からもうかがえる。この論説では、仏教各宗派の合同を説くことを愚論であると断定する。宗義や信条の相違を棚上げにして、キリスト教に対抗するために各宗派が結束するような野合を強く批判する。しかし、諸宗教の統合を否定するわけではなく「我徒は宇内の宗教が、竟《つい》に一大統合に達すべきことを信じ、我徒の運動をして、聊《いささ》かにても此の統合に資する所あらしめんことを期するもの也」という。宗義や信条が違えば分裂するだろう。しかし、その分裂のなかから、真に理解し合えるものが合同していくのだと主張する。自らの信仰の立場を明確にしない者の主張としてはおかしなものであるが、要するに、自らは各宗派に超然たる立場にあって、諸宗教の統一の調停役を自認しているのである。

◉村上専精の仏教統一論

明治三三年八月発行の第二号には、先ほどの「大分裂論（各宗合同論を笑ふ）」に続いて、村上専精の「仏教合同論」が掲載された。村上専精は、創刊号の巻頭に「『新仏教』を告ぐ」を寄稿するなど、仏教清徒同志会のよき理解者であった。

村上は「仏教合同論」のなかで、旧仏教を「形式的仏教」「現在の仏教」といい、新仏教を「精神的仏教」「将来の仏教」と呼んでいる。そして、旧仏教の精神はすでに死滅しており、外形にこだわり、虚偽と習慣によって宗派を維持している。このように形式にこだわり、宗派間で互いに障壁を築いて対立している宗派仏教に合同などは思いもよらないことであるという。

それならば、新仏教はどうであろうか。村上によれば、過去の歴史上における新仏教の事例をみるに、合同的方法と排斥的方法の二通りがあるという。合同的方法とは、それまでの諸宗派に共通する要素を抽出して集め、これを組織して一宗としたもので、いわば網羅主義のやり方とでもいうべきものである。総合的仏教の学問体系を樹立した天台宗や華厳宗がこれにあたる。これに対し排斥的方法とは、それまでの各宗派の教説を徹底的に批判して、全く新しい教説を打ち立てるやり方である。日蓮の排斥主義が最も典型的な例であり、法然や親鸞の廃立主義もこのやり方に含まれるとする。

旧仏教のあり方に失望したのであれば、排斥的方法を取りそうなものであるが、村上は排斥的ではなく合同的方法によって新仏教を打ち立てることを主張する。こうした主張をさらに詳しく論じたのが、翌年刊行の『仏教統一論』第一編大綱論であった。同書の緒言で、村上は次のように記している。


仏教百千に分るも、本と一理の開展にして只其写象《しゃしょう》を殊にするのみ。之を譬ふるに月の影を万水に映ずるに似たるものあり、此に依て、又百千の仏教が期せずして融合すべきことは、恰《あたか》も万川《ばんせん》が大海に入りて同一鹹《かん》味《み》と成るに似たるものあり。……若夫れ此に旧慣を去り、偏執を離れて、各宗互に其長を取り、短を去らんか、即ち仏教中に、花あり月あり楼台ありと謂ふべき、完全の宗教を見るに至らん。故に余は大に仏教各宗の合同論を主張せんとす。余が大に仏教各宗の合同論を主張せんとするものは、其信念を統一せんが為めなり、縦《たと》ひ統一することを得ざるも、其信念を互に融合し、互に接近せしめて、衝突すること無からしめんとするに在り。

各宗派の対立と仏教界の混乱がその極に達したとき、仏教清徒同志会がうまれ、村上の『仏教統一論』が刊行された。彼らは、各宗派のあり方に失望して訣別を宣言したが、将来的に各宗派が協調路線へと向かい合同することへの期待を捨てきれずにいた。こののち、同志会は三教会同を激しく批判した。しかし、この三教会同を契機に、各宗派管長・宗政担当者の連絡協調の機関として「仏教各宗派懇話会」が設置され、さらに大正四（一九一五）年末には「仏教連合会」と改称された。各宗派の協力体制が整備されるなか、同四年に『新仏教』は廃刊となったのである。

(四) 通仏教講演会

◉柘植信秀と通仏教研究会

仏教清徒同志会は、「自由討究」を掲げ、メンバーの思想・信条の拘束をしないことを旨としていたため、多様な主張や活動もみられた。同志会は、宗派改革運動にも背を向けたが、同志会のなかには、柘植信秀（秋畝）のように宗派改革運動に取り組む者もいた。

柘植は、明治四四（一九一一）年に「猶興会」を組織し、真宗本願寺派の改革運動に取り組んできたが、大正二（一九一三）年九月に『新仏教』（一四巻九号）に「破壊より建設へ――本願寺改革問題の帰結」を発表した。ここで柘植は、改革運動に取り組んできた経験をふまえ、今後は「全然宗派を否定した別個独立の運動」が必要になるといい、「真宗同朋会」という宗派の束縛と因襲を脱した組合組織による独立教会の創設を提唱している。柘植の目指した真宗同朋会とは、宗派の枠をこえた真宗全体の組合組織であり、「斉《ひと》しく一個の御同朋として、率直に且《かつ》自由に自己の信仰を披瀝《ひれき》し、而て相互に信徒の権威を尊重し、形式に依て信仰を統一しやうとする教会的因襲を脱し、階級的の習慣を離れた独立の教団」であった。

柘植は、宗派仏教への期待を完全に破棄し、独自の新たな運動をおこすことを宣言したが、それよりも早く同様の運動に取り組んでいた結社があった。明治三五年、横浜に産声をあげた「通仏教研究会」である。通仏教研究会のことは、三八年に刊行された井上政共著『最新研究通仏教』（有朋館刊）から、その概要を知ることができる。それによれば、通仏教研究会は、三五年三月一日、横浜市住吉町に仮会場を設置して発足した。

通仏教研究会の中心人物であった井上政共は、岩手県南岩手郡東中野村（現盛岡市）の出身で、原敬《はらたかし》の長姉琴子とその最初の嫁ぎ先である井上国之助との間に生まれた長男であった。琴子は国之助の素行不良により離縁となったが、『原敬日記』によれば、原は政共の面倒をみていたようであり、明治一五年に政共は原の執事となり、三〇年には原の世話で大阪北浜銀行に就職している。この間、政共は二三年に『近江商人』という編著を上梓している。この書は近江商人に関する最初の研究書とされ、政共は近江商人の倫理意識から仏教への関心を深めたのかもしれない。三一年三月北浜銀行を退職した政共は、三五年に通仏教研究会の事業に着手した。

明治三七年一二月、通仏教研究は、次のような会則を定めた。

第一条　本会ハ通仏教研究会ト称ス

第二条　本会ハ宗派ニ拘セズ宗派ヲ排セズ汎ク大乗仏教ノ正義ヲ唱テ迷信邪義ヲ退ケ既信者ノ信仰ヲ堅ムルト共ニ最モ務メテ未信者ヲ誘導結縁シテ仏陀懐中ノ人タラシメンコトヲ主義トス

（中略）

第六条　研究方法及ビ日時ハ左ノ如シ

一　会日、毎月三、八ノ日（六回）午後七時ヨリ十一時マデニシテ其中、十時ヨリ十一時マデハ講説事項ニ対スル質問時間トス又必要ノ問題ニ対シテハ会員ノ討議会ヲ開ク

一　研究方法、傍聴者ハ各講師ノセラレタル演説、講義、法話等ニ対シテ随意ニ質問シ且ツ互ニ討議研究スルモノトス

第七条　本会ハ左ノ賛助員及ビ職員ヲ置ク

一　賛助員若干名　一　幹事若干名　一　専務幹事三名　一　書記若干名

（以下略）

会の中心は研究活動が中心であり、その講師に、釈宗演（臨済宗円覚寺派兼建長寺派管長）、荒井興厳（真言宗増徳寺住職）、下山密存《みつぞん》（真言宗大聖院住職）、伊藤大忍（真宗大谷派横浜別院住職）、南條文雄（文学博士）、石川成章《せいしょう》（理学士）、井上円了（文学博士）が名を連ねた。また賛成員には、伊藤大忍以下、神奈川県内寺院三十カ寺の住職がなり、その内訳は、真言宗十二、臨済宗四、真宗大谷派四、曹洞宗三、浄土宗三、真宗高田派二、天台宗一、浄土真宗本願寺派一であった。

◉通仏教研究会の目的

『最新研究通仏教』には、井上円了の序文「通仏教ヲ紹介ス」が掲載されている。そこでは「氏ノ所謂通仏教トハ通俗仏教ノ謂《いい》ニアラズ派別ニ偏セズシテ仏教全体ニ通達スルノ意ナリ」という。井上円了は、井上政共が提唱す

る「通仏教」は高田道見の提唱するような「通俗仏教」ではなく、各宗派に通ずる教義の講究を目指すものであると説明している。

さらに村上専精の『仏教統一論』が刊行されたことにふれ、各宗派関係者はこの書を非難するが、「余思フニ仏教ノ統一ハ僧門ヨリ出デタル人ノ到底断行シ能ハザル所ニシテ必ズヤ俗間ノ人ニ待タザルベカラズ」という。村上専精の提唱する統一仏教は、俗人の手により形成されるとの展望を述べ、研究会への期待を次のように結んでいる。

> 今ヤ戦局ニ際シ他ヲ顧ミルノ暇ナキモ戦後ハ必ズ日本国民ハ数百年来ノ積弊タル各宗敵視ノ状態ニ飽キテ各宗各派ノ統一ヲ要求スル時ノ到ランコトハ今ヨリ日期シテ待ツベシ然ルニ已ニ斯ル不偏不党ノ著ノ世ニ出ヅルハ余ハ仏教ノ前途ノ為ニ大ニ歓迎セント欲ス

井上政共は著名な仏教者とはいえないであろう。しかし、釈宗演、南條文雄、井上円了のような仏教界の有力者が協力し、横浜周辺の有力寺院のほとんどが研究会に参加していることは注目に値する。『最新研究通仏教』の巻末付録には「通仏教研究会の希望」という一文が掲載されている。そこでは、本書刊行により研究会の存在を広く世に知らしめ、今後の事業として、会場建設・支部設置・伝道師養成・月刊機関誌刊行・教祖堂建設〈釈迦像安置〉・慈善事業などを実施したいという抱負が記されている。仏教清徒同志会に比べると、横浜周辺寺院限定とはいえ統一仏教の実現に向けた実動体制を整え、具体的な展望が示されている点が注目される。

通仏教研究会のように、通仏教的統一に向けて働きかける結社は他にもあったようである。明治四二年二月九日付『中外日報』掲載の「各宗合同の気運」は、関東東北での仏教者有志の動きについて、次のように報じている。

関東東北の寺院中の有志者に依て目下内密に研究されつゝある各宗合同既成同盟会は遠からずして公けに発表さるゝに至るならんと伝へらるゝが、其主要とする所は左の各条を実行せんとするに在りと尚之に対する可否及得失の意見あらば喜んで歓迎すべければ中外紙上に投書して盛に陳述されたしと懇々《こんこん》申来られたり。

一、各宗を通じて一管長を置く事。

一、各宗の法衣を一定する事。

一、各宗の法式読経を一定する事。

一、各宗の本尊は教主釈迦牟尼仏と一定する事。

一、各宗の開山は其寺を開きたる人なるを以て其儘《そのまま》に安置の事。

一、各宗の寺院住職継続は実子相続とするも人材を登用するも当該住職の意見に一任する事。

一、宗名は別に要せず大日本仏教管長と称する事。

◉通仏教講演会への改組

明治四四年八月、通仏教研究会は「通仏教講演会」へと改組された。この間の事情は、同年刊行の『通仏教講演録』(通仏教講演会事務所)に詳しい。この書は、明治四四年八月一九日夜に開催された通仏教講演会の発会式で、井上政共が行った講演をまとめて刊行したものである。この講演で井上は、通仏教を次のように説明している。

通仏教とは仏教の大意に通ずるの仏教各宗の教義に通ずるのと云ふ意味ではない、況《ま》して通俗仏教杯《など》と云つて俗人に許り通ずる仏教と云ふやうなことではない、通仏教とは恰《あたか》も溜つて居る水を八方に疏《ひら》き通ずると云ふやうな意味であるから略して言へば仏教の根底を貫いて居る人生に直接なる真理を彼此の機根を隔てずして一切に疏通《そつう》すると云ふ意味であるが、詳しく言へば釈尊の教法を一貫して居る根本原理と其原理に依りて自然に成立つて居る平等の真理とを人生に直接にして何人も実行し得べき精神修養の法（即ち安心法）と日常実行の法（即ち修行法）とに統一して、此の統一した教法をば宗旨的でなく全く普遍的に一切の機根に疏通すると云ふ意味であるから通仏教とは疏通仏教と云ふことである……此の幾重にも分立して其主張を異にして居る宗旨仏教に対して、仏教を一貫して居る平等の真理を人生に直接なる精神修養の法（即ち安心法）と日常実行の法（即ち修行法）とに統一して一般の機根に疏通する仏教を通仏教と称するのである

井上によれば、通仏教は、単に宗派仏教に共通する教説を抽出したものではない。宗派仏教に対峙し、それ自体が独立の存立意義を有するものである。そして、通仏教において根本原理とすべきものを「因縁果生の原理」であると述べている。また井上は、この通仏教が宗派仏教の変革を促すものであることを次のように述べている。

今日の仏教は各宗旨に分割せられて全く宗旨的のものとなつて居るが為めに宗旨仏教の内部が混乱して時代の発展に後れるのは、世人の仏教に向ふ心を塞《ふさ》ぐ所以であるから我々は専門に通仏教を拡張すると共に又一面には教恩報尽の一端として宗旨仏教に対する革命的改革の輿論を喚起するのであります。

さらに井上は、横浜周辺の寺院と協力して統一仏教の樹立を目指すことを断念し、新たに通仏教講演会を立ち上げた事情を次のように述べている。

我輩は今より数年前此の横浜に通仏教研究会を開ひて居る時分までは各宗旨と手を携へて通仏教の拡張せらる丶に従つて内面より宗旨仏教を改革せんと期したのであるが、各宗僧侶は表面には互に笑つて迎へるけれども其裏面を見れば互に嫉視《しっし》の強いもので各宗旨互に相計り根本的に改革を加へて時代の発展に伴はんとするが如きは到底為ざる所であつて、内面より宗旨仏教を改革せんことは全く不可能事たることを確認したのであるから我輩は横浜を去つて東京に出でたる以来各宗旨に関係なく独立して通仏教の拡張を計ると共に、宗旨仏教に向つて正面より革命的改革を断行せんとして其輿論を喚起しつ丶あるのである、

井上は同書で、現行の宗派仏教の具体的改革案として、葬送儀礼の簡略化、住職に権限が集中した寺院組織の変革、寺院を会員組織の法人制へ変更することなどを掲げている。

通仏教講演会は、仏教界の有力者とも手を切ったようである。同書に名前のあがっているのは、主任講師として井上政共居士、中原岩吉のほか在家者らしい十名の専任幹事・幹事のみである。また、通仏教講演会の会則は次にようなものであった。

第一条　本会ハ通仏教講演会ト称シ事務所ヲ横浜市住吉区六丁目七十五番地中原氏宅ニ置ク
第二条　本会ハ宗派に拘ラズ各宗貫通ノ真理ヲ講演シ人生ニ欠クベカラザル精神修養ノ法（安心法）ト日常実行法（修行法）トヲ授ケ確実ニ個人ノ進歩ト国家ノ発達トヲ図ルモノトス
第三条　会日ハ毎月第二土曜日ノ午後七時ヨリ十時マデトシ研究ノ方法ハ主任講師ノ講演ニ対シ会員ハ随意ニ質問シテ其答案ヲ求メ且ツ幹事ノ承諾ヲ得テ演説スルコトヲ得又必要ノ問題ニ対シテハ会員全体ノ討論会ヲ

開ク　但シ開会時日変更ノトキハ其都度通知スベシ

（以下略）

栢植信秀の真宗同朋会や、井上政共の通仏教講演会は、既存の宗派仏教との関係を完全に断ち、新たな結社の組織化を目指すものであった。しかし、その運動が大きな広がりをみせた様子はうかがえない。その理由には個別の事情もあり、なお検討が必要であろう。しかし、明治三〇年代初頭に在家信者の仏教への期待が大きく後退したこと、明治末年に宗派の統制が一層強化されたことが大きく影響したことは間違いないであろう。

総じていえば、明治二〇年代、三〇年代の新仏教運動は、個別の提言ではみるべきものもあったが、表層的仏教勢力の維持・拡大の意識を離れることはできなかった。このため、宗派仏教とも毅然たる態度をとることができず、一般在家信者の救済願望を取り込んだ仏教大衆運動へと発展することなく、やがて諸宗派連合体制に飲み込まれていったのである。

第八章

諸宗派体制の再編

（一）三教会同と仏教各宗派懇話会

◉大日本宗教家大会

明治三〇年代初頭からの仏教界の混乱ののち、日露戦争、三教会同を経て、大正期に諸宗派の連合体制が確立した。しかし、その過程で新仏教運動は急速に衰退していった。まずは、日露戦争後の状況からみていこう。

明治三七（一九〇四）年二月一〇日、日本がロシアに宣戦を布告して日露戦争がはじまると、四月に宗教局長の斯波《しば》淳六郎は、仏教各宗派管長に内訓を発した。そこには次のような一文が含まれていた。

今回の大事洵《まこと》に挙国一致を必要とす教宗派の教師に於ても異教異宗の隔てなく和合一致互に相助け苟《いやしく》も教宗派の間に於て互に争闘するの陋態《ろうたい》なき様心懸くべき事

この政府・宗教局の意向を受けて、同月に惟一館で「大日本宗教家大会」開催に向けた発起人集会が開かれた。発起人には日本宗教界の有力者が名を連ねており、四月二四日付『浄土教報』によれば、その顔ぶれと所属は以下のとおりであった。

曹洞宗　石川素童《そどう》　木田韜光《とうこう》

真　宗　前田慧雲　南條文雄　菅　了法　島地黙雷　村上専精　吉田賢龍

浄土宗　黒田真洞　林　彦明《げんみょう》
真言宗　関　太溪
天台宗　桜木谷慈薫《さきやじくん》
居　士　大内青巒　島田蕃根　河瀬秀治　境野黄洋
神　道　千家尊弘《せんげたかひろ》　平田盛胤《もりたね》　芳村正秉《まさもち》　柴田礼一
ユニテリアン　佐治実然
耶蘇教　小崎弘道　本多庸一　井深梶之助　海老名弾正　江原素六《そろく》　元田作之進
其　他　井上哲次郎　姉崎正治

発起人集会で、木田・前田・黒田・本多・平田の五氏が準備委員に選出された。大会に先立ち発表された開催趣意書では、正義と平和のため日本が開戦した趣旨を周知し、挙国一致体制を構築して国民を善導することを宗教家の天職に掲げている。そして、この天職を尽すため各宗教家の意見を交換し、公正な態度を示すために宗教家大会を開くとしている。しかし、仏教側の顔ぶれは、言論界で著名な人物であるものの、各宗派の宗政に影響力を有する者は少なかった。

『中外日報』の報道によれば、大会は五月一六日に芝弥生館で開催され、来会者は一千三百余人を数えたという。大会では、まず発起人総代の黒田が開会の趣旨を述べ、曹洞宗の西有穆山《にしありぼくざん》を座長に指名し、次の宣言文を可決した。

日露の交戦は、日本帝国の安全と東洋永遠の平和とを画し、世界の文明、正義、人道の為めに起れるものにして、毫も宗教の別、人種の同異に関する処なし、故に吾儕《わみな》宗教家は、宗派、人種の異同を問はず、此に相会し、各自公正の信念に愬《うつた》へ、相與《とも》に奮つて此交戦の真相を宇内に表明し、以て速に光栄ある平和の克復を見んことを望む

その後、平田・佐治・小崎・村上・大内・柴田の六名が順次登壇して演説し、祝詞・祝電披露の後に万歳を三呼して閉会した。当時の新聞雑誌は、こぞってこの大会を好意的に報道した。例えば、『教育時報』六八七号掲載の社説「宗教家大会」は、敵国のロシアでギリシャ正教以外の教宗派が迫害を受けているのに対し、こうした大会が開催されることは日本の穏当さを証明するものだと主張している。

●宗教家協和会

日露戦争という未曾有《みぞう》の国難を契機として、諸教宗派の間で盛り上がった協調的雰囲気は戦後も続いた。明治三九年四月一〇日と二三日、惟一館に宗教界の有志者が会合し、「宗教家協和会」の発足を協議した。発起人は以下のとおりであり、大日本宗教家大会の発起人と多くが重複していた。

林　彦明　本多　庸一　大内　青巒　小崎　弘道　神田佐一郎　芳村　正秉
高城　義海　南條　文雄　中里　日勝　村上　専精　井深梶之助　黒岩　周六
黒田　真洞　山田蔵太郎　前田　慧雲　海老名弾正　江原　素六　姉崎　正治
佐治　実然　桜井　義肇　斎藤　唯信　三並　良　修多羅亮延　島田　三郎

島地　默雷　柴田　礼一　平岩　恒保　弘津　説三　平田　盛弘　望月　日謙
元田作之進　千家　尊弘　秋庭　正道　織田　雪巌

（『六合雑誌』三〇五号）

「趣意書草案」によれば、国民の道徳的根底の樹立と世道人心の維持などを目指し、その実現に向けて各宗教家の相互親睦協和を謀ることを目的とし、同時に次のような規約を定めた。

一、本会は日本宗教家協和会と称す
一、本会は各宗教の有志者を以て組織し其親睦を謀るを目的とする
一、本会は各宗教家の提携し得べき範囲内に於て協和の実を挙ぐべきものとす
一、本会は時々会合を開き春秋二回に大会を催し演説を公開す
一、本会に幹事若干名を置き其任期を一ヶ年とす
一、本会の費用は毎会々合の有志者より醵出するとす

ところが、この協和会への世論の反応は冷ややかなものがあった。五月七日の新聞『日本』は、「謙徳なき宗教」と題して宗教者としての謙虚さが感じられないと批判し、同月八日の『読売新聞』は、教義が異なる教宗派の合同は実現不可能であり、自宗派の教説にもとづいて社会貢献の実をあげるべきだと論じた。
『新仏教』は七巻六巻（明治三九年六月）に、「宗教協和会に対する態度」という論説を掲げ、協和会に参加しない新仏教徒同志会の姿勢を「狭量」と批判した『中外日報』に反論した。この論説では、協和会を「突飛的の軽薄

な考」といい、「雑然と宗教家なるものが集まつて見たといふに過ぎぬのではないか、別に悪事ではない、然し無用な事である」と評した。そして、形式的な集会を催し無意味な演説会を開くより、各宗教の教義・信仰内容の契合調和のための議論が必要であると主張した。

宗教家協和会の発足した翌四〇年四月に仏教青年伝道会の首唱により、大規模な大日本仏教徒大会が開催されたことは、すでに第七章で述べた。この仏教徒大会と協和会の関係は不明であり、その後、協和会の活動を示す資料はほとんど見出せない。協和会の相談会が惟一館で開催され、佐治・神田が参加するなどユニテリアンが中心的役割を果たしていたことを考えると、佐治と神田の対立が協和会に大きな影響を与えた可能性も考えられる。

結局、日清戦争後の宗教家懇談会と同様、大日本宗教家大会・宗教家協和会への教宗派の宗政当局者の反応は鈍く、有志による一過性のものに終わったのである。

◉床次竹二郎と三教会同計画

宗教者有志による宗教大会が挫折していくなかで、明治四五年に官主導による宗教家の会合が企画された。神道・仏教・キリスト教の代表者を一堂に集め、国民教化の推進に向けて懇談した「三教会同」である。

三教会同が行われた歴史的背景から整理しよう。日露戦争で多大の犠牲を払って、日本は「一等国」入りを果たしたが、その緊張と興奮から覚めると国民の精神は弛緩《しかん》した。また膨大な戦費返済と軍事費・植民地経営のための増税が国民生活を圧迫し、社会への不満と不安とが広まった。都市では独占大企業が出現し、近代技術とそれにともなう労務体制が導入されて労使関係が動揺し、農村では都市での成功を夢みて離村向都の風潮が高まり農村の荒廃と共同体秩序の弱体化が進行した。

こうして日露戦争後に急速に広がった社会不安や伝統的価値秩序の動揺、個人主義や社会主義のひろがりに危機感を抱いた政府は、明治四一年に質素倹約と勤労主義により国力増強をもとめる「戊申詔書《ぼしん》」を発布し、内務省主導で地方改良政策を推進した。その一方で、社会主義運動の弾圧を断行し、四三年の大逆事件では、明治天皇の暗殺を計画したとして、全国の社会主義者や自由主義者らを一斉に検挙・逮捕し、翌年に十二名の死刑を執行した。明治四四年八月第二次西園寺内閣が成立し、そのもとで内相となった原敬は、床次《とこなみ》竹二郎を内務次官に起用した。前年に床次は『欧米小感』を上梓し、欧米巡遊で宗教が国民精神の安定に大きな勢力を有していることを見聞した経験から、十五万人にも及ぶ宗教者を動員して日本精神界の振興を図る必要性を主張していた。そして、四五年一月に床次は、その構想を実行に移すべく、神道・仏教・キリスト教の宗教者を活用する次のような計画を発表した。

（一）宗教と国家との結合を図り、宗教をして更に権威あらしめ、国民一般に宗教を重んずるの気風を、興さしめんことを要す。
（二）各宗教の接近を益密ならしめ、以て時代の進運を扶翊《ふよく》す可き、一勢力たらしむるを要す。

◉三教会同計画への反応

ところが、床次が発表した三教会同計画に対して、世論の反応は厳しいものがあった。『報知新聞』や『時事新報』などは期待を表明したものの、『萬朝報《よろずちょうほう》』は、宗教利用の効果を疑問視し、『東京毎日新聞』は、宗教の現状は利用に堪えるものでなく、利用よりも振興が必要と論じた。また『読売新聞』は、教育勅語の精神に反し教育と宗教の分離施策に混乱を生ずると批判し、新聞『日本』は、漫然宗教家を集めて督励訓示して何の効果があるかといい、『やまと新聞』は、宗教信仰と国民道徳とは相反する場合も多く、信仰と道徳の関係を理解していないと批評した。

教育関係者や学者からの反発も強かった。文部省の福原次官は、道徳教育の基礎は宗教以外に独立し、「目下新聞紙に散見する宗教教育の合同の計画等に付きては、我々の毫も関知せざる所也」といい、田所普通教育局長も、国民道徳の大本はすべて教育勅語に含まれており「文部は宗教と相提携し行くの必要を毫も認めず」と発言し、宗教と教育の提携が教育勅語を無視する結果となる可能性にも言及した。

仏教界では、一月二四日、浅草伝法院に各宗派の宗務担当者代表者が集まり、対応策を協議したが、床次がまずキリスト教関係者と接触したこともあり、キリスト教と同列に扱われることへの反発が広がった。勅任官待遇である各宗派管長が、宮内省ならともかく、内務次官の招集要請に応じることへの体面を懸念する意見もあり、召集交渉に応じる代償として維新期に上知された寺領の無償返還を求める動きもあった。

二月二日に『新仏教』『和融誌』『精神修養』『活仏教』『無我愛』などの記者は「仏教主義記者団」として結束して反対を決議し、そのために次の方法をとることを表明した。

一、内務省をして其計画を中止せしめ更に慎重なる研究をなさしむる事
二、政府の宗教監督の方法に付き帝国議会を通じて質問書を提出する事
三、仏教各宗派に勧告して三教会同に出席せざらしむる事

その実行委員には、境野黄洋・安藤正純・加藤咄堂・安藤嶺丸・高嶋米峰らが名を連ねた。とりわけ仏教系雑誌

のなかで、最も三教会同を批判したのが『新仏教』であった。例えば一三巻二号掲載の高嶋米峰の「内務省の対宗教策を笑ふ」では、次のように政府の姿勢を批判している。

内務次官床次君の意、或は宗教家を優遇して、好餌《こうじ》以て彼等を釣らむとするにあらずして、日本に於ける各宗教の合同を試みむとするといふにあらば、吾徒は、更にその宗教界現下の状況に、盲目なることを笑はざるを得ざるなり。

一方で、仏教界のあり様にも批判の矛先を向け、各宗派が自らの利害により対立を繰り返してきた様を次のように評している。

写真32　上：加藤咄堂
（1870-1949）
下：高嶋米峰
（1875-1949）

まづ仏教界の現状は、維新以前、全く鎖国攘夷、我仏尊しの一本槍にて、各宗共同などいふこと、実に夢想だも及ばざりしを、維新以来、対耶蘇教といふ大問題に出会して、こゝに始めて長夜の眠より覚醒し、共同一致の必要を感ずるに至り、諸種の計画を立てられたりしと雖も、根が宗派心の強大なる坊主共の事とて、事毎に衝突し、喧嘩して、各宗共同の名の下に出来上りたる仕事、今に至るまで、殆ど一つもこれあることなし。

一時、三教会同計画は規模縮小や中止が噂され、床次による各方面への説得が続けられた。衆議院でも木下謙次郎が、文部省の方針や政教分離の原則に背反する可能性を指摘し、効果も期待できないと質疑した。これに対し原敬内相は、新聞紙上が内務省と床次の個人的見解を曲解して報道したことによる混乱であり、宗教家を招待する計画は単に懇談をこえた意図はなく、宗教利用や政教混同を考えるものでないと答弁した。

◉三教会同の出席者

二月一八日に至って、内務省からの招待状が、教派神道十三派管長、仏教五十六派管長、キリスト教七派の代表、計七十六名に向けてようやく発送された。二五日の三教会同当日に参加した者は、報道により若干の相違がみられるが、『植村正久と其の時代』第二巻の記載をもとに、当時の新聞報道を参考に一部訂正すると、おおむね以下のとおりである。

[神道]　神崎一作（神道派幹事）、新田邦貞（修成派管長）、宍野健丸（扶桑教管長）、井上信鉄（大成教管長事務取扱）、神宮暠寿（御嶽教管長）、藤江伊佐彦（神理教事務員）、黒住宗武（黒住教教師養成所長）、千家尊弘

（大社教東京出張所長）、柴田礼一（実行教管長）、芳村正秉（神習教管長）、服部勝衛（祓教教務課長）、佐藤範雄（金光教教監）、松村吉太郎（天理教幹事）

【仏教】　不二門智光（天台宗座主）、直林教円（同寺門派長吏）、古泉性信（同真盛派管長）、藤村密憧（真言宗高野派事務員）、土宜法龍（同御室派管長）、平之亮禅（同醍醐派寺務長）、明密巌（同大覚寺派事務員）、松永昇道（同東寺派事務長）、川村智畔（同泉涌寺派執事）、石堂慧猛（同山階派寺事務長）、玉島宝雅（同小野派事務長）、宮本隆範（新義真言宗智山派宗務長）、富田斆純（同豊山派宗務長、岩堀智道管長代理）、佐伯悟龍（真言律宗執事）、北川智海（同宗事務長）、望月信享（浄土宗執綱）、長谷川観石（同西山派執事長）、高木龍淵（臨済宗天龍寺派管長）、山根覚道（同相国寺派執事長）、真神浄遠（同建仁寺派執事）、大澤協洲（同南禅寺派執事長）、豊田毒湛（同妙心寺派管長）、菅原時保（同建長寺派管長）、古川守濠（同東福寺派執事）、福富龍瑞（同大徳寺派東京出張所員）、廣田慈教（同円覚寺派管長）、蘆津実全（同永源寺派管長）、松井承珠（同方広寺派東京出張所員）、天澤文雅（同国泰寺派）、千村得忍（同向嶽寺派執事）、石川素童（曹洞宗管長）、高津柏樹（黄檗宗管長）、大谷光明（真宗本願寺派嗣法）、古江専教（同高田派東京出張所員）、三原俊栄（同興正派補事）、奥博愛（同佛光寺派参事）、後藤環爾（同木辺派東京出張所長）、楠敬順（同山元派代表者）、旭日苗（日蓮宗管長）、本多日生（顕本法華宗管長）、井上正山（本門宗総務）、森智孝（本門法華宗執事）、長谷川日感（本妙法華宗宗務所長）、阿部日正（日蓮宗富士派管長）、花房日秀（同不受不施派）、佐藤日柱（同不施派諸門派管長事務取扱）、泰本蓮莩（融通念仏宗総務課員）、辻村柔善（時宗代表者）、大西良慶（法相宗管長）、筒井寛聖（華厳宗執事）

【キリスト教】　本多庸一（日本メソヂスト教会監督）、宮川経輝（日本組合教会会長）、千葉勇五郎（浸礼教会牧

師）、本城昌平（天主公教司教）、井深梶之助（日本基督教会大会議長）、元田作之進（日本聖公会会長）、石川喜三郎（日本ハリストス教会理事）

◉三教会同開催と仏教各宗派懇話会

三教会同には、教派神道十三名、仏教五十名、キリスト教七名の出席があり、代理人を含めるとほぼ全部の教宗派関係者が出席した。しかし、真宗大谷派は二五日に以下の反対理由書を発表し、床次宛てに会同謝絶を打電した。

東本願寺が他宗派の態度を顧みず、自信を以て単独に欠席不参せし所以あるものは、如何なる困難に遭遇するも、将来の為に主張を存せざるべからざるものあれば也

（一）国家の点より云へば、宗教信仰の国家に対する関係は、精神上の根拠を存するを以て、宗教の歴史、宗格、道徳の如何を省みず、漫然として平等に国家に結合し、教育と提携せしめんとするは、頗《すこぶ》る軽忽《きょうこつ》たるを免れず

（二）宗教信仰の点より云へば、各自絶対なるものにして、毫も他と調和提携する余地を有せず、今回の会同の如きは、寧ろ宗教者として幾多の信者に疑惑を与ふるのみならず、今正に自覚せんとしつゝ、ある国民の信仰心に迷を与ふるもの也

（三）今や会同は形式変化して、一種の懇談会となりたるも、内務省主催として当初の精神存するの嫌あるを以て、之に対しては絶対に否認与ふるの意に外ならず

真宗大谷派の欠席をめぐっては、当時の新聞雑誌が、特定の政治勢力との関係や宗派内対立の問題など裏事情をさまざまに報道した。この点はいまだ検討の余地があると考えられるが、いずれにせよ、明治三〇年代初頭に国家からの特権を最も強く求めた真宗大谷派が、政教分離と国家権力の宗教介入を拒否する理由から欠席を決めたとは考えにくいであろう。

二月二五日は、午後三時に各教宗派代表は華族会館に集まり、原内相の挨拶ののち、親睦のための懇談会が開催された。翌二六日には、神道側は神田錦町の天理教日本橋大教会に、仏教側は芝増上寺に、キリスト教側は銀座会館にそれぞれ代表者が集まり、自教の立場から決議案の草案を作成した。その後、各教から選出された委員の相談会で成案が一本化されたのちに協議会が開かれ、皇運扶翼・国民道徳振興のために尽くすことなどを期した決議文が満場一致で採択された。二八日には、宗教家、教育家、思想家ら二百余名を集めて大懇談会が開かれたが、精神界の振興に資するような具体的な方策は示されず、文字どおり単なる懇談会に終わった。

しかし、この三教会同が機縁となって、「仏教各宗派懇話会」が組織されたことは注目される。『教海一瀾』の報ずるところによれば、三教会同後の四月七日、浄土宗西山派本山の誓願寺（京都市）で「各宗同盟会」が開催された。奥博愛（真宗佛光寺派参事）、三原俊栄（同興正寺派補事）、谷川観石（浄土宗西山派執事長）が各宗派に働きかけたことが功を奏し、三教会同に不参加であった真宗大谷派を含めてほとんどの宗派が参集した。会合では、三教会同の決議にもとづき各宗派気脈を通じて活動することを申し合わせた。

その後、各宗同盟会は仏教各宗派懇話会を組織し、東京と京都に事務所を設置して委員十二名（東京五名、京都七名）を置くことを決し、七月八日に新京極大善寺で第一回委員会を開催した。七月三〇日の明治天皇の死去後には、八月九日に東京芝浄土宗務所で委員会を開き、二〇日には各宗代表を集めて仏教各宗派懇話会を開催して、各宗協同での奉悼会執行、大喪参列のことなどを協議した。仏教各宗派懇話会は、明治三一年の仏教各宗協会の解散により断絶していた各宗派首脳の連合組織であり、その後も、各宗派共通の課題について審議・対応する役割をにない、のちに仏教連合会へと発展していった。

（二）宗教局移管と国際問題への対応

◉宗教局移管と仏教徒談話会

大正二（一九一三）年六月に内務省の宗教局が廃止となり、宗教行政一般が文部省に移管された。文部省は新たに宗教局を設置し、神社を除くすべての宗教団体を管轄することとなった。神社と宗教との分離を一層明確化する意図があったとされるが、六月二二日付『中外日報』の社説「宗教移管の真相」は、三教会同での教育行政と宗教行政との混乱が背景にあったことを指摘している。

同年七月には、宗教行政を所管したことを受けて、奥田義人文相の主催による宗教家招待会が企画された。文部省は否定したが、この招待会を三教会同の継続とみる報道も多かった。招待会は七月八日を予定していたが、有栖《ありす》川宮威仁《がわのみやたけひと》親王が七月五日に急逝したのを受け自粛・延期することになった。しかし、すでに出席のために上京していた者もいたため、八日に教派神道側一名、仏教側二十三名を招いて茶話会を開き、奥田文相より宗教局移管の挨拶と文部省方針の説明があり散会した。

一方、宗教局の移管を受けて政府の宗教政策をただし、各宗当局の覚醒を促すため「仏教徒談話会」が組織された。七月一日に創立協議会が開催され、渡辺海旭・安藤正純・大森禅戒・小林正盛・椎尾弁匡《べんきょう》・和田鼎《かなえ》ら二十六名が参集した。懇談会は、進歩思想を懐《いだ》く仏教徒の結合を図り、寺院を主とする職業的仏教家の入会を禁ずるとし、以下の綱領を定めた。

一、本会は社会の趨勢に順応して現在の仏教界の状態を改善進歩せしめんとの意見を有する仏教徒を以て組織す

一、本会は宗教界の実際問題を攻究し仏教各宗派当路者をして本会の意見を実行せしむることを期す

一、本会は国家の宗教に対する政策及之より出づる時々の問題に関し政府に向て交渉或は警告を為すべし

一、本会は以上の事項に関し自ら運動を起すことあるべし

一、本会は時々東京市及其付近に於て会合を催し会員相互の懇睦並に政府当局者と意志の疎通を計るべし

新仏教徒同志会は国家権力の宗教介入を批判し、宗派仏教との訣別を宣言した。しかし、仏教徒談話会は、仏教をとりまく状況の変化に対応して、各宗派に改善措置の実行を促し、そのために国家側とも交渉するとしていた。新渡辺や小林などの新仏教徒同志会のメンバーが参加していることが注目される。仏教徒有志を牽引する役割は、新仏教徒同志会から仏教徒談話会へと移りつつあったのである。

また対立と混乱を続けた仏教界も、仏教各宗派懇話会が組織され協調路線へと向かいつつあった。しかし、その期するところは、本末関係に局限された宗派の権益を国家から得ることにあり、末端の一般信者への対応は等閑視され続けたのである。

◉仏教徒談話会主催の仏教徒大会

大正二年一〇月五日、仏教徒談話会の主催により浅草本願寺に全国仏教徒大会が開催された。参集した者は三百人にも及び、黄檗宗管長高津柏樹《はくじゅ》を議長に推薦し、次の議案を審議・可決した。

第一、国民思想の統一と政教問題に関する事項

第二、米国の排日問題に関しウイルソン大統領に人道上より反省を促す事

第三、中国の南京事件に関し袁世凱《えんせいがい》大統領に人道上より反省を促す事

第一は三教会同・宗教局の文部省移管により浮上した国内の宗教行政に関わる問題であったが、第二と第三は在外邦人の保護に関する問題であった。この年、アメリカ・カリフォルニア州議会で外国人に土地所有と三年以上の賃借を禁止する法律（第一次排日土地法）が可決された。また同年八月には、南京城内に乱入した袁世凱派の張勲《ちょうくん》が日本人商店を襲撃して略奪を行い、十数名を殺害した。大会では、カリフォルニア州と南京の在留邦人に、全国仏教徒の名をもって慰問状を送付し、ウイルソンへ日英両文で、袁世凱へ漢文で反省を促す文を打電することを決めた。

さらに決議後には演説会が開かれた。また、演説内容を海外の有力新聞に投稿し、中国および欧米との相互理解を深めることを期していた。主な演説者は以下のとおりであった。

高津柏樹（黄檗宗管長）　権田雷斧《ごんだらいふ》（豊山大学長）　日置黙仙（日暹寺貫主）

杉田定一（貴族院議員）　大石正巳（衆議院議員）　本多日生（顕本法華宗管長）
村上専精（文学博士）　杉浦重剛《じゅうこう》（教育調査委員）　関　直彦（衆議院副議長）
高野金重《たかのかねしげ》（衆議院議員）

仏教界の有力者に混じって、国会議員数名が参加していた。大正期以降の仏教界は、国際社会における日本の権益問題と結びつけて、日本仏教の存在意義をアピールする手法が盛んに用いられるようになった。この仏教徒大会は、その先駆けともいえるものであった。しかし、同時に政府の外交戦略に歩調を合わすことが重視され、新仏教徒同志会にみられたような国家権力への批判的意識は失われていった。

◉仏教徒談話会と布教権問題

大正二年一〇月一五、一六の両日、仏教徒大会の委員の大森禅戒、安藤正純、田中弘之（舎身）、田中善立《ぜんりゅう》の四名は外務省・文部省を表敬訪問した。このうち安藤と田中善立は、もと真宗大谷派僧侶で衆議院議員でもあった。訪問の意図の一つには、中国の布教権問題があった。かつて明治三三（一九〇〇）年、福建省では、日本軍の軍事介入の口実とするため、真宗大谷派厦門《アモイ》布教所が日本側により放火される事件がおこった。この事件以降、現地官民の日本仏教への不信感・反感が高まり、中国政府は日本仏教が中国で布教する権利を認めず、布教使の引き揚げを要求するようになっていた。安藤らは、中国との条約で布教権が認められていないことの改善を陳情したのであった。

こののち、第一次世界大戦が勃発すると、日本は旧ドイツ権益の摂取とともに、日中間の懸案の諸問題を一挙に

真宗本願寺派の歴代北米開教責任者

	氏　名	在任期間	その後の主な経歴
初　代	薗田宗恵	明治32年９月〜33年12月	仏教大学（現龍谷大学）学長
第２代	水月哲英	明治33年12月〜34年10月	筑紫女学園設立者
第３代	堀　謙徳	明治35年３月〜38年９月	東京帝国大学講師
第４代	内田晄融	明治38年８月〜大正12年９月	本山布教部長、西山別院輪番

解決しようとし、大正四年一月一八日に中国に対し、二十一カ条の要求を突きつけた。このなかには、中国での日本人宗教家の布教権を認める要求も含まれていた。

同年四月三〇日、仏教徒談話会の主催で各宗派僧俗有志百余名が日比谷公園松本楼に集まり、仏教徒有志大会が開催された。大会では、「吾人仏教徒は我対支提案の貫徹を期待し殊に布教権問題の剴切《がいせつ》なる解決を熱望す」との宣言を決議した。大会ののちに晩餐会に移り、田中弘之、佐々木安五郎（照山）、伊東知也《ともや》、小川運平、水野梅暁《ばいぎょう》、高嶋米峰らの所信演説があった。蒙古王の異名をとった佐々木（衆議院議員）、黒龍会の結成に参加した伊東（衆議院議員）、玄洋社の総帥の頭山満、辛亥革命を支援した小川といった人物が協力していたことは興味深い。

五月二日には、富田斅純《こうじゅん》、安藤正純、田中弘之、水野梅暁の四名の実行委員は、小川運平を同伴して大隈首相、松井外務次官、一木文相を歴訪して布教権問題の解決を陳情した。また高嶋米峰、和田幽玄（対白）は、佐々木・伊東両議員とともに各宗派の東京宗務所をまわって協力要請を説いた。新仏教徒同志会の有力メンバーである高嶋米峰が、この活動に加わっていたことが注目される。同年六月、新仏教徒同志会の機関誌『新仏教』は、一六巻四号で布教権問題を特集し廃刊となった。「総ての政治上の保護干渉を斥く」を掲げた新仏教徒の運動は、国家権益との協調路線が仏教界で成立していくなかで解散していったのである。

ところが、布教権問題は結局のところ解決しなかった。日本側の最初に欧米諸国に内

写真33　世界仏教徒大会

示した項目に布教権についての要求が含まれていなかったため、のちに各国から非難を受けた。五月七日に日本政府が中国に宛てた最後通牒で布教権問題は後日交渉とされ、ワシントン会議に際して布教権問題は完全に白紙に戻されることとなった。

◉米国排日問題と世界仏教徒大会

大正四年には、米国で排日問題の解消に向けた動きもあった。日本仏教徒を中心として、米国桑港《サンフランシスコ》で「世界仏教徒大会」が開催されたのである。

この大会は、パナマ運河の開通を受けて東西文化の交流の促進を期して開かれたサンフランシスコ世界博覧会に連動し、八月二日から六日間にわたり開催された。大会の発起団体は、米国西海岸各地の真宗本願寺派仏教会であり、その主導者は、同派北米布教を統轄する開教監督の内田晃融《こうゆう》であった。大会には、世界と日本の仏教者が賛意を表明し、暹羅《シャム》国王、西蔵《チベット》達頼喇嘛《ダライラマ》法王、錫蘭《セイロン》ダンマナンダ大僧正、緬甸《ビルマ》マング・タトハナバイング僧正らも賛意を表明し、世界各国からの参加者があった。

日本からは、日置黙仙（各宗代表日暹寺貫主）、八淵蟠龍（真宗本願寺派）、旭日苗《にちびょう》（日蓮宗大本山本圀寺前管長）、山上曹源（大日本仏教青年会代表・曹洞宗大学教授）、渡邊順（真宗大谷派）、中嶋春方（臨済宗妙心寺）の六名が参加した（八淵は船便遅延のため大会には不参加）。

大会期間中には「白人伝道」を期して、市設公会堂において講演会が連日開催され、大会期間の前後にも、日置・旭・八淵らが北米各地で地方巡講を実施した。また期間中、サンフランシスコ仏教会堂で会議が開かれ、決議文を採択した。決議文には、東西文明の交流や世界平和の実現といった抽象的かつ普遍的な理念とともに、日系移民の迫害と日本仏教への偏見の解決という現実的課題が並列して掲げられていた。なかでも切実な課題は、日系移民の迫害と日本仏教への偏見の解決であった。現地では、日系移民が仏教会を中心として閉鎖的コミュニティを形成しているという認識が根強くあり、排日の原因の一つと目されていた。現地開教使にとって、こうした偏見の解決は愁眉《しゅうび》の課題であった。

世界仏教徒大会が終了した二週間後、八月二三日の午後二時に内田・山上・日置の三名は、ワシントンホワイトハウスにウイルソン大統領を訪ね、大会決議文を奉呈し、日系移民と日本仏教の布教への保護を陳情した。しかし、その後も米国での排日運動はエスカレートしていったのである。

(三) 仏教連合会と近代管長制

◉文相招待会と宗教大会

大正二（一九一三）年一一月になって、延期されていた奥田文相による宗教家招待会が開催された。同月四日付『東京朝日新聞』の報道によれば、仏教徒談話会が文相に接見した際に、三教会同が不合理かつ軽率であることを説き、三教個別に招待会が開催されることになったという。

また仏教徒談話会は、仏教各宗派懇話会にも会見を申し込み、一〇月に談話会側より渡辺海旭、安藤正純、大森禅戒、小林正盛の四氏、懇話会側より弘津説三（曹洞宗顧問）、神保《じんぼ》弁浄《べんじょう》（日蓮宗宗務総監）、富田斅純（真言宗豊山派宗務長）の三氏が出席して上野精養軒で会談が行われた。その結果、招待会の後に宗教大会を開催するが、そこでは何等の決議をせず、単なる懇親会とすることが約束された。

こうして一一月一日、まず神道家招待会が文相官邸で開催され、教派神道の管長・管長代理ら十一名が参集した。三日は仏教家招待会が小石川植物園で開かれ、四十八名の管長・管長代理が出席した。このとき、真宗大谷派も大谷瑩亮《えいりょう》（管長光演の弟）が管長代理として出席した。四日にはキリスト家招待会が開かれ十名が参加した。

四日には、芝増上寺で各宗管長会議が開催された。代理を合わせて出席者は六十余名に及び、一〇月三〇日以来、仏教各宗派懇話会が協議して策案化した議案を審議可決した。その議案とは、①明年の天皇即位記念祝賀、②特殊布教の拡張、③宗教法規財産法の調査、④仏教中央保護会の設置の四件であった。ここに至って、諸宗の協調路線がようやく軌道に乗りはじめたのであった。

一一月五日には、井上哲次郎・床次竹二郎・大内青巒ほか四十余名が発起人となり、築地精養軒で宗教大会が開催された。まず座長に柴田礼一が推薦されたが、病気のため辞退し高楠順次郎が座長に就任して議事に移り、「本会は日本宗教大会と称し毎年一回之を開く、但し必要ある場合は臨時開会することあるべし」との決議を採択した。次に委員を選挙して、床次、井上、渋沢栄一、阪谷芳郎（東京市長）ほか三十余名を選出した。その後、諸氏の演説などがあり、万歳三唱して散会した。来会者は二百五十余名を数え盛会であったとされるが、仏教徒談話会側は当初の約束が果たされなかったため、長文の理由書を発表して出席しなかった。この時点で仏教徒談話会は、行政との結びつきを強める宗派当局にまだ批判的認識をもっていたようである。

◉大正期仏教界をめぐる状況

大正四年は、仏教をめぐるさまざまな問題が表面化し、大きな節目の年となった。すでに述べたように、中国での布教権問題や米国での排日運動に対し、政府を巻き込んだ仏教側の取り組みが本格化し、そうした動向のなかで新仏教徒同志会は解散に追い込まれていった。その後も排日問題・日中問題は緊迫度を深め、四年の西来庵《さいらいあん》事件（タバニー事件）後の台湾統治問題、八年の三・一運動後の朝鮮統治問題、一二年のローマ法王庁との使節交換問題など、仏教界が関わる国際的事案が次々に浮上した。

国内でも、宗教法や神社問題など、政府との交渉が必要となる問題が表面化した。この年、文部省当局と仏教各宗派懇話会との間で宗教法制定に向けた折衝が続けられ、管長の権限をめぐる問題が焦点となった。すでに各宗管長には、住職の任免・賞罰に関する権限、末寺より宗派費用の徴収権が認められていたが、管長の権限をさらに強化するか、制限するかが課題となった。その際、真宗各派のように本山が宗派機関を代表している場合と、曹洞宗・浄土宗・日蓮宗のように有力な本山が鼎立《ていりつ》し宗政機関が本山を代表している場合では、自ずと違いがあった。文部省当局は、明治三二（一八九九）年の宗教法案の際のような混乱を避けるためにも各宗派側の意見を聴取する姿勢をとった。このときも宗教法を制定するまでに至らなかったが、意見調整のために各宗派の協調関係がさらに重要性を帯びるようになったのである。

一方、神社問題に関しては、すでに明治一五年に官社の神職の説教活動と神葬祭の司教が禁止され、神社は一般宗教とは別の扱いを受けることとなっていた。三三年には社寺局が神社局と宗教局とに分離され、神社行政と宗教行政の所管部局も明確に区別された。神道は国家の宗祀であって宗教ではないというのが政府当局の見解であったが、実際には次第に神道儀礼の国民への強要が顕在化し、問題化していった。

大正三年五月一六日、当時の内相大隈重信（首相兼務）は、地方官会議での訓示のなかで次のように述べた。

神社の崇敬は国民道徳に至大の関係を有す。此の美風を涵養せむには祭祀を鄭重にし、神社の施設を完うし、神職の適材を得るにあることは従来縷々《るる》訓示又は指示したる所なり。……各位は此の際是等法規の整備と相俟《ま》って、神社の内容を整へ、神職の風紀を厳粛にし、人心をして益々神社を崇敬するに至らしむる様留意せられむことを望む。

この前後から、小学校の入学式での神社参拝の強要、神宮大麻（神札）の強制頒布《はんぷ》の問題が表面化し、仏教新聞『中外日報』が連日のように関係記事を報道した。特に大正四年には大正天皇即位の大典が行われ、その際に全国の府県の教育会等が、各戸にしめ縄を張って神棚を設けて幣供することなどを公報で達示するケースがあった。各地で設けられた遥拝所へは、羽織袴を着用し参列することが強制され、僧侶が法衣着用で参列することを認めない方針を示すところもあり、これへの対応も仏教側にとって大きな課題となった。

その他も、僧侶選挙権、旧寺領の返還問題など、政府との交渉を必要とする事案は山積しており、その解決に向けて仏教各派の協力調整機関として、仏教各宗派懇話会の役割は重要性を増していったのである。

◉仏教各宗派懇話会から仏教連合会へ

大正四年一二月一〇日、西本願寺黒書院で、仏教各宗管長および重役による会議が開催され、五十四名が出席した。弘津説三（曹洞宗）を座長に選出し、活発な議論を経て、以下の事項を決議した。

一、仏教各宗派は和協提携し宗綱の刷新拡張を計り益々教化の本分を尽し以て皇運を扶翼せん事を期す

二、各宗派共通の事件を審議し之を処弁する為め現在の各宗派懇話会々則を改正すること

右起草委員選挙の件

三、仏教各宗派は共同提携し益々補習教育、青年団指導、感化救済の事業を拡張し其の実蹟を挙ぐること

四、帝国内に宣布する各宗教の教義歴史及び其の実状を調査し宗教に対する方針を確立し以て宗教法を制定せられんことを其筋に要請すること

右実行委員選挙の件

五、神職と神道宗教の教師とを判然区別し兼務せしめざることを其の筋に要請すること

右委員選挙の件

六、最近仏教に関し行政官の取扱上穏当を欠くの嫌ある事項を具申し其の処置を政府に要求すること

右委員選挙の件

（大正四年一二月一一日付『中外日報』）

翌一一日には、京都洛東の方広寺で仏教各宗派懇話会会則の改正に関する委員会が開催され、前記二の決議を踏まえて、各宗派懇話会を「仏教連合会」へと改組することを決め、仏教連合会規則を次のように定めた。

一、本会を仏教連合会と称す

一、本会の目的は各宗共通の事件を審議処弁するを以て目的とす

一、本会は幹事十二名とし常任幹事四名は東京、京都各二名宛《ずつ》を選出し評議員は若干名を置く、幹事は各宗派より選出し評議員は末寺千ヶ寺以下よりは一名、千ヶ寺以上の末寺を有する本山派二千ヶ寺を増す毎に一名の評議員を選出する事

一、本会毎年定期総会を東京若くは京都に開き臨時必要に応じて臨時会を開く事あるべし

（大正四年一二月一三日付『東京朝日新聞』）

◉仏教連合会幹事と文部省折衝

大正五年三月一三日、仏教連合会の幹事総会が、本部のある芝愛宕町真福寺内真言宗智山派宗務所で開催された。各宗派から選出された幹事は、宮本隆範（真言宗智山派）、加藤精神（同豊山派）、窪川旭丈（浄土宗）、弘津説三（曹洞宗）、酒井日慎（日蓮宗）、木下寂善（天台宗）、蓮生《はすう》観善《かんぜん》（古義真言宗）、原圓応（臨済宗）、近藤純悟（真宗大谷派）、

鷺谷護城（真宗本願寺派）、奥博愛（真宗各派）、長谷川観石（浄土宗西山派その他）の十二名であった。

この十二名の幹事は、時局問題を種々協議したのち、三月一五日に仏教十三宗五十六派を代表して文部省を訪問し、高田文相・福原次官・柴田宗教局長と二時間余りにわたって会談した。このとき、幹事側が陳情したのは、宗教制度調査に関する件、神職と神道教師の区分に関する件、宗教に関する地方行政矯正の件、宗教教師僧侶参政権に関する件の四項目であり、その要求内容は、同月発行の『東京朝日新聞』『中外日報』などの報道によれば、おおむね次のとおりであった。

第一は、維新以降の政府の宗教行政が曖昧であり、宗教によって対応が不平等であることを指摘し、宗教制度を調査し宗教法を制定すること。第二には、明治一五年内務省達による神職の説教活動と神葬祭の司教の禁止にもとづき、敬神崇祖にかりて信教の自由を侵害することがないよう対応すること。第三には、前年大典に際し京都府・香川県・広島県安芸郡・山形市で神道儀礼を強要し仏教者に不当な行為のあったことを挙げ、再発防止すること。そして第四には、僧侶への被参政権の付与であった。

これに対し文相らは、いずれも国家の対宗教政策の根本に関わる問題であるため即答はできないが、必ず調査詮議する旨を口頭で約したという。

同年五月七日京都妙心寺において、各宗管長以下七十数名で組織する仏教連合会評議員会が開催された。同月発行の『中外日報』の記事によれば、席上、弘津説三幹事より三月一五日の文部省陳情に関する報告があり、文相よりの返答は冷淡であり、「政府は我々仏教徒を非常に軽蔑いたしまして殆ど一人前に扱ふて貰へませぬ」との発言があった。

また、宮本隆範幹事からは、大典の際に一部地方官に不穏当な行為があったことに関し、四月以降も文部省・内務省との折衝を続けてきたことが報告された。しかし、文部省からも内務省からも適切な回答は得られず、宮本も「文部省は非常に冷淡に構へて居ますことは口惜しい次第であります」と述べた。評議員会では、各宗連合で対外的活動を期して「仏教護国団」の結成も付議され満場一致で可決した。

◉仏教護国団の結成

大正五年五月七日評議員会での可決を受けて、一九日に幹事会が京都新京極の誓願寺で開催され、その後の幹事の意見調整を経て、一〇月に以下のような「仏教護国団設立規程」が発表された。

第一条　仏教各宗派の協同によりて全国各地方に仏教護国団を設置す　各地方に設置したる仏教護国団は仏教連合会に所属し其連絡統一を計る
第二条　仏教護国団は各地方名を冠して何々仏教護国団と称す
第三条　仏教護国団は仏教の本旨に依り尊皇護国の目的を貫徹する為国民精神の振作統一を図り済世利民の事業を経営す
第四条　仏教護国団は仏教各各宗派僧侶及檀信徒を以て之れを組織す
第五条　仏教護国団の設置区域は地方の状況に従ひ府県又は市郡町村の区域に拠る
第六条　仏教護国団の役員会計其他必要の事項は各団則を以て之を定むべし
第七条　各地方既設の団体にして本団の主義目的に契ふものは前各号に準じ之れを取扱ふものとす
第八条　此規程施行に必要なる規則は別に之を定む

（『加持世界』一六巻一一号）

こうして一一月一五日、東京仏教護国団の発会式が芝増上寺で行われ、翌六年一一月には京都護国団も発会式を挙げた。護国団は仏教連合会を底辺から支える組織として構想され、その後も名古屋や大阪をはじめ各地で護国団が結成された。

こうして諸宗派連合の組織整備が進むなかで、管長を中心とする旧来の宗派の枠組みは強化された。また、宗派統制が強まるなかで宗派をこえた仏教改革運動も衰退していった。一面において、それは江戸時代の本末制度の復権ともいえようが、本末制度が宗派別々に幕府から統制を受けたのに対し、近代管長制は仏教連合会や仏教護国団、さらには仏教青年会連盟という連合組織を有して国家権力に貢献する体制が整えられた点では大きく相違していた。その一方、末寺と門信徒との寺檀関係を保証する制度はなく、各宗派が国家権力への貢献に注視する傾向を強めるのに反比例して、門信徒の求心力が失われていった。

近世において仏教は、分断された各宗派が幕藩体制下で個別に民衆統制を補完する役割をになわされたが、むしろその意識は民衆教化へと向けられていた。これに対し、近代における諸宗派は自宗派の権益を守り、国民国家を支える連合体制の自主的構築に奔走するなかで、民衆の救済願望に対峙することをますます忘失していったのである。

◉全日本仏教青年会連盟

諸宗派体制の再編が進むと、仏教世論の中心は東京から各宗派本山が多く存在する京都へと移っていった。明治二〇年代・三〇年代に仏教の新潮流を紹介する新聞・雑誌のほとんどは東京で発行されていた。ところが、仏教界を代表する通仏教新聞であった『明教新報』が三四年に廃刊となり、これにかわる存在となったのが、京都に本社を置く『中外日報』（三〇年に『教学報知』として創刊、三五年改題）であった。

仏教言論界に大きな影響を与えた雑誌も次々に姿を消し、大正元年に『三宝叢誌』（明治二五年『令知会雑誌』を改題）が、大正四年に『新仏教』と『婦人雑誌』（明治二五年『婦人教会雑誌』を改題）が廃刊となった。『反省雑誌』（明治二五年『反省会雑誌』を改題）も、明治二九年に東京進出したのち三二年に『中央公論』と改題され、仏教との関係が次第に疎遠になっていった。三〇年代には、真宗本願寺派の「高輪仏教大学」、真宗大谷派の「真宗大学」のように、仏教主義学校を東京進出させる動きもあったが、明治末年までに廃止となった。

こうした状況のなか、東京における新進仏教者の受け皿になったのが、大日本仏教青年会であった。仏教青年会の活性化を望む声は強く、例えば、大正四年六月発行の『新仏教』掲載「仏教青年会の改造△協同運動の促進△」は次のように記している。

基督教の青年会なるものは、一面各教派から超然独立して教派以外の別働的機関となり、而もそれが世界的組織の下に忠実に全基督教界連合機関の役目を尽して居る、……大日本仏教青年会が、其の名称のみは基督教に学びながら、唯一年に一回釈尊降誕生会を催す外に何事もなし得ないのは誠にお恥かしい次第ではないか。……僕は熱心に大日本仏教青年会の改造を主張する者である。宜しく各宗派以外に独立し、宗派に属せざる所謂有志家と、各宗派内新進気鋭の青年壮年者を中心とし―老人たりとも篤志の後援は勿論差閊《さしつか》へはない―否尊敬すべき老人達の助力を仰ぐ必要は大にあらう、而して宗派から独立しつゝ、全仏教界の連合機関となつて、常に新運動信活動の中堅なる様にしたい。

写真34　高楠順次郎（1866-1945）

大日本仏教青年会が長い低迷期を経て、ようやく活性化の気運が熟したのが、大正八年頃のことであった。この年六月、東京帝国大学・慶應義塾大学・早稲田大学の仏教青年会が三大学連合の講演会を開き、多くの聴衆を集めた。同月一三日付『中外日報』は、「学生の仏教熱」と題して「東京に於ける神田本郷方面の仏教講演が近来聴講者の増加を見、青年学生にして仏教を知らん要求するの兆候を認めらる」と報じている。

しかし、宗派統制を強める宗派当局の対応は冷ややかであった。早稲田大学教友会の指導的に立場にあった木山十彰《じゅうえい》は、昭和五（一九三〇）年七月『中外日報』に寄稿した文のなかで、「大正八年六月の明治会館に於ける帝、早、慶三大学仏青会の連合大会の開催に於て、各宗大学のある人々から非常なる反感を受けた」と回想している。

転機となったのは、後述する汎太平洋仏教青年会大会の開催であった。昭和五年に第一回大会がハワイ・ホノルルで開催され、第二回が東京で開催されることが決まった。この大会開催の実動組織として、翌年には大日本仏教青年を中核に関係団体を再編した「全日本仏教青年会連盟」が結成された。初代理事長には高楠順次郎が、主事に常光浩然《つねみつこうねん》が就任し、全国各地の仏教青年会を傘下に置く巨大組織へと発展していった。八年に日本が国際連盟から脱退して国際的孤立を深めるなか、翌九年に第二回汎太平洋仏教青年会大会を開催し、その後も「国際仏教通報局」を設置して機関誌『国際仏教通報』を創刊し、アジア諸国やハワイ、北米の仏教青年会との関係強化に努めた。しかし、戦時体制が進行するなかで、『新仏教』が要望した「各教派から超然独立して教派以外の別働的機関」として存在することは難しく、仏教護国団と同じく、仏教連合会を側面から支える役割をにない、各宗派連合体制のなかに組み込まれていったのである。

(四) 各種大会開催と戦時協力体制

◉第二回三教会同

大正期には、真宗本願寺派の大谷光瑞《こうずい》(法号「鏡如」、西本願寺二二世)、真宗大谷派の大谷光演《こうえん》(法号「彰如」、東本願寺二三世)が相次いで借財問題から管長(法主)職を引責辞任した。既成宗派の世俗化が顕著となってその権威が失墜し、大正期の自由主義的な雰囲気と相まって、宗派単位での改革運動や各種教化活動が活発化した。

仏教護国団に関しても、宗派仏教への不信感から発足当初は仏教連合会との軋轢も生じたようであり、大正五

写真35　上：大谷光瑞
(1876-1948)
下：大谷光演
(1875-1943、句号「句仏」)

（一九一六）年一二月一四日付『中外日報』は次のように報じている。

東京仏教団は頗る民衆的傾向を有し、連合会の全然官僚的なるとは大に性質を異にせり、茲を以て其発会の当時連合会との関係が大に問題となり、連合会は護国団を以て、自己の付属物となさんとし、護国団それ自身は連合会の羈絆《きはん》を脱して、自由の天地に立たんとし、茲に一大葛藤を生じたる事は、吾人の当時報道論議せし処なりき。

しかし、僧侶参政権の獲得や旧寺領の返還など、政府当局との交渉事案を進めるうえで、両者の姿勢は次第に歩み寄り、各地の護国団は仏教連合会の支部としての役割をになうようになっていった。

一方、政府の側は、三教会同以降も社会教化の面で諸宗教を活用する施策を企図し、仏教連合会への期待を増大させ、政府と連合会の協調関係も強化された。『東京朝日新聞』の報道によれば、大正六年六月一二、一三日の両日、芝増上寺で仏教連合会の評議員大会が開催され、各宗派管長・重役、仏教連合会幹事七十余名が参加した。一二日には、岡田良平文相・後藤新平内相・仲小路廉《なかしょうじれん》農商相が出席して仏教家への希望に関して演説し、一三日には首相官邸に招待された。この招待会の席上、寺内正毅首相が演説し、「国民の思想を統一し国家の隆盛を図るは宗教家の力に待つもの最も大なりと信じて此点を特に御願致したきなり」と述べた。七年三月には、逆に仏教連合会側が第一回貴衆両院議員招待会を築地本願寺で開催し、国民精神・社会教化に関する意見を交換し、八年二月にも第二回を開催した。

大正七年九月、米騒動の責任をとって総辞職した寺内内閣のあとを受けて原敬内閣が成立し、床次竹二郎が内相に就任した。床次は、第一次世界大戦後の八年三月、国家観念の涵養、地域秩序の再編、デモクラシー思想への対応、生活改善、労使・地主小作関係の調整などを目指す要綱を掲げて民力涵養運動を展開した。その一環として、五月二四日に神道・仏教・キリスト教の代表九十一名を官邸に招待して第二回三教会同を開き、民力涵養運動への協力を要請した。

『中外日報』の報ずるところによれば、この第二回三教会同に先立ち、東京仏教護国団は「漠然たる無意味な会合」と評し、三教個別に行うように当局に交渉することを申し合わせ、仏教連合会に対しても、その旨を勧告した。一方、真宗大谷派の東京末寺は有志会を開き、「基督教と一席に会合して　民力涵養を図るが如きは一派門末の帰趣《きすう》を謬らしむる事」などを理由に参加反対を表明した。しかし、真宗大谷派当局はこの反対を振り切って阿部恵水《けいすい》寺務総長が出席した。結局、第二回三教会同でも国民教化の具体的方策が示されたわけではなかったが、明治四五（一九一二）年のときほどの仏教側からの反発は少なかった。仏教側から管長と代理を含めた各宗派の代表、仏教連合会幹事合せて六十二名が参加し、引き続き、文相招待会・陸相招待会も開催された。

◉国民精神作興の詔書と宗教家招待会

大正一二年一一月一〇日、第一次大戦後の経済繁栄を通じて享楽的退廃的風潮や社会主義思想が広がりをみせ、関東大震災後の社会的に混乱するなかで、「思想の善導」を企図して「国民精神作興に関する詔書」が発布された。当時、社会局官僚が強調する「社会連帯」思想を教化面からの浸透させる役割もにない、各種宗教団体が総動員されて国粋主義・復古主義的な国民教化団体が各地に結成されていった。

翌一三年二月には、この詔書にもとづく思想善導の趣旨徹底のため、清浦圭吾首相の主催による宗教家招待会が開催された。この招待会は三教個別に開催され、まず二〇日に仏教各宗派管長・代理らの仏教家招待会があり、四十五名が参加した。続いて神道各派の招待会が、翌二一日にキリスト教代表の招待会が開催された。『中外日報』によれば、この招待会と国民精神作興にも仏教側からの批判があった。仏教連合会の東京本部は協力的であったが、京都の出張所側は批判的であったとされる。しかし、その理由とは「政府から依頼を受けて危険思想を撲滅するために連合して布教宣伝をするといふのは今更なもので……政府の依頼によつてそのお先棒をかつがなくとも昔からやつて居る」ことで、一片の会合や演説では効果が期待できないというものであった。決して、国家権力との協調路線に異を唱えるものではなかったのである。

◉中国仏教界の動向

国内では、社会主義の広がりが反宗教運動へと向かう兆しをみせはじめており、国外では、大正一三年五月に米国議会で排日条項を含む新移民法が可決された。仏教側は、国内に対して政府の期待に応えて思想善導の成果をあげ、国外に向けて国際性と宗教的寛容性を具えていることをアピールする必要に迫られていた。

大正一四年、こうした情況下のなかで、仏教側連合会によって開催されたのが「東亜仏教大会」であった。東亜仏教大会は、仏教各宗派当局が協力して開催された初の仏教国際大会であり、その後に開催された汎太平洋仏教青年会大会や大東亜仏教青年会などの前例となった。まずは、この大会の開催に大きな影響を与えた中国仏教界の動向からみていこう。

当時、中国仏教界の復興に向けた動きは活発化しつつあった。大正一一（民国一一）年四月、北京清華学校（米国系）で世界基督教大会が開催され、YMCAの指導でのちにノーベル平和賞を受賞したジョン・モットら二十三国代表数百名が参集した。これに反発した北京大学教員・学生らは、キリスト教を帝国主義的侵略者の手先とみる社会主義的立場から反基督教同盟を組織して、キリスト教排除運動を展開した。このとき、北京平民大学、北京各大学で仏教哲学を研究する学生二十数名が「北京平民大学新仏化青年団」を組織し、旬刊の機関誌を創刊した。さらに同年七月、武昌《ぶしょう》仏学院の太虚《たいきょ》に協力を求め、武漢で宣伝活動を行い、名称を「仏化新青年会」と改め、上海・厦門・漳《しょう》州・泉州で巡回講演を行い、沙市《さし》・宜昌《ぎしょう》・成都・重慶等に飛檄して数千名の会員を得て、機関誌『仏化新青年』を頒布した。

写真36　太虚（1890-1947）

こうした青年仏教者の運動のよき理解であり、中国仏教界の振興を牽引したのが太虚であった。太虚は、大正一一年に仏学院を武昌に創立して青年僧侶の教育事業に着手すると、翌一二年には江西省廬山《ろざん》にささやかなバラック一棟を建て、「世界仏教連合会」の表札を掲げ、布教活動を開始した。この地は、東晋慧遠《えおん》が白蓮社を組織した霊地であるが、当時その面影はなく伽藍跡も荒廃した状況にあった。その一方で、この地をキリスト教徒が最大の避暑地とし、夏には東洋で伝道活動を行う二千名もの牧師宣教師が参集していたという。太虚は、同年夏に第一回世界仏教連合会の名のもと、大谷大学教授の稲葉円成を招聘して講演会を開いた。さらに翌一三年にも第二回大会を開くことを決し、九《きゅう》江《こう》領事江戸千太郎を通じて日本より適当な人物の派遣を要請した。外務省文化事業部は考査の結果、東京帝国大学教授木村泰賢と法相宗法隆寺貫主佐伯定胤《さえきじょういん》を推薦し、水野梅暁も個人の資格で出席した。大会後に、連合懇談会を開き、日中仏教徒の精神的結合の方法・中国仏教の興隆策などを協議し、明年に東京で東亜仏教大会を開催することを決議した。

このように当時の中国仏教の日本仏教に寄せる姿勢には好意的なものがあった。大正一二年九月一日、関東大震災の報に接すると、中国仏教徒は同月三日に「仏教普済日災会」を組織した。同会は各種法要を行うともに、義捐金を集め梵鐘を鋳造して仏教連合会に贈った。また一三年八月に大中華民国天津仏教団体代表は、米国の排日移民法に憤慨して、日中仏教徒の相互提携を期することを決議し、その決議文を仏教連合会に寄せた。一方、日本側も、同年一一月に外務省文化事業部が完成したばかりの『大正新修大蔵経』を中国各省の図書館、上海仏教居士林、南京内学院、武昌仏学院等に寄贈することに決し、順次各地へ発送された。

◉東亜仏教大会

東亜仏大会開催の正式な連絡を受けた仏教連合会は、大正一三年一一月二八日、定期評議員会を京都妙法院で開催し、一四年秋に東京において東亜仏教大会を開催し、中国側を正賓とし、アジア各地の仏教徒を招集することを決議した。同年九月に佐伯定胤を会長に推し、教義研究部（部長木村泰賢ほか二十名）、教義宣伝部（部長加藤咄堂ほか委員二十六名）、社会事業部（部長渡辺海旭ほか委員二十五名）、教育事業部（部長高楠順次郎ほか委員三十四名）および総務部・交渉部・接待部・会計部・文書部等を組織し、仏教界の有力者を総動員した体制を整備した。一〇月には、水野梅暁が大会打ち合わせのため中国に渡った。

東京・京都等の仏教連合会の準備協議会では、日米関係の悪化を懸念して「国際仏教大会」などへの名称変更も検討されたが、まずは中国を中心とするアジア仏教との提携を期して「東亜仏教大会」として開催することに決定した。当時、中国・日本各地を歴訪して講演活動を行っていたインドの詩人タゴールが、第一次大戦の戦禍をもた

写真37　東亜仏教大会

らした西洋文明の欠陥を指摘し、日本・中国・インドの提携を力説していた。こうした影響もあり、アジア仏教勢力の結集が優先されたようである。仏教を通じた日中交流事業に日本外務省も支援しており、大正一三年一一月、中華民国臨時政府執政に就任した段祺瑞《きずい》も仏教信者であることを表明し、臨時政府は東亜仏教大会の参加者の補助費として四千円の交付を閣議決定した。

大正一四年一〇月三一日、太虚団長以下、中国仏教界の有力者ら二十七名の中国代表団が東京に到着した。翌一一月一日に東京芝増上寺で開催された大会には、朝鮮仏教から代表李允用ら九名、台湾仏教から代表沈本圓ら四名も加わり、来会者は約一千人にも達した。

大会では、東亜仏教徒が交流を深め、研究・宣伝・社会教化事業で共同する道を探り、人類文化の発達と世界平和に貢献することを目的に掲げていた。当日、仏前読経にはじまり、佐伯会長の挨拶、首相・文相・各国代表の祝辞などに続いて、各部会で提案事項が協議された。その後の総会で、日中の仏教研究上の交流、学生の交換事業の実施

（以上、教義研究部決議）、欧文仏教書・仏教雑誌の編集、世界各地への伝道師の派遣（以上、教義宣伝部決議）、東亜各国による仏教徒社会事業連盟の結成、施薬救療事業の普及、不飲酒戒《ふおんじゅかい》の徹底（以上、社会事業部決議）、教育教化事業の振興、古文書の保存等、仏教教科書の編集、仏蹟巡拝の奨励、英国での仏教小学校の開校（以上、育事業部決議）などの具体的項目が決議された。その後一行は、東京・名古屋・関西各地の寺院・大学などを見学し、一一月二一日に神戸より帰国した。

翌大正一五年一〇月、仏教連合会は尾関本孝《おぜきほんこう》を団長とする二十二名の訪華視察団を組織し、一行は朝鮮を経て中国に到着、各地を歴訪して熱烈な歓迎を受け、中国仏教徒との交流を深めた。二年後には、次回大会を北京で開催することも決定していた。しかし、その後の日中関係の悪化により第二回大会が開催されることはなかった。日中仏教者の交流は、満州事変での断絶を経て、昭和九年結成の「日華仏教研究会」、翌一〇年設立の「日華仏教学会」に継承されたが、一二年の日中戦争に際会したこともあり、大きな成果を残すまでには至らなかった。

ところで、仏教各宗派有志による大会は、明治二三（一八九〇）年の第一回全国仏教者大懇談会以降、何度も開催されたが、宗政当局者の対応は冷淡であった。一方、大正二年に文部省主催、一三年には政府主催の仏教家懇談会が開催されたが、仏教徒有志等から強い反発があった。これに対し、東亜仏教大会は、諸宗派の宗政当局者が組織する仏教連合会が主催し、仏教界の有識者を総動員して開催された。大会には日中政府が支援していた。国策順応という使命を強く帯びており、もはや大会に反対や異論を唱える者はいなかったのである。

◉日本宗教大会

東亜仏教大会の開催以降、数々の大会が開催されるようになり、仏教諸宗派・諸宗教の協力体制は強化されていった。まず日本宗教懇話会の主催により、昭和三年六月五日から四日間にわたって「日本宗教大会」が開催された。日本宗教懇話会は、大正一四年六月に神道・仏教・キリスト教の有志によって、日本宗教に共通する研究事項と時事問題に関する意見交換をすることを目的に結成され、同会は世界宗教大会の開催を計画していた。日本宗教大会は、世界宗教大会の開催計画の前提として企画されたものであった。しかし、大会名に昭和天皇の即位記念を冠し、開会にあたって主催者を代表して挨拶した渡辺海旭（日本宗教懇話会理事）も、大会趣旨を天皇と国体の尊奉の念のもとでの国民の大同団結することにあると述べている。その意味で、国家貢献に対する意識が強い一方、国際社会との連携についての展望を欠き、この点で東亜仏教大会からの進展はみられなかった。

大会では、平和部会（会長新渡戸《にとべ》稲造）、教育部会（会長井深梶之助）、社会部会（会長矢吹慶輝）、思想部会（会長姉崎正治）の四部会に分かれ、意見発表と講演、協議が行われた。各部会の内、平和部会と教育部会の会長はキリスト教者であったが、社会部会の会長は浄土宗僧侶の矢吹慶輝が担当した。

諸宗教の有志による会合は、明治二九年の宗教家懇談会以降、数度にわたって企画された。しかし、教宗派当局者の反応は鈍かった。政府主導の三教会同も明治四五年と大正八年に開催されたが、やはり宗教家有志からの強い反発があった。しかし、東亜仏教大会と同じく、この日本宗教大会も日本宗教界の有識者が総動員され、これに反対する動きはみられなかった。大正末年から昭和初年に至る時期に、この二つの大会の開催を経て、仏教家・宗教家の国家への翼賛体制の基盤が整備され、以後は宗教者による自発的な大会が開催されていったのである。

◉汎太平洋仏教青年会大会

ところで、日本が国際社会から孤立への道を進むなかで、日本仏教の国際社会との連携は、排日状況にさらされたハワイ・北米の日系人にとってより切実な課題であった。こうして、昭和五年にハワイで開催されたのが、第一回汎太平洋仏教青年会大会であった。大会開催の提唱者は、真宗本願寺派のハワイ開教総長今村恵猛《えみょう》であり、同年七月二一日より二六日までの間、ホノルルで開催された。『第一回汎太平洋仏教青年大会並会議紀要』によれば、開会式で米国代表の寺川湛済が、「仏教は誤解されてゐる。何が故に誤解されてゐるかを考究し正解させて行くことが、最大の急務であると痛感してゐた際に、この大会が開かれて救はれた感じがする。」と挨拶している。この発言に大会開催の意図がどこにあったのかが明確に示されているといえる。しかし、実際の大会参会者は、ハワイの英語伝道部の白人数名と朝鮮代表の一名を除くと、ほとんどが日本派遣の各宗派仏教徒とハワイ・米国の各宗派開教使および日系人信徒とで占められていた。

大会では、第一部会で教育教化に関する議題、第二部会で思想問題に関する議題、第三部会で事業および経営に関する議題、第四部会で組織、制定に関する議題、第五部会で社会問題に関する議題が協議され、昭和九年に釈尊聖誕二千五百年を記念して日本で第二回大会を開くことを決議し閉会した。

第二回汎太平洋仏教青年会大会は、予定どおり昭和九年七月一八日から六日間にわたって日本で開催された。この大会では日本、カナダ、南洋諸島、中国（中華民国）、セイロン、ビルマ、ハワイ、インド、満州、タイ（シャム）、シンガポール、米国等から代表六六六名が参集、日本側役員を加えると約一千名が参加し、各宗派の有力者を総動員した戦前最大の仏教徒の国際的イベントとなった。開会式で挨拶に立った大会総裁大谷尊由《そんゆ》（真宗本願寺派）は、「此の機会に於いて代表者諸氏に御報告申し上げたいことは此の大会に対する日本帝国政府の絶大なる支持後援であります」と述べ、続いて文相松田源治、外務次官重光葵らが祝辞を述べた。また満州の代表派遣にあたっては関東軍の特務機関も協力するなど、政府のアジア植民地政策との協調を強く意識した大会であった。このた

写真38　第二回汎太平洋仏教青年会

め中国仏教界は、この大会を満州立国の国際的な承認を意図したものであるとの反発を強め、正式な代表を派遣しなかった。

これら大会は、その場限りのデモンストレーションとしての性格が強く、その決議内容の実現と運営に向けた努力が継続的に行われた様子は見受けられない。しかし、こうした大会が開催されるたびに諸宗教・仏教諸宗派の協力体制が強化された。さらに戦時下には、興亜仏教青年会大会の開催（昭和一五年）、興亜宗教同盟の結成（一七年）、大東亜仏教青年大会の開催（一八年）により宗教・宗派の戦時協力体制が構築されていった。

またこの間、仏教連合会は、昭和一三年の財団法人としての認可を経て、「財団法人日本仏教連合会」（一五年）、「財団法人大日本仏教会」（一六年）へと改称され、一九年一月に宗教界全体の連合組織「財団法人大日本戦時宗教報国会」に吸収され、戦時体制の一翼をになったのである。

終章
近代日本仏教の光と闇

昭和一五（一九四〇）年の宗教団体法の施行以前、日本には十三宗五十六派もの宗派が存在していた。宗教団体法により二十八派への合同が強要されたが、戦後の昭和二六年の宗教法施行以降、再び分派をくりかえし、今日も既成宗派の枠組みに基本的な変化はみられない。

宗派的な信仰を無視した野合が仏教界の刷新につながるとは考えられないが、多くの閉鎖的宗派が乱立し、自派の利益に固執する日本仏教のあり方は、「非我」を説く仏教の教説になじまないものであり、世界仏教のなかでも特異である。

上座仏教を継承するスリランカ・タイ・ミャンマー・カンボジア・ラオス等では、師弟関係と戒統（出家の系譜）により複数の「教派」が生まれてきた。しかし、それらは、相互に排外的なものではなく、多様な戒統の存在が、政治権力側が単系的に掲げる「正統性」を相対化する根拠ともなってきた。国家認定を原則としてきた日本の宗派と異なり、戒統を源泉とする上座仏教の教派の存在は、国家権力からの一定の自律性を保ち得てきたと言えるだろう。

日本の宗派分立には、中国仏教が影響した側面のあることは否めない。多種多様な経典が同時に将来した中国では、それらを体系的に理解・解釈する多くの「学派」が生まれた。しかし、それは日本ほどセクト主義の強い教団にまで発展した例は多くはない。

同じく中国仏教の影響を受けた台湾仏教・朝鮮仏教でも日本とは大きく状況が異なる。ゆるやかに存立していた千三百余りの朝鮮寺刹に、日本仏教にならって本末制度を導入し、統制強化を図ったのは朝鮮総督府であった。朝鮮総督府は、三十本山（のちに三十一本山）を指定して全国の寺刹にそれぞれ本山への帰属を強要した。大正四（一九一五）年には、「三十本山連合制規」を制定し京城覚皇教堂に連合事務所を置き、一元的統制システムの構築を目指した。

台湾では、仏教・儒教・道教が渾然一体となった寺廟が各地に存在したが、一般的に明確な教義を有せず布教も行われていなかった。統一的な教団組織は存在せず、各寺廟は個別に管理人や董事《とうじ》（理事）などよって管理運営され、氏子・檀家のような組織ももたなかったが、寺廟の祭祀行事は台湾民衆の生活と一体化して深く台湾民衆に根をおろしていた。このように台湾では雑多な信仰形態をもつ宗教施設・団体が個々に存立していたため、朝鮮よりもさらに一元的統制システムがとりにくい状況にあった。台湾総督府は、朝鮮のように本末制度を導入せず、在来仏教による統制・連合組織の自発的構築を期待し、大正一〇年に「南瀛《なんえい》仏教会」（昭和一五年に台湾仏教会に改組）を組織させた。大正四年末に日本で成立した仏教連合会が、その範型になったと考えられる。

こうした点から考えると、日本仏教のセクト主義的傾向の強い宗派の分立は、国家権力による仏教統制と強い因果関係があるといえよう。日本仏教は、国家秩序の安寧を祈念し、権力者へ奉仕することと引きかえに公認された諸宗派が共存することで命脈をつないできた。奈良時代の南都六宗は学派としての性格の強いものであったが、国家と皇室の安泰を祈願することを主眼に置いて成立し、平安時代には密教による加持祈禱を通じて、貴族層の幅広い要求に対応する天台宗と真言宗が追加公認された。

古代に成立した八宗体制は相互に対立するようなことがあっても、基本的に時々の権力者と密接な関係を保ち、または権力機構の一翼をになうことで中世社会に君臨した。鎌倉時代に武士・民衆層にまで信者を広げた浄土宗・真宗・日蓮宗・臨済宗・曹洞宗などの新仏教も、当初は既成宗派との間で対立・軋轢を生じ、権力からの弾圧も経験した。しかし、中世を通じて協調路線へと傾き、権力側とも迎合して体制化していった。

近世になると、江戸幕府は増大した仏教勢力を宗派ごとに分断して、本山を通じて個別統制する本末制度を導入した。こうして幕府から規制・固定化された本末関係のなかで、教義・儀礼・組織といった面で極度にセクト化した閉鎖的な宗派機構が成立した。

近代に入り、本末関係は事実上、管長制度として存続したが、宗派のセクト主義は大きく動揺した。廃仏毀釈の経験も経て、権力に追従するあり方への反省も生じた。そのピークといえるのが、明治二〇年代・三〇年代であろう。しかし、早くも三〇年代初頭には宗派のセクト主義が復活し、権力から保護・優遇をめぐって対立をくり返し仏教界は混乱した。同時に維新以降の混乱期に、主体的に宗派を支えた在家信者は、宗派機構の底辺にあって唯々諾々と従属する立場へと追いやられていった。

続く明治末年以降、政府の仏教利用策が展開されるなかで、セクト主義の強い宗派機構の温存が図られ、管長制度が再編強化された。仏教統制を図る権力者側にとっても、宗派を統括する宗政当局にとっても、宗派権限を管長に集中させるシステムは都合のよいものであった。そうしたなかで、大正期には、明治二〇年代・三〇年代に活発化した通仏教的改革動向も、諸宗派が主体的に国家に奉仕するための連合体制に飲み込まれていったのである。

日清戦争以降、アジア各国の衰頽を仏教の不振と結びつけ、アジア独立のために日本仏教がアジア仏教の指導的立場をつとめるべきであるという論調が強まった。通仏教の理念への追求は、国家主義的であることに「日本仏教」の特質と優越性とを見出す主張が横行するなかで立ち消えていった。同時にアジア仏教の指導的立場を自認する立場から、朝鮮・台湾などのアジア仏教に対する日本仏教のあり方の強要もはじまった。その姿勢はあまりに「非仏教的」であったというほかないであろう。

本書を通して叙述した近代日本仏教の見取図は、おおむね以上のとおりである。そこで明らかとなった点は従来の近代仏教史の理解と大きく異なるであろう。これまでの近代仏教史の研究は、いわば発展史観にもとづいてきたと考えられる。近代に入って、仏教は廃仏毀釈による打撃を受けたが、かえってその覚醒を促し、復興に向けて教学・宗派機構の刷新に努めた。そして、キリスト教の伝道方法にも学びつつ、教育・社会事業の発展でも大きな成果を残してきた。こうした理解が近代仏教史研究の大方の常識であろう。

しかし、それでは現在の仏教諸宗派の不振は理解できない。今日の宗派機構は、ある意味で近世仏教以上に硬直した状態に陥っているように見受けられる。そして、その傾向は近代仏教にすでに胚胎していたのではないか——。そうした疑問のもと、近代仏教の歴史を概観した。論証の不十分な点もあり、特に昭和期に諸宗派連合が戦時体制に移行していく過程は、紙数の関係もあり十分に論じることができていない。概説書として書きはじめたが、むしろ試論とした方が適切かもしれない。今後の研究発展により、批判や修正されることを期待したい。

あとがき

学生への講義で、こんなたとえ話をすることがある。伝統的な仏教諸宗派は、いわば老舗料亭である。格式が高そうで、敷居も高い。入ってみないと、メニューも値段もわからない。かといって、一度入ってしまえば、すぐに出るわけにもいかない。よほどの顧客以外には入店しにくく、客離れが進む一方である。これに対して、新宗教はファーストフードである。ガラス張りで、一応メニューもわかりやすく設定されており、店構えも気軽に入りやすい工夫がなされている。何の注文もしなくとも、すぐに出てこれそうな気もする。

筆者は、在家の出身であるが、中学生の頃から漠然と仏教に関心を抱き、高校生になると坐禅道場に通いはじめた。大学は仏教系大学を選んで進学し、在学中に得度した。入寺の誘いも受けた。しかし、どうしてもその気になれなかった。理由はいくつかあるが、一言でいえば、在家出身者として感じた宗派・寺院のあり方への違和感である。仏教に学び、仏教者として生きることと、宗門人の一員となることのギャップへの疑念を強く意識したためであった。そして、その疑念をこえていく道を今も模索中である。

大学院へ進学したが学費が続かず、大学院に残ることを諦め就職した。何度も還俗すべきかを悩んだが、「ペーパー坊主」歴も三十年以上になった。仏教史学研究を放棄しようと考えたことも一度や二度ではない。しかし、十年ほど前にようやく大学教員の職を得て、今日まで研究を続けてきた。研究の継続には、恩師や諸先輩の支援があったことはいうまでもない。受けた学恩にはいい尽くせないものがある。それにしても、よくも続けてきたものだと思う。最近になって、筆者の研究の根底には、宗派・寺院のあり方に感じた違和感の原因が何だったのか、それを歴史的に確かめたい。そういう問題関心があったのではないか——ということに気がついた。

その意味では、本書は拙いながらも、これまでの筆者の研究の集大成ともいえるものである。本書では、宗派の閉鎖性・セクト主義的傾向が、近代のなかで復権し硬直してきた過程を略述した。今日、日本仏教の抱える問題はいくつもあろう。しかし、在家信者の求心力が急速に低下しつつあるなか、門末に開かれた宗派を目指していくためには、宗派の閉鎖性・セクト主義的傾向の克服が大きな課題となるに違いない。そして、明治二〇年代・三〇年代の新仏教運動の試みとその挫折とは、それへの指針を与えてくれるであろう。本書が、その手がかりの一端になればと思う。

本文中に典拠をできるかぎり記載したが、明示していないものもある。内容の半分近くは、これまで発表した論文等を書き改めたものである。詳しくは、巻末の主要参考文献をご参照願いたい。

最後になったが、本書の出版をお引き受けいただいた法藏館、編集にご尽力いただいた同社の丸山貴久氏には、心より感謝を申し上げたい。

二〇一八年一〇月

中西直樹

主要参考文献

全体を通して

井上泰岳編『現代仏教家人名辞典』（現代仏教家人名辞典刊行会、一九一七年）
井上哲雄『真宗本派学僧逸伝』（永田文昌堂、一九七九年）
内記龍舟『先帝と東本願寺』（法藏館、一九一二年）
大橋俊雄『浄土宗仏家人名事典』近代篇（東洋文化出版、一九八一年）
――『浄土宗近代百年史年表』（東洋文化出版、一九八七年）
近代日蓮宗年表編集委員会・日蓮宗現代宗教研究所編『近代日蓮宗年表』（日蓮宗宗務院、一九八一年）
興教書院編輯部編『先帝と本願寺』（興教書院、一九一二年）
桜井　匡『明治宗教史研究』（春秋社、一九七一年）
桜井秀雄『開けゆく法城――桜井秀雄集』（昭和仏教全集第二部一二、教育新潮社、一九六七年）
宗会百年史編纂委員会編『本願寺宗会百年史』史料編上・中・下（一九八一年）
真宗教学研究所編『近代大谷派年表』（東本願寺出版部、一九七七年）
竹内道雄『曹洞宗教団史――竹内道雄集』（昭和仏教全集第八部六、教育新潮社、一九七一年）
土屋詮教『明治仏教史』（三省堂、一九三九年）
――『大正仏教史』（三省堂、一九四〇年）
中西直樹『日本近代の仏教女子教育』（法藏館、二〇〇〇年）
――『仏教と医療・福祉の近代史』（法藏館、二〇〇四年）
――『仏教海外開教史の研究』（不二出版、二〇一二年）
――『植民地朝鮮と日本仏教』（三人社、二〇一三年）

――――『植民地台湾と日本仏教』（三人社、二〇一六年）
――――『近代西本願寺を支えた在家信者――評伝 松田甚左衛門』（法藏館、二〇一七年）
――――『明治前期の大谷派教団』（法藏館、二〇一八年）
――――編・解説『明治仏教研究事始め』（不二出版、二〇一八年刊行予定）
日蓮宗事典刊行委員会編『日蓮宗事典』（日蓮宗宗務院、一九八一年）
日本仏教社会福祉学会編『仏教社会福祉辞典』（法藏館、二〇〇六年）
比屋根安定『宗教史（現代日本文明史　第一六巻）』（東洋経済新報社出版部、一九四一年）
本願寺史料研究所編『本願寺史』第三巻（浄土真宗本願寺派、一九六九年）
明如上人伝記編纂所編『明如上人伝』（明如上人廿五回忌法要事務所、一九二七年）
龍谷大学編『龍谷大学三百年史』（龍谷大学出版部、一九三九年）

第一章

池田英俊『明治仏教教会・結社史の研究』（刀水書房、一九九四年）
小野島元雄編『對榻閑話』（一九二九年）
柏原祐泉編『維新期の真宗』（真宗史料集成　第一一巻、同朋舎出版、一九八三年）
川村覚昭「明治維新期に於ける廃仏毀釈と京都諸宗同徳会盟」（『京都産業大学日本文化研究所紀要』九号、二〇〇三年）
財団法人佐々木研究所編『杏雲堂病院百年史』（佐々木研究所、一九八三年）
財団法人闡教部編『財団法人闡教部百年史』（財団法人闡教部、二〇〇二年）
社団法人前橋積善会編『社団法人前橋積善会百年史』（社団法人前橋積善会、一九八五年）
摂信上人遺稿編纂会編『摂信上人勤王護法録』（興教書院、一九〇九年）
千装近治郎編『東本願寺御騒動記』（秩山堂書舗、一八八二年）
高木武三郎編『上宮教会八十年史』（社会福祉法人上宮教会、一九七七年）

徳重浅吉『維新政治宗教史研究』（歴史図書社、一九七四年）
鳥尾小弥太述『明道協会要領解説』（明道協会、一八八五年）
中西直樹「明治初年における文教政策と仏教――特に神官僧侶学校の設置・廃止をめぐって」（福間光超先生還暦記念会編『真宗史論叢』所収　永田文昌堂、一九九三年）
――「近代西本願寺教団における在家信者の系譜――弘教講、顕道学校、そして小川宗」（福嶋寛隆編『日本思想史における国家と宗教』上巻所収　永田文昌堂、二〇〇九年）
韮塚一三郎『関東を拓く二人の賢者――揖取素彦と小野島行薫』（さきたま出版会、一九八七年）
日野賢隆「酬恩社とその周辺」（日野賢隆編『近代真宗史の研究』所収　永田文昌堂、一九八七年）
――編『南関町資料集成宗教編・付小代焼』（仏教資料研究会、一九八一年）
福嶋寛隆「島地黙雷に於ける伝統の継承」（『龍谷史壇』五三号、一九六四年九月）
二葉憲香「真宗教団近代化の動向――布教権の回復と末寺平等化指向」（『龍谷大学論集』三八八号、一九六九年二月）
――「明治初期仏教の会・結社」（『仏教史学研究』一九巻二号、一九七七年一月）
――・福嶋寛隆編『島地黙雷全集』（本願寺出版協会、一九七三年～一九七八年）

第二章

赤松徹眞編『『反省会雑誌』とその周辺（近代日本の仏教ジャーナリズム1）』（法藏館、二〇一八年）
岩田真美・中西直樹編『仏教婦人雑誌の創刊（近代日本の仏教ジャーナリズム2）』（法藏館、二〇一九年刊行予定）
慶應義塾大学仏教青年会編『慶應義塾仏教青年会八十年史』（一九七四年）
上坂倉次「明治仏教新聞発達史」（『宗教研究』一二巻六号、一九三五年六月）
――「明治文化史上の宗教新聞雑誌」（『歴史公論』四編一一号、一九三五年一一月）
――「明治の仏教新聞」（『仏教』一巻七号、一九三五年一一月）
小林康達『七花八裂――明治の青年　杉村広太郎伝』（現代書館、二〇〇五年）

桜井庄太郎『日本児童生活史（新版）』（日光書院、一九四八年）
杉村廣太郎編『老川遺稿』（仏教清徒同志会、一九〇一年）
谷川　穣『明治前期の教育・教化・仏教』（思文閣出版、二〇〇八年）
千野陽一『近代日本婦人教育史――体制内婦人団体の形成過程を中心に』（ドメス出版、一九七九年）
中央公論社編『中央公論社七十年史』（中央公論社、一九五五年）
月輪正遵編『日本仏教現勢史』第一年（一八九二年）
中川洋子「神仏教導職廃止後の仏教――反省会の仏教改革論を中心に」（『佛教史研究』三七号、二〇〇〇年三月）
中西直樹「教育勅語成立直前の徳育論争と仏教徒「貧児教育」」（『龍谷史壇』一〇五号、一九九六年一月）
――「明治前期西本願寺の教団改革動向（上・下）」（『研究紀要』第一八・一九号、京都女子大学宗教文化研究所、二〇〇五年三月・二〇〇六年三月）
――・近藤俊太郎編『令知会と明治仏教』（不二出版、二〇一七年）
中野晴介「明治仏教史上に於ける新聞雑誌」（『書物展望』七巻一〇号、一九三七年一〇月）
日蓮宗宗務院編『祖道復古』（竹田智道、一九三八年）
福嶋寛隆・藤原正信・中川洋子編『反省（会）雑誌』Ⅰ・Ⅱ・Ⅲ（龍谷大学仏教文化研究所、二〇〇五年〜二〇〇七年）
廣田一乗編『明治二十六年夏期講習会　仏教講話集』（仏教学会、一八九三年）
福間光超「西本願寺における公選議会の成立について」（二葉博士還暦記念会編『仏教史学論集』所収　永田文昌堂、一九七七年）
水溪智応編『少年教会講談法話集』初編（無外書房、一八八六年）
明治仏教史編纂所編『明治年間仏教関係新聞雑誌目録』（明治仏教史編纂所、一九三四年）
安井誠一郎編『安藤正純遺稿』（安藤正純先生遺徳顕彰会、一九五七年）

第三章

エッチ・エス・オルコット原著、大久保一枝訳述『通俗仏教問答』（法藏館、一八九〇年）
河東義之編『ジョサイア・コンドル建築図面集』Ⅰ（中央公論美術出版、一九八〇年）
佐治実然（退歩居士）談話『自明治二十五年至明治四十二年日本ゆにてりあん主義興亡史』（一九一〇年）
中西牛郎『宗教革命論』（博文堂、一八八九年）
――『組織仏教論』（敬虔社、一八九〇年）
――『新仏教論』（興教書院、一八九二年）
――『仏教大難論』一八八頁（博文堂、一八九二年）
――『教育宗教衝突断案』（博文堂、一八九三年）
――『内地雑居と仏教之関係』（駸々堂、一八九四年）
――『神の実現としての天理教』序文（平凡社、一九二九年）
中西直樹「日本ユニテリアン協会の試みと挫折――宗教的寛容と雑居性との狭間のなかで」（『龍谷史壇』一一四号、二〇〇三年）
――・吉永進一著『仏教国際ネットワークの源流――海外宣教会（1888年～1893年）の光と影』（三人社、二〇一五年）
――・那須英勝・嵩満也編『仏教英書伝道のあけぼの』（法藏館、二〇一八年）
藤吉慈海『インド・タイの仏教』（大東出版社、一九九一年）
吉永進一ほか『平井金三における明治仏教の国際化に関する宗教史・文化史的研究』（ＤＶＤ・ＲＯＭ版、二〇〇七年）

第四章

荒木精之『熊本県人物誌』（日本談義社、一九五九年）
上村希美雄「熊本国権党の成立」（『近代熊本』一七号、一九七五年九月）
上河一之「熊本における教育と宗教との衝突――奥村事件を中心にして」（『近代熊本』一七号、一九七五年九月）

大内青巒『尊皇奉仏論』（尊皇奉仏大同団事務取扱所、一八八九年）
梶　宝順編『戦後仏教改革新案』（仏教学会、一八九五年）
菊池謙譲（白濤生）『本願寺論』（青年文学社、一八九二年）
佐々木憲徳『八淵蟠龍伝――明治教界の大伝道者』（百華苑、一九六八年）
磨墨功洞編『法住教団百年史――能化の水は涸れず』（法住教団、一九九九年）
関　二郎編『本願寺真論』（興教書院、一八九七年）
高田道見『通仏教一席話』（通俗仏教館、一九〇二年）
――『通仏教安心』（仏教館、一九〇四年）
中西直樹編・解題『雑誌『國教』と九州真宗　解題・総目次・索引』（不二出版、二〇一六年）
長岡乗薫編『通俗仏教百科全書』（顕道書院、一八九二年）
能海　寛『世界に於ける仏教徒』（哲学書院・明教社・興教書院、一八九三年）
藤原正信「明治新仏教史――菊池謙譲の「本願寺破壊」論をめぐって」（『龍谷大学論集』四八九号、二〇一七年三月）
村上専精『日本仏教一貫論』（哲学書院、一八九〇年）
森　直樹編『仏教対外論』（熊本國教雑誌社、一八九三年）
安國　清『通俗仏教対論』初編・二編（顕道書院、一八九〇年）

第五章

加藤熊一郎『仏教界大問題　四個格言』（東華堂、一八九六年）
木村鷹太郎『道徳国家及東亜問題上　排佛教』（松栄堂書店、一八九四年）
――『日本主義国教論』（開発社、一八九八年）
中西直樹「日清戦後宗教の動向――戦後世論と宗教家懇談会をめぐって」（『佛教史研究』三四号、一九九八年四月）
――「雑誌『日本主義』の創刊とその時代――国家と個人の問題について」（『佛教史研究』三六号、一九九九年三月）

山縣玄浄『鉄如意』（高野山前岡書林、一八九五年）

第六章

安藤正純編『巣鴨監獄教誨師紛擾顚末』（社会評論社、一八九八年）
井上円了『雑居準備僧弊改良論』（森江書店、一八九八年）
梶　宝順編『真宗大谷派革新事情』第一巻（仏教学会、一九〇七年）
佐瀬得三『名流の面影』（春陽堂、一九〇〇年）
真宗教学研究所編『教化研究』七三・七四号（真宗大谷派宗務所、一九七五年）
中央学院八十年史刊行部会編『中央学院八十年史』（学校法人中央学院、一九八二年）
三好仙奈「明治三二年・第一次宗教法案論――曹洞宗紛擾問題と第一四回議会を中心に」（『龍谷法学』二四巻二号、一九九一年九月）
吉田久一「巣鴨監獄教誨師事件」（宮崎円遵博士還暦記念会編『真宗史の研究』所収　永田文昌堂、一九六六年）

第七章

赤松徹眞・福嶋寛隆編『『新仏教』論説集』（永田文昌堂、一九七八年〜八三年）
葦名信光『釈尊御遺影奉迎紀要』（日本大菩提会本部、一九〇二年）
井上政共『最新研究通仏教』（有朋館、一九〇五年）
井上政共講演『通仏教講演録』（通仏教講演会事務所、一九一一年）
岩本千綱『仏骨奉迎始末』（岩本千綱、一九〇〇年）
気賀秋畝『仏骨奉迎暹羅土産』（仏骨奉迎写真発行所、一九〇一年）
壺月全集刊行会編『壺月全集』上・下巻（大東出版社、一九三三年）
小室重弘編『釈尊御遺影伝来史』（細川芳之助、一九〇三年）

サー・エドウキン・アーノルド述・外山義文訳『印度佛蹟興復に関する意見』（鴻盟社、一八九二年）
齊藤隆信「日華仏教研究会顚末記」（『浄土宗学研究』三八号、知恩院浄土宗学研究所、二〇一一年）
髙石史人『仏教福祉への視座』（永田文昌堂、二〇〇五年）
竹貫元勝「前田誠節〔近代高僧素描〕」（『日本仏教史学』二三号、一九八九年二月）
鳥居法城（碩堂）編『仏骨渡来之顚末』（郁文舎書店、一九〇一年）
中西直樹・髙石史人・菊池正治『戦前期仏教社会事業の研究』（不二出版、二〇一三年）
福嶋寛隆「帝国主義成立期の仏教」（二葉憲香博士還暦記念会編『仏教史学論集』所収　永田文昌堂、一九七七年）
――『歴史のなかの真宗――自律から従属へ』（永田文昌堂、二〇〇九年）
堀口義一編『仏教新布教体系』第四巻特殊教化法（佛教新布教体系刊行会、一九三二年）。
村上専精『仏教統一論　第一編　大綱論』（金港堂書籍、一九〇一年）
仏教徒社会事業研究会編『佛教徒社会事業大観』（仏教徒社会事業研究会、一九二〇年）

第八章

大澤広嗣「昭和前期の仏教界と連合組織――仏教連合会から大日本戦時宗教報国会まで」（『武蔵野大学仏教文化研究所紀要』三一号、二〇〇五年三月）
佐藤三郎『近代日中交渉史の研究』吉川弘文館、一九八四年）
――「明治三三年の厦門事件に関する考察――近代日中交渉史の一齣として」（『山形大学紀要（人文科学）』五巻二号、一九六三年）
佐波　亘編『植村正久と其の時代』第二巻（教文館、一九三八年）
真宗教学研究所編『教化研究』九二・九三号（真宗大谷派宗務所、一九八六年）
全日本仏教青年会連盟編『第二回汎太平洋仏教青年大会並会議紀要』（一九三五年）
大東亞仏教青年大会準備事務局編『昭和十八年一月　大日本仏教青年会連盟要覧』（一九四三年）

土肥昭夫「三教会同――政治・教育・宗教との関連において（1）（2）」（『キリスト教社会問題研究』一一・一四―一五号、一九六七年三月・一九六九年三月）
道友社編輯部編『三教会同と天理教』（道友社編輯部、一九一二年）
中西直樹・林　行夫・吉永進一・大澤広嗣編『資料集・戦時下「日本仏教」の国際交流』（不二出版、二〇一六年〜一八年）
日本宗教懇話会編『御大典記念日本宗教大会紀要』（日本宗教懇話会、一九二八年）
汎太平洋仏教青年会連盟編『第一回汎太平洋仏教青年大会並会議紀要』（一九三一年）
藤井草宣『最近日支仏教の交渉』（東方書院、一九三三年）
水野梅暁『支那仏教の現状に就て』（支那時報社、一九二六年）
――――『支那仏教近世史の研究』（支那時報社、一九二五年）
――――編『日本仏教徒訪華要録』（日本仏教連合会、一九二八年）
峯　玄光編『東亜仏教大会記要』（仏教連合会、一九二六年）

図版出典一覧

写真1：島地黙雷上人古希祝賀会編『雨田古希寿言集』（一九一〇年）
写真2：秀英舎編『創業五十年誌』（秀英舎、一九二七年）
写真3：『婦人教会雑誌』二〇号附録（一八八九年一月）
写真4〜7：筆者蔵
写真8：古河老川著・杉村廣太郎編『老川遺稿』（仏教清徒同志会、一九〇一年）
写真9：安藤正純先生遺徳顕彰会編『安藤正純遺稿』（一九五七年）
写真10：『海外仏教事情・THE BIJOU OF ASIA』（三人社、二〇一四年〜二〇一五年）
写真11：『伝道会雑誌』二一号（一八九〇年二月）
写真12上：『海外仏教事情』一〇巻三号（一九四四年六月）、下：藤吉慈海著『インド・タイの仏教』（大東出版社、一九九一年）
写真13：遠山景澄編『京浜実業家名鑑』（京浜実業新報社、一九〇七年）
写真14：ジョサイア・コンドル建築図面（京都大学大学院工学研究科建築学専攻蔵）
写真15：村上専精述『六十一年――一名赤裸裸』（丙午出版社、一九一四年）
写真16：東京都立公文書館蔵
写真17：光明寺（東京都港区・浄土真宗本願寺派）提供
写真18：筆者蔵
写真19：常光浩然編『日本仏教渡米史』（仏教出版局、一九六四年）
写真20：能海寛追憶会編『能海寛遺稿』（一九一七年）
写真21：徳応寺編『寺史』（一九九二年）
写真22：井上円了著『円了随筆』（金城社、一九一六年）
写真23：森龍吉編『真宗教団の近代化（真宗史料集成 一二巻）』（同朋舎出版、一九八三年）
写真24：『仏教』一四八号（一八九九年三月）
写真25：明如上人伝記編纂所編『明如上人伝』（明如上人廿五回忌法要事務所、一九二七年）
写真26：池永三章・関次郎編『本派本願寺写真宝典』（日本宗教学会、一九一六年）
写真27：気賀秋畝著『仏骨奉迎暹羅土産』（仏骨奉迎写真発行所、一九〇一年）
写真28：『青年伝道』三七号（仏教青年伝道会、一九〇六年八月）
写真29上：『青年伝道』九四号（仏教青年伝道会、一九一一年八月）、下：蓮窓寺（東京都台東区）提供
写真30・31：壺月全集刊行会編『壷月全集』下（一九三三年）
写真32上：高木武三郎編『上宮教会八十年史』（上宮教会、一九七七年）、下：高嶋米峰著『高嶋米峰自叙伝』（学風書院、一九五〇年）
写真33：桑港仏教会文書部編『桑港仏教会開教三十年記念誌』

（一九三〇年）

写真34：武蔵野女子学院編『武蔵野女子学院五十年史』（一九七四年）

写真35上：『大谷光瑞全集』第六巻（大乗社、一九三五年）、下：佐山栄太郎著『人間句仏』（大阪屋号書店、一九三一年）

写真36：『日華仏教』一巻二号（一九三六年二月）

写真37：峯玄光編『東亜佛教大会記要』（仏教連合会、一九二六年）

写真38：全日本仏教青年会連盟編『第二回汎太平洋仏教青年大会並会議紀要』（一九三五年）

索　引

・本索引は、本文内の主要な語句を「Ⅰ　人名」「Ⅱ　結社・団体」「Ⅲ　会合・大会」に分類し、採録するものである。
・「Ⅰ　人名」「Ⅱ　結社・団体」については50音順、「Ⅲ　会合・団体」については開催年順で配列した。

Ⅰ　人　名

あ行――

か行――

さ行――

た行——

な行——

は行——

ま行——

や行・わ行——

Ⅱ　結社・団体

あ行——

か行――

さ行――

た行――

な行――

は行――

ま行――

や行・ら行・わ行――

Ⅲ　会合・大会（開催年順）

中西直樹（なかにし　なおき）

1961年、三重県に生まれる。88年龍谷大学大学院修士課程修了。京都女子大学事務職員・筑紫女学園大学人間福祉学科准教授を経て、2011年龍谷大学准教授。現在、龍谷大学文学部教授。

著書

『日本近代の仏教女子教育』（法藏館、2000）
『仏教と医療・福祉の近代史』（法藏館、2004）
『仏教海外開教史の研究』（不二出版、2012）
『戦前期仏教社会事業の研究』（共著、不二出版、2013）
『植民地朝鮮と日本仏教』（三人社、2013）
『仏教国際ネットワークの源流――海外宣教会（1888年～1893年）の光と影』（共著、三人社、2015）
『植民地台湾と日本仏教』（三人社、2016）
『雑誌『國教』と九州真宗』（不二出版、2016）
『令知会と明治仏教』（共著、不二出版、2017）
『近代西本願寺を支えた在家信者――評伝 松田甚左衛門』（法藏館、2017）
『仏教英書伝道のあけぼの』（共著、法藏館、2018）
『明治前期の大谷派教団』（法藏館、2018）

新仏教とは何であったか
――近代仏教改革のゆくえ

二〇一八年一二月一五日　初版第一刷発行

著　者　中西直樹
発行者　西村明高
発行所　株式会社　法藏館
京都市下京区正面通烏丸東入
郵便番号　六〇〇―八一五三
電話　〇七五―三四三―〇〇三〇（編集）
〇七五―三四三―五六五六（営業）

装幀　野田和浩
印刷・製本　中村印刷株式会社

ISBN 978-4-8318-5556-5 C1021